デザインの力

永井 隆則　編著

晃洋書房

はじめに

　本書は，デザインの現状を省みて，原初の力を過去と現在に発掘する事を目指す．
　戦後から現在までの，思想，政治，経済の変化を概略すると，デザインの置かれた状況が見えてくる．1989年11月9日ベルリンの壁崩壊，90年東西ドイツ無血統一，91年のソビエト連邦解体以後，戦後始まった米ソ超大国間の冷戦構造が終結し，EUが誕生して1985年には国境が廃止され，1999年には統一通貨ユーロが導入されて勢力の拡大を続け，EU対アメリカ合衆国の新しい勢力図が出来上がった．が，2001年の9・11で表面化したように，資本主義諸国家とこれがテロ国家と呼ぶ諸国との新たな対立構図が世界地図上で最も深刻な力学として浮上して来た．90年代初頭，日本では，バブル経済が崩壊，高度経済成長時代が終焉し，世界規模で様々な業界再編，合併統合が活発化して徹底的に効率化が進む中，低価格化競争時代に突入し，アメリカ合衆国，日本，韓国，西欧諸国，中東諸国に代わって，中国，インド，ロシアの新興国が経済，政治，軍事的に台頭してきた．また，新たな市場として，アフリカ，オーストラリア，東南アジア，中南米諸国への投資が加速してきた．2007年，バブル経済の崩壊したアメリカ合衆国を発信源に，世界金融危機の時代に突入し今日に至っているし，最近の例を挙げれば，ギリシャの財政危機問題は，ユーロ安や欧米の株価下落へと一挙に波及したが，これらは，もはや一国の問題が一国の問題として終わらず，世界規模へと一挙に波及する新たな時代に我々が生きているという現実を鮮明に突きつけてきた．
　旧来の物流システムの更なる発展に加えて，組織，民族，国境を個人が軽々と瞬時に越えていく技術が飛躍的に普及した高度情報化社会にあって，2000年代半ば以降，核兵器・環境・金融・資源問題を地球規模で議論する活動が活発となり，世界は一挙にグローバル化した．民族，国家に根ざす，多様な価値観は益々，相対化されつつある．
　2000年代に入って，国家による規制を緩和し民間の自由競争を促進する，市場原理主義が急速に浸透する中で，デザインは，モダン・デザインの確立した理想である機能主義をも彼方に追いやって，利潤獲得競争，ひたすら，つかの間の消費のための，流行装置と化した観がある．歴史を遡ると，デザインは，産業革命期のイギリスで初めて，重要な人間活動として社会的に推奨され始めた．その理

由は，製品の機能に大差は無くとも，デザインが，大衆の消費・所有の欲望を刺激して売り上げを伸ばし，国際競争にうち勝っていく販売戦略となり得ると認識されたからである．時代を経て，1929年の世界恐慌時のアメリカ合衆国で，低迷した景気を回復させるために，スタイリング（外観）のみを変えて新規さ（流線型，モデル・チェンジ）を演出して購買意欲をそそる消費主義のスタイリング・デザインが生まれた．従って，可能な限り，利潤を追求する道具，それこそ，デザインの起源と本質であり，デフレ，アメリカ合衆国に始まった金融危機以降，止まる所を知らない価格破壊と共に，その極限の姿が現在のデザインだとの見方も無論，可能である．

一方，デザインは，ウイリアム・モリス以来，人間の感性，生活スタイル，様々な生活上の価値観を提案する媒体として出発した．モリスの社会主義運動，社会主義革命と結びついたロシア・アヴァンギャルドは言うまでもなく，資本主義の落とし子，スタイリング・デザインも，やがて，1つの壮大な思想へと変貌していった．共産主義に対抗する資本主義，厳密にはアメリカニズム（未来，夢，幸福，ユートピアの喚起）として，禁欲主義的なドイツ発のモダン・デザインを押しのけて快楽主義（楽天主義）のデザインとして，世界中に伝搬した．しかし，冷戦終結後の今日，対立軸を失い，新たな世界再編の進む中，かつての求心力を失ってきた．今日のグローバル化社会は，雑多な価値意識を希薄にし，デザインは，世界各地で通用する唯一の価値である，経済的利益を挙げる事を第一の目標とし，その本来のイデオロギー性，思想性を急速に失ってきた事は否めない．

しかし，ここ20年ほどを概観すると，ユニバーサル，エコロジー，癒し，インハウスデザインなど，デザインの概念が拡散し，デザイナーの居場所が多様化する中で，特に顕著な傾向は，デジタル技術を駆使し敢えてアナログ世界を復元し人間本来の五感に訴える感性デザイン，古典的〈機械〉の姿を脱ぎ捨て，コンピュータで制御されたセンサーによりファジーな人間存在に限りなく近づく事を目指して進化し続けるロボット開発，i-Phone，i-Padに典型的な，数量ではなく直観による感覚操作のデザイン，即ち，〈意外性〉や〈驚き〉を持ち込んで，日常の惰性を解体し新たな活力を生活に注ぎ込むデザインの流れであろう．一般の消費者と等身大の世界に小さなアイディア（デザインの第一義）を根付かせることで，閉塞，枯渇した日常に裂け目を開け，爽やかな風と清涼，潤いの水を注ぎ込み，少しずつ，しかし，やがては大きな流れとなって現実を着実に変える試みは，デザインのもう1つの原点であり，今なお，多くのデザイナー達が弛まず実践して

いる事である．また，過剰な消費主義に対して，近代美術が本来得意としてきた〈批判〉や〈遊び〉の力をデザインに持ち込むポスト・モダン以来の動きもリアリティを失っていない．

〈思想〉という言葉は，現代には重すぎる．が，生活や世界に感動をもたらして時代に息吹を与え，未来を切り開く，デザインの力は確実に生き延びている．

本書は，デザインの原点を確認する事で，未来に対する展望を開く事を目標とする．

そのために，モリス以来，様々なデザイン運動が，ある種の〈力〉によって根底から突き動かされてきた事を明るみに出す．この共通の目標に立って，その起源であるモリスはもとより，現代に至るまでの様々なデザイン運動を紹介する．

〈デザイン〉という言葉を使う時，機械化，産業化時代以降成立した，狭い意味での「モダン・デザイン」のみに限定していない．厳密な意味での「モダン・デザイン」のみを，〈デザイン〉と規定する事は，「モダン・デザイン」の原則を根本から転覆させた「ポスト・モダン・デザイン」を経験した後の，現代デザインの多様性を概観すれば，もはや意味をなさない．「モダン・デザイン」が追放した，工芸，装飾，芸術性を〈デザイン〉と対置させるのではなく，それらをも〈デザイン〉の範疇に投げ入れて論じている．

〈デザイン〉と言えば，グラフィック，インテリア，プロダクト，建築の諸領域が代表的だが，本書には，写真，映像，ファッションも含まれている．写真や映像の提供する無数のイメージは，現代社会に於いて，自然物，人工物に次ぐ，第3の現実であり，狭い意味でのデザイン品と同様，書物，雑誌，新聞，ポスター，チラシ，テレビ・コマーシャル，映画，ビデオ，DVD，インターネット，ゲームソフトなどの媒体でデザインされ，日常生活の直中に偏在し，日々，消費され我々の意識に深く浸透している．3D CG（3次元コンピュータグラフィックス）による，平面上の立体動画像の開拓をはじめ，デジタル技術の躍進が目覚ましい今日，映像デザインの分野は，今後，飛躍的発展が期待される．ファッションについては更に自明である．

本書は，デザイン史ではなくデザイン論の書である．執筆陣は，大学と美術館でデザインに付いて何らかの形で思索する研究者に集まって頂き，学生や一般の方々にも理解していただける事を目的に，それぞれの専門から，本書のテーマに切り込んで頂いた．

以下，目次・執筆者順に，要点を概略する．

第一章，今井美樹「ウイリアム・モリスとイギリスのユートピア思想」は，19世紀後半に活躍した詩人，工芸家，社会改革家であり，とりわけ生活環境への自覚的な追求と制作によって，その後の近代デザインに対する意識を高めたことで知られている，ウイリアム・モリスの諸活動を紹介する．とりわけ，彼が社会主義運動に傾倒した意味は，経済学や政治学の側面からではなく，生活の中における芸術の役割や，生産物と生産者の関係を，理想的に築くことのできる社会モデルを追求しようとした点にあったとする．中世に倣って構想された平和社会を，社会主義思想として未来へ存続せんとした彼の希望は，一種のユートピア思想であったが，その成果はデザインの実践と理論として表現されることで，人々に感銘を与えつつ，デザインの根底に潜む意味を問いかけたとする．

第二章，永井隆則「アール・ヌーヴォーと生命主義」は，1890-1900年代，ヨーロッパ各国を席巻した，アール・ヌーヴォーが，葛藤と止揚であれ，批判，否定と抵抗であれ，機械の浸透と近代化に直面した人間精神が，一方で逃走，他方で，積極的創造の力として練り上げた，ヨーロッパ固有の自然主義と生命主義の産物であった事を明らかにする．

第三章，馬渕明子「KATAGAMIというデザインの力——ジャポニスムのデザインの例——」は，木綿や麻などの生地に藍で染める技法に使われ，江戸時代に発達した型紙が，欧米に何万点という数で輸出，埋蔵され，ウイーン工房，ナンシー派，ドレッサー，ティファニー，フィーラー，ヴェルデ，グラッセ，フォルチュニーらによって，デザイン源として使われた可能性や事実を紹介する．多様な仕方で，かつ，広範囲で活用された事実から，欧米の新しいデザイン展開の推進力となった，型紙の重要性を指摘する．

第四章，奥佳弥「デ・ステイルにおける「協働」——テオ・ファン・ドゥースブルフの建築理念」は，デ・ステイルを率いたテオ・ファン・ドゥースブルフが，メンバーとなったバート・ファン・デル・レック，アウト，エーステレン，モンドリアン，リートフェルトといった，画家，建築家や家具作家との間で繰り広げた「協働 (Samenwerking)」と「対立」の経緯をたどり，自らの「建築」に対する考え方・思想をどのように変化，展開させていったかを見ていく．ファン・ドゥースブルフがしかけた協働は，対立を介して共により高次な段階へ止揚するという弁証法的な統合をめざしていたが，統合をめざした芸術上の対立は，彼の思惑に

反して，ことごとく個人的な決裂に陥ってしまう．しかし，デ・ステイル＝ファン・ドゥースブルフはこの協働と対立によってこそ，常に新しい理念や方法論そして造形イメージを獲得してきたとし，その理念形成のプロセスの二重性／運動性にこそ，デ・ステイルという運動の総体（思想）を確認できると主張する．

　第五章，谷本尚子「楕円の投影―― A. M. ロトチェンコの幾何学と電化政策――」は，芸術と生活，社会主義イデオロギーとテクノロジーの２つの焦点を持つ楕円形世界を描こうとしたのが，ロシア・アヴァンギャルド芸術の特色であったとする．この前提から，A. ロトチェンコの造形論とデザインを読み解く．光の投影を出発点に，平面から立体への造形原理を展開し，無対象芸術の独自の理論を構築する為に，「線」の概念に辿り着いたが，それは，工業化がもたらす新しい社会システムの表象でもあったとし，そこに，超越的な無対象の世界での造形要素と日常世界との２つの焦点が矛盾無く存在する，楕円のような世界観をロトチェンコに見て取る．

　第六章，天野知香「装飾と「他者」」は，近代に於ける「装飾」の位置を，「他者」として明らかにする．「装飾」は，西洋美術の主流であった，古典古代以来の，人文主義美術やモダン・アートに対立する，或いは内在する「他者」として抑圧され排除されてきたが，それは，西洋対非西洋，文明対未開（野蛮），男性対女性，大人と子供，意識と無意識，民族や階級間の序列に見られる，「自己」と「他者」の対立図式と織り合わされており，そこに，白人男性中心の西洋文明社会の権力構造が潜んでいた事を暴く．フェミニズムやポスト・コロニアリズムを踏まえた現代美術で明らかなように，「装飾」こそ，現代の硬直した制度や言説の貧困と限界，機能不全を起こした既存の枠組みを打破して，豊かで深い，新たな可能性を切り開き，牽引すると主張する．

　第七章，池田祐子「「デザイン」前夜――第一次世界大戦前後のドイツにおけるKunstgewerbe ――」は，19世紀半ば以降，常に問題となり，1907年設立のドイツ工作連盟に於いて成就される「Kunstgewerbe」（「技術／芸術／美術」と「産業全般」の統合）の理念が，徐々にアクチュアリティーを失っていく過程を跡づける．1914年，ドイツ工作連盟における，ムテジウスとヴェルデの「タイプ化論争」を通して，「Kunst」と「Gewerbe」の対立が表面化し，1919年，開校したバウハウス初代校長グロピウスも，「Kunst」に軸足を置いて出発しながらも，1922年には，後者へ力点を移動させた．こうして求心力を失った「Kunstgewerbe」に代わって，やがて，工作連盟の雑誌『フォルム』を編集した，リーツラーが1924年に指

摘した様な，新たな社会的，経済的条件の下で，技術や機械が常に成長する中で要求される，過去のしがらみから自由になったフォルムの意識的創造を実現する場として「Design」という，新たな概念が生まれてきたと指摘する．

第八章，櫛勝彦「アメリカにおける「デザイン」のリフレーミング」は，アメリカに生まれたデザイン的現象を拾いつつ，現在の生活におけるその影響を検証し，アメリカが提示し続ける「デザイン」の意味を再考する．アメリカで初めて成立し世界恐慌時以後に確立された，商業主義，消費誘発機能としての，インダストリアル・デザインが，やがてマーケティング，エンジニアリングの企業システムに組み込まれながら，販売促進の即効薬としての役割を担っていくと共に，ヨーロッパから独立した風土と国民性を保証するアメリカ的イメージの形成に加担し，やがて世界へと浸透していった事をまず確認する．この系譜は，様々なデザイン論が誕生する中で，1980年代のクランブルック・アカデミー・オブ・アートにおける「製品意味論」へと変貌を遂げる．他方，全く別の流れとして，スタンフォード大学を発信源とする，社会問題発見から解決としてのデザイン・プロセスの取り組みや，コンピュータ・システムとユーザーとの相互的やりとりのデザイン「インタラクション・デザイン」などなど，アメリカのデザイン概念は拡張を続けて止まない．かくして，自らのデザイン・フレームを自らリフレイムしてきた歴史こそ，アメリカ・デザインの特徴であり，ダイナミズムであったとする．

第九章，中野仁人「グラフィックデザインにおける日本的表現」は，明治期から現代までの代表的グラフィックデザイナーの作品を具体的に分析しながら，「和の表現」の系譜を辿る．日本のデザイナーが新しい技術の導入，西洋的表現の導入を行いながら，日本的伝統的イメージと対峙し，新たな表現を作り出して来たという事実を確認する事で，伝統が新しさを生み，ナショナリズムがインターナショナルを実現するという事を再認識する．

第十章，深井晃子「ファッション・デザインは死んだ？——ファッションにおけるデザインの力——」は，現代ファッション（服飾の流行）においては，ファスト・ファッションに代表される様に，「デザインのないデザイン」が，そのデザイン性であると指摘しながら，日本固有の現象として，サブ・カルチャー・デザインを紹介する．ファッションが本来，社会的価値観で変異する相対的性格を持つとの前提に立ちつつも，シャネル，ヴィオネ，バレンシアガに劣らぬ革新を成し遂げた，川久保玲，山本耀司，三宅一生，ジル・サンダーの新しい衣服コンセプ

トを分析し，時代を生き延びていく，創造的な「絶対的デザイン」の存在を「ファッションにおけるデザインの力」だとする．

第十一章，青山勝「写真の到来を人々はどのように受けとめたのだろうか——アラゴーからボードレールまで——」は，ダゲールによって発明された写真が当時の社会にもたらした「「思想的な」衝撃」（「写真の古層」）を，1839 年から 59 年の 20 年間に発表された，写真をめぐる言説によって見つめ直す．写真は，まず，「再現＝複製」の手段を理念として掲げ，「正確さ」「忠実さ」「迅速さ」「容易さ」「経済性」に勝る点で，旧来の芸術から区別された．科学と芸術の進歩に貢献すると主張した立場であれ，逆に，芸術の存在意義を脅かすと非難した立場であれ，新しいメディア＝写真の到来が革命であった事を認めていた点では，一致していたとする．

第十二章，伊集院敬行「無意識としての映像空間——映画《欲望》の中の写真の「眼差し」——」は，映画《欲望》に潜む「不気味なもの」を，フロイト（「不気味なもの」）やラカン（「去勢」，「原抑圧」）の精神分析理論を援用しながら分析し，映像に仕組まれた「見みえないもの」，「無意識」や「主体のコントロールをすり抜ける他者性」の威力を明らかにする．

第十三章，橋本優子「ポスト・モダン・デザインの現実——ソットサスから水戸岡鋭治まで——」は，アンチ・デザイン運動（1960 年代末～1970 年代初め）を布石とし，工業化，それによって導かれ，真理とされてきた合理的・機能的・審美的によいデザイン，すなわちモダン・デザインに対する本質的な疑問符の投げかけとして展開した，ポスト・モダン（モダニズムその次は……）・デザインの特質を，「リッチ，ラグジュアリー」「過剰さ，装飾性」「素材とディテールへの工芸的なこだわり，洗練」「クリエイティヴであること，アート志向」「ものづくりのシステム解体（合理性・機能性・量産性を主眼としない）」と規定する．ポスト・モダンは，大きな目標として自ら掲げた「モダン・デザインの完全な超越」を達成できなかったために，1970 年代後半～1980 年代の「現象」，ひいては高度な工業化社会に成立する近過去の「スタイル」として，わたしたちの記憶に残されることになり，そこに，理想と現実との矛盾があったとしながら，主にプロダクトの領域にその豊かな達成事例を紹介し，今なお息づくそのリアリティを指摘する．

「デザイン」の「力」は，執筆者によって，意味が異なる．だが，幾つかの論考は，様々なデザイン現象が束の間のはかない事象では決してなく，深部に心臓部

はじめに　　vii

を備えた，力強い鼓動であった事を明らかにしている．

　第一章から十三章までを，大まかな時代の流れに添って配列しているが，本書は，時間軸上の流れを整理する事を目指してはいない．読者が，順をおって通読する事を期待してはいない．また，〈知識〉ではなく，むしろ，〈理解〉の場を提供する事を目指している．IT（情報技術）時代の今日，基本的情報，基礎的事実は誰でも簡単に手に入れる事ができる．むろん，本書では，インターネットでは得られない，新たな諸事実も多々含まれ，またそれらに間違いが万が一にもあってはならないが，中心は，〈事実の集積としての知識〉ではなく，編者の投げかけた問題に執筆者の方々が応え披露して下さった〈諸事実に基づく貴重な"反省"〉の数々にある．

　従って，読者の方々が，「デザインの力」という本書の問題意識を共有しながら，興味のある現象から選んで（可能なら批判的に）拾い読みし，自由に思考を巡らせて頂ければ，本書の目的は十分達成された事になる．

編　　者

目　　次

はじめに

第一章　ウィリアム・モリスとイギリスのユートピア思想
　　　　　　　　　　　　　　　　　　　　　　　　今井美樹　(1)
　1．イギリスの近代　(2)
　2．幼　少　期——中流階級とエピングの森　(4)
　3．青　年　期——ゴシック・リヴァイヴァルとラファエル前派　(6)
　4．壮　年　期——モリス・マーシャル・フォークナー商会　(9)
　5．中　年　期——社会主義と古建築物保護　(12)
　6．晩　　　年——ケルムスコット・プレス　(14)

第二章　アール・ヌーヴォーと生命主義　　永井隆則　(17)
　1．自然モチーフの導入による生命の象徴主義　(18)
　2．モチーフの自律性による生命感の表出　(19)
　3．アール・ヌーヴォーと運動表象——ロイ・ファラー　(23)
　4．アール・ヌーヴォーと生命主義　(25)

第三章　KATAGAMIというデザインの力　　馬渕明子　(37)
　　　　　——ジャポニスムのデザインの例——
　1．型紙の伝播と影響　(37)
　2．型紙のインパクト　(39)
　3．型紙というデザインの力　(41)

第四章　デ・ステイルにおける「協働」　　　　　奥　　佳　弥　(55)
　　　　　──テオ・ファン・ドゥースブルフの建築理念──
　　1．方法としての協働　(55)
　　2．対比から破壊へ　(58)
　　3．破壊から構築，そして反構築へ　(62)
　　4．協働と対立の果て　(67)

第五章　楕円の投影　　　　　　　　　　　　　　谷本尚子　(73)
　　　　　── A. M. ロトチェンコの幾何学と電化政策──
　　1．非対象絵画への道　(75)
　　2．分析から投影へ　(77)
　　3．絵画・彫刻と建築の統合　(80)
　　4．無対象芸術と政治的イデオロギーの間で　(84)

第六章　装飾と「他者」　　　　　　　　　　　　天野知香　(89)
　　1．美術史と「他者」　(92)
　　2．「装飾と犯罪」　(98)
　　3．「他者」の表象　(100)
　　4．内なる他者　(103)

第七章　「デザイン」前夜　　　　　　　　　　　池田祐子　(115)
　　　　　──第一次世界大戦前後のドイツにおける Kunstgewerbe ──
　　1．質の向上から統一の標としてのフォルムへ
　　　　　──ドイツ工作連盟の設立とムテジウスの講演「我々はどこにいるのか？」　(116)
　　2．タイプ論争── Kunst か Gewerbe かそれが問題，か？　(119)
　　3．バウハウス── Kunst と Gewerbe の新たな実験の始まり　(122)
　　4．Kunstgewerbe から Design へ
　　　　　──雑誌『フォルム』と「フォルム」展　(125)

第八章　アメリカにおける「デザイン」のリフレーミング
　　　　　　　　　　　　　　　　　　　　　　　　　　　　　　　　櫛　　勝彦（133）
　　1．アメリカン・デザインへの認識　（133）
　　2．アメリカの「デザイン」　（137）
　　3．デザイン機能の発見　（143）

第九章　グラフィックデザインにおける日本的表現
　　　　　　　　　　　　　　　　　　　　　　　　　　　　　　　　中野　仁人（149）
　　1．日本的表現の継承　（150）
　　2．モダニズムと日本的表現　（157）
　　3．現代のグラフィックデザインと日本的表現　（161）

第十章　ファッション・デザインは死んだ？　　深井　晃子（169）
　　　　　──ファッションにおけるデザインの力──
　　1．ファッション・デザインは死んだ？　（169）
　　2．デザイン without デザイン──ファッションの現状　（171）
　　3．マンガとデザイン　（173）
　　4．ジャパニーズ・ファッションのデザイン性　（175）
　　5．'プリーツ・プリーズ'　（177）
　　6．匿名性を絶対化したシャネル　（179）
　　7．ファッション・デザインの力　（181）

第十一章　写真の到来を人々はどのように
　　　　　　　　　　　　受けとめたのだろうか　　青山　勝（187）
　　　　　──アラゴーからボードレールまで──
　　1．1839年──写真はまず「理念」として到来した　（188）
　　2．1851年──写真は科学か芸術か？　（192）
　　3．1859年──「芸術を滅ぼしかねない最も恐ろしい敵」　（196）

第十二章　無意識としての映像空間　　　伊集院敬行　(205)
　　　　──映画《欲望》の中の写真の「眼差し」──
　　1．「母の欲望」としての「女の欲望」　(207)
　　2．原抑圧としてのパントマイムのテニス　(210)
　　3．映像装置と無意識　(213)

第十三章　ポスト・モダン・デザインの現実　　　橋本優子　(221)
　　　　──ソットサスから水戸岡鋭治まで──
　　1．ポスト・モダンの矛盾とリアリティ　(221)
　　2．コマーシャルな商品たちのあり様は　(222)
　　3．イタリアのインテリア・シーンから　(223)
　　4．グローバルで超領域的な流行　(224)
　　5．ケース・スタディ──日本の車両デザイン　(226)

あ と が き　(231)
図版出典一覧　(233)
人 名 索 引　(237)
事 項 索 引　(240)

第一章
ウイリアム・モリスと
イギリスのユートピア思想

今井美樹

はじめに

　ウィリアム・モリス（William Morris, 1834-96）は，19世紀後半に活躍した詩人，工芸家，社会改革家であり，とりわけ生活環境への自覚的な追求と制作によって，その後の近代デザインに対する意識を高めたことで知られている．ステンドグラス，テキスタイル，壁紙，家具など室内装飾を扱う会社を起業し，みずからデザインや製造統括を担う一方で，叙情詩，物語詩，散文ロマンスなどの文学やギリシャ叙事詩や北欧神話の翻訳もおこなう著述家であり，さらに社会主義や歴史保護の団体を組織する社会運動家でもあった．実業家と著述家と社会運動家という，一見して相関しない領域において，いずれの実績も極めて膨大なものである．
　モリスの豊富な知識とバイタリティあふれる行動力は誰もが認めるところだが，彼は決して時代の潮流に乗った天才でも英雄でもなかった．聖職者を志して入学したオックスフォード在学中に芸術家への転身を決意し，建築を始めたものの図面が苦手で，画家としても人物がうまく描けず断念し，ようやく天賦の才能を発揮できる装飾芸術に出会ったのであった．私生活においても，妻ジェーンと友人の画家ロセッティとの不倫に悩み，長女ジェイニーが15歳で癲癇と診断された後は常に介護が必要だった．文学に関しては早くから評価され桂冠詩人の地位

を打診されたりもしたが，同様に傾注した古建築物保護や社会主義者としての運動は順風満帆とは言えず，公私ともに苦悩と挫折を抱えながら理想のコミュニティを模索した，むしろ不器用な人間だったのかもしれない．

　モリスの生涯はヴィクトリア朝（1837-1901年）とほぼ一致する．産業革命を経て，いちはやく近代化を遂げたヴィクトリア女王の治世は，新しい産業や経済の体制が整うに従い自由主義国家から帝国主義国家へと変容し，新たなパラダイムへと移行した時代でもあった．多くのものごとの刷新と価値観の変化は，革新的なイデオロギーをもたらすと同時に新たな社会問題や矛盾を生む．そしてモリスの生涯もまた，当時のイギリスが抱える問題や矛盾に呼応した活動の連続であったようにも思えるのである．

　それでもモリスがアーツ・アンド・クラフツ運動の祖とされ，「近代デザインの父」と称されるのは，彼にとっては芸術と同義語でもあった産業と人々の暮らしの関係を根本から考え直し，理想の社会を築こうとしたことにある．その過程で遭遇する問題や矛盾に立ち向かう姿こそが，モリスが評価される所以なのである．

1. イギリスの近代

　19世紀のイギリス社会と市民生活を見渡してみると，モリスの活動の背景と合致するところが多く，さらに中流階級のメンタリティを垣間みることができる．

　1760年代から1840年代にかけて完成された産業革命は，もの作りの在り方を変えただけでなく，経済や社会までをも一変させた．何よりも上流階級と下層階級の間に中流階級を生み，産業資本家や銀行家たちが新興ブルジョアジーとしてにわかに台頭した．それまでの保護政策的な重商主義から，ブルジョアジーが主張する自由競争と自由貿易に基づく自由主義へと政策転換がなされることで，中流階級が自立し始め，「地主（上流階級）・産業資本家（中流階級）・工場労働者（下層階級）」という「三分割制」が確立されたのである．一方の工場労働者たちは，資本家たちの囲い込みによって耕地を失った農民や，職を求めた人々が都市部へ流入したことで形成された．熟練工が不要になった代わりに非熟練労働者による単純労働が増え，非人道的な労働条件と貧困はたびたびの暴動や民衆運動として表面化し，ようやく1830年頃から雇用問題に関する法改正が始まる．この階級格差は，ディズレーリの著書からしばしば引用される「持てる者（上・中流階級）」

と「持たざる者（下層階級）」の「二つの国民」として，顕著な形となっていった．

ヴィクトリア朝を迎える頃，機械生産により飛躍的に生産力が向上したイギリスは，植民地や国外領土への自由貿易によって市場を拡大することで繁栄を極め，世界一の覇権国としての地位を確立した．特に，政治的にも経済的にも平穏で栄華を極めた1850-70年頃は「パックス・ブリタニカ（イギリスの平和）」と呼ばれる．

その象徴が1851年にハイド・パークで開催された第1回ロンドン万国博覧会であろう．パビリオンの水晶宮では，敷地の半分を使って大英帝国および植民地の展示品が，残りの半分では他国の産業・美術品が展示された．この万博はイギリスの産業力の誇示とともに，中流階級が市民として中核をなした大衆消費社会の幕開きをも意味していたが，その社会構造は，産業化・都市化した近代生活を享受する上・中流階級および軍関係者たちと，それを支えるイギリス総人口の7割を占める下層階級の労働力で成り立っていた．

街にはコーヒー・ハウス，オペラ劇場，競馬場，レストランや酒場などのレジャー施設ができ，煉瓦建築や街灯つきの舗装道路が設けられ，公園や商店街が整備されて街並の美化や改善がはかられた．量産体制と資本主義経済のおかげで自由な消費行動と余暇が生まれ，ジャーナリズムや出版産業も盛んになりマスコミ文化を生んだ．

中流階級は，上流階級とも下層階級とも一線を画す独特の意識をもつようになる．勤勉・堅実・慎重さなどを道徳心としながらも，ステイタスとしての流行の服装や6頭だて馬車といった所有物への欲望は，自由競争の中で収入を増やしたことの証であり，その様子はスノビズムと称された．既に産業革命期からあらわれ始めたこのような価値観は，男女の役割や家庭の在り方も規定した．鉄道と郊外住宅によって，夫は通勤サラリーマン，妻は専業主婦，という職住分離のライフスタイルが定着した．それに伴い，男性は強く逞しく外で働き，女性は慎ましく家庭を維持する，とする考えを学校教育や家庭内のしつけとして教えるようになり，教育観や宗教観にも変化が見られた．上流階級が受けるパブリック・スクールやオックスブリッジの古典的な教育とは異なる実用的な教育が望まれ，非国教派アカデミーや出資者経営学校やカレッジが次々と設立され，勤勉を旨とする指導がおこなわれるようになった．このような中流階級の理想の家庭像は，子沢山で仲睦まじいヴィクトリア女王とアルバート公の結婚生活のイメージと結びついたことも伏線となったと言えよう．

資本主義経済は，好景気と同時に恐慌・不況をもたらした．1860年代までの自由主義の時代には，規則的な景気循環によって約10年周期で不況が訪れたが（25, 36, 47, 57, 66年），ドイツやアメリカが後発の資本主義国として台頭すると，イギリスは国際競争を余儀なくされ，1873年から1896年に及ぶ深刻な不況に見舞われた．それまで原料供給地でしかなかった植民地を資本投資先として，さらに植民地の確保と拡大しようとする政策は帝国主義となって，後の20世紀には（エンゲルスが1886年に予測したように）土地争奪をめぐって2度の世界大戦を引き起こすに至る．

　イギリス国内だけでなく先進各国を巻き込んだ経済危機を，資本主義の悪弊だとする運動家や学者の活動が顕著になるのもこの頃である．1880年代には「民主連盟」（1881年，後に「社会民主連盟」に改称），「フェビアン協会」（1884年），「社会主義同盟」（1884年）といった社会主義団体が相次いで組織され，1893年には「イギリス労働党」の前身となる「独立労働党」が結成されるに至り，資本主義経済の限界と帝国主義への警鐘が社会現象として目に見える形となっていった．

　こうした状況下で上・中流階級の近代生活は，爛熟した文化や風俗を生み出しながら，多くの発明品や科学技術と相俟って20世紀へと継続される市民生活を築いていく．ヴィクトリア朝においては，先述のロンドン万博を契機に実用美術省（1852年，翌年に科学美術省に改称）や製品美術館（1852年，1857年以降サウス・ケンジントン博物館，1899年以降ヴィクトリア＆アルバート美術館）が設置されて以降，製品とデザインの関係にいちはやく注目していたことでも，また国際的に展開していくアーツ・アンド・クラフツ運動の発祥地としても，近代国家の模範事例として産業を牽引し続けたのである．

2. 幼　少　期——中流階級とエピングの森

　このような時代背景にあって，モリスの出生は典型的な上層中流階級の恵まれた環境にあり，幼少期から青年期は自由主義経済に支えられた好況期であり，大学卒業から商会が軌道に乗る壮年期は文化的成熟を迎えたパックス・ブリタニカの時代であり，家庭問題や商会改組を経て社会運動に目覚めた中年期にはヴィクトリア朝の凋落期と世紀末を迎えたのである．彼の人生は，中流階級に身を置きながら，「二つの国民」の間を揺れ動くことになる．

　モリスは9人兄弟の長男として，1834年3月24日，ロンドン北東に位置する

ウォルサムストウで生まれた．この町は 1870 年代に鉄道が延び郊外住宅地となったが，モリスの生まれた頃には，エピングの森や沼地・草地の自然がまだ残っており，ロンドン中心地に勤めるビジネスマンたちが良い環境を求めて暮らし始めた土地であった．父はシティにある証券仲買会社の共同経営者で，仕事の景気は良く，モリスが 6 歳の時にウッドフォードのより広い邸宅に移り住んだ．この邸宅はエピングの森の端に位置し，モリスの幼少期の体験に強い影響を与えた．早熟な彼は 4 歳でサー・ウォルター・スコットの小説を読み，田園を探検し，魚釣りや兎狩りをし，建築物を見て歩き，ことさらエピングの森については隅々まで知っていたと回想している．モリスは平穏で幸せな子ども時代を送り，このことが晩年にまで記憶に残る理想的な生活環境の原点となった．1847 年に父が病死し，一家は再びウォルサムストウに戻り，若いモリスは家長の立場となったが，父親の残した銅山の投資のおかげで生活に困窮することはなかった．

1848 年，モリスは地元の私立小学校から，中流階級の要求に応じて 5 年前に設立されたにわか仕込みのパブリック・スクール，モールバラ校に転校し寄宿舎暮らしを始めた．学校教育からは何も学ばなかったが，彼はこの地で 2 つのことを収穫した．近くにあった先史時代の遺跡から歴史や古典に興味を抱くようになったことと，アングロ・カトリックへの傾倒である．ウォルサムストウのあるウィルトシャ州にはストーン・サークルやケルト文化以前の古墳があり，モリスはこれらを探索しては，考古学と中世建築の蔵書が充実した学校図書館でイギリス・ゴシック建築の知識を身につけたという．また学内には，中世の教会の機能に注目し初代カトリック教会の教理や規律の復興を唱えたオックスフォード運動を支持する雰囲気があり，モリス家は低教会派（プロテスタント的傾向の福音主義）であったが，校風とゴシック・リヴァイヴァルの時代の気運から，高教会派（アングロ・カトリック主義）へと彼の宗教観が変化していったのである．1851 年にモールバラ校を自主退学し，2 年後にオックスフォード大学エクセター・カレッジに入学したのも，アングロ・カトリックの聖職者になることを志してのことであった．

幼少の生活環境は与えられたものとは言え，モリスはまだ自然の残る郊外で広い邸宅に住み，株投資によって豊かな生活が確保された初期ヴィクトリア朝の典型的な中流階級に育ち，こと自然と住空間に関しては恵まれた体験を積んだ．成人するまでに住んだジョージアン様式の 3 つの家も，何らかの生活空間へのこだわりを育んだであろう．当時の彼が，都心部の近代化をどの程度に意識していたかは不明だが，ロンドン万博の入場を拒否したというエピソードは象徴的であ

り，多忙に活躍する社会人になって以降も，ロンドンを仕事の拠点としながらも郊外の居住まで馬車通勤するライフスタイルを健康な限り続けた．モリスの自然愛護や古代・中世への憧憬は，少年時代から始まっていたのである．

3. 青　年　期──ゴシック・リヴァイヴァルとラファエル前派

1853年，モリスはオックスフォード大学エクセター・カレッジに入学し，終生の友人エドワード・バーン=ジョーンズ（Sir Edward Coley Burne-Jones, 1833-98）に出会う．バーミンガム出身のバーン=ジョーンズは同郷の友人（リチャード・ディクソン，チャールズ・フォークナー，ウィリアム・フルフォード，コーメル・プライス）をモリスに紹介し，彼らは間もなく社会的な関心事についての議論や読書会をおこなうサークル活動を始めた．朗読書はチョーサー，シェイクスピア，テニスン，キーツといった好みのロマンスや騎士物語を含む広範囲な文学とともに，カーライル，ラスキンら当時の改革主義者の著作もあった．彼らの興味の延長には中世の装飾写本の調査なども含まれた．オックスフォード運動に影響されて聖職者を志した彼らは，期待していた宗教的な復興運動が大学内になかったことに失望しつつも，時代の潮流となっていた思想（即ちゴシック・リヴァイヴァル）と，それを芸術として表すことを試みる画家集団（即ちラファエル前派）を知るのである．この2つの動向は，ジョン・ラスキン（John Ruskin, 1819-1900）とダンテ・ガブリエル・ロセッティ（Dante Gabriel Rossetti, 1828-82）の2人の人物によってより身近な存在となった．

サークル仲間にとって，ラスキンの著書は多くの示唆を与えた．たとえば『ヴェネツィアの石』(*The Stone of Venice*, 1851-53) 第2巻第6章「ゴシックの本質」(The Nature of Gothic) は，モリスの芸術に対する態度がそのまま当て嵌まり，『建築の七燈』(*the Seven Lamps of Architecture*, 1849) は，後の古建築物保護の規範となった．芸術に関しては『近代絵画論』(*Modern Painters*, 1843-60) がモリスとバーン=ジョーンズのバイブルとなった．既に評論家として名声を得ていたラスキンの芸術批評は，機械産業化が目覚しい社会の行く末を憂い，芸術の価値に立ち戻るための原点を中世ゴシック美術に求めていた．つまり，機械による大量生産が装飾美術の価値を低下させ，職人の地位を下げたばかりか，分業という分断された労働スタイルは機械による人間の奴隷化につながるとして，手工芸を重んじることの道徳性を主張していた．その根拠として，中世キリスト教の装飾は，優れたも

のと同様，劣ったものにも個々に価値が認められているとして，中世ゴシック時代の大聖堂を中心とした芸術的，社会的，経済的価値の再生を唱えた．ラスキンの理論は，モリスに建造に携わる職人の技術と信仰心が一体化したゴシック建築こそが「芸術は労働における人間の喜びの表現である」という思いに至らせ，建築家への敬意を育んだのである．

　ラスキンがラファエル前派を擁護した理由もここにあった．盛期ルネサンス以前のイタリアの芸術家に価値を見いだし，中世の文学や伝説を主題にして，作品をできるだけ忠実に（ことさら自然をありのままに）再現しようとする彼らの姿勢は，ラスキンの中世回帰の思想と一致した．モリスとバーン゠ジョーンズは「エジンバラ講演集」（1854年，『建築・絵画講演集』所収）でラファエル前派を知って以来，ますます芸術に傾倒する．人生の目標が宗教ではなく芸術にあるのではないかという気持ちは，彼らの２度の北フランスでのゴシック建築探訪によって強固なものとなり，1855年の夏，モリスは建築家に，バーン゠ジョーンズは画家に転身することを決めた．

　大学を卒業した1856年からの５年間は，モリスにとってデザインの実体験と生活基盤となる家庭を築くための準備期間であった．成人を迎え相続金を得たことも後ろ盾となっただろう．弟子入りしたG.E.ストリート（George Edmund Street, 1824-81）の建築事務所での仕事は９カ月しか続かなかったが，ここで知り合ったフィリップ・ウェッブ（Philip Webb, 1831-1915）とは終生の友人となり，モリスの新婚時代の住居《レッド・ハウス》（1859-60年）（図1-1）や商会の家具の設計者として厚い信頼関係を築いた．憧れのロセッティと会う機会も得て，画家の道を勧められ妻となるジェーンをモデルに油彩画にも挑戦したが，画家になることはあっさりと諦めた．この間にバーン゠ジョーンズと共同生活も体験し，レッド・ライオン・スクエアの住まいでは中世風のセトル（長椅子）と円卓をデザインする機

図1-1　フィリップ・ウェッブ《レッド・ハウス（ケント州ベクスリヒース）》1859-60年，住宅．

会も得た．オックスフォード・ユニオン（学生会館，現・図書館）の壁画と天井装飾（1857年）では共同制作という理想的な作業体制を経験した上に，その画題はその頃から熱中していたトーマス・マロリー卿『アーサー王の死』に由来していた．アーサー王伝説はその後もモリスの重要な主題となって，彼に中世風の甲冑や衣装までをもデザインさせた．彼の中世趣味は彩飾写本の制作や文学的表現にも及び，詩集『グウィネヴィアの抗弁』(The Defence of Guenever, 1858) を自費出版したりもした．

　ゴシック・リヴァイヴァルに裏打ちされたモリスの中世趣味は，人と人との結束にも及んだ．中世における宗教的共同体が，現代よりも優れた社会の模範を示しているというカーライル（Thomas Carlyle, 1795-1881）の言葉に感動し，大学時代のサークルは「仲間（set）」「兄弟団（brotherhood）」という団結の形を理想としていたし，ラファエル前派の機関誌『ジャーム』(The Germ, 1850) を手本とした同人誌『オックスフォード・アンド・ケンブリッジ・マガジン』(The Oxford and Cambridge Magazine, 1856) は，当初，7名だけに限られた団結を意味する「兄弟団」というタイトルでの発行を考えていた．そして馬丁の娘ジェーン・バーデン（Jane Burden, 1839-1914）との身分違いの結婚も，（たとえ彼女が彼を愛していなかったとしても）貴婦人を崇拝する騎士道の忠誠心をもって，一生涯彼女を愛し続けたのである．

　同様のことは，彼がしばしば望んだ友人との近隣づきあいと，それを強固にするための家についても言える．先述のバーン＝ジョーンズとのロンドンでの共同生活もしかり，その後もバーン＝ジョーンズ家と一緒に住むためにレッド・ハウスの改築を試みたし，テムズ河畔に建つケルムスコット・ハウスに移り住んだ際には「前よりも仲間がこの家に来るだろうと思う」とたいそう喜んだ．またモリス家とロセッティが奇妙な同居をしたケルムスコット・マナーについても「それは私にとって地上の楽しい場所と言うべきものになってきた，そして人生の複雑な事情に悩んでおらず害を与えない質素な人の家といったものになってきた．そして他の人たちが彼らの恋人たちや子どもたちを通じて人類を愛するように，私はその家のあの小さな空間を通じて，地球を愛するのだ」と懐かしんでいる．

　さまざまな制作を通じて，「芸術を倫理と政治と宗教から分離することは不可能」というモリスの結論は，神学を学ぶために入学した大学から，目に見えぬ思想や信仰心をかたちとして表現する芸術あるいはデザインへと興味を変えた．モリスのデザイナーとしての転身は，レッド・ハウスの室内空間を自らの手で作り

上げることで，確信へと変わった．

4. 壮　年　期──モリス・マーシャル・フォークナー商会

　新居において満足できる製品が見つからないという理由からレッド・ハウスの内装を手掛けたことは，モリスの後の仕事を決定づけることになった．レッド・ライオン・スクエアのセトル（長椅子）が持ち込まれ，新たな家具はウェッブが主に設計した．バーン＝ジョーンズは中世の小説をモチーフに客間の壁面に描き，暖炉用のタイルをデザインした．その他の部屋はモリスのデザインした壁掛けが使用された．ロセッティはセトルに描いた．これらはまさしく共同制作であり，このことが商会の設立を思い立たせた．

　1861年，「モリス・マーシャル・フォークナー商会」が設立された．商会は1株1ポンドとモリスの母親からの無担保の100ポンドを資本とした．メンバーは，モリス，バーン＝ジョーンズ，ロセッティ，ウェッブの他に，ステンドグラスの経験者であったラファエル前派メンバーのマドックス・ブラウン（Ford Madox Brown, 1821-93），経理を担当したフォークナー（Charles James Faulkner, 1834-92），測量技師のマーシャル（Peter Paul Marchall, 1830-1900）によって構成された．商会はレッド・ライオン・スクエア8番地に置かれ，ここからステンドグラス，タイル，刺繍，家具などが制作されることになった．設立趣意書によって，扱われる製品の項目は「1.壁面装飾，2.建築に用いる彫刻一般，3.ステンドグラス，4.金工，5.家具」と規定された．設立の翌年，商会の製品は第2回万国博覧会で2つのメダルを受賞し，順調なスタートを切る．

　それぞれの製品カテゴリーについて，モリスの果した役割は異なる．モリスはデザイナーが必ずしも優れた職人であるとは思っておらず，たとえばステンドグラスの各工程は専門の職人に委託され，モリスは生産管理の立場に立った．設立当初，商会の主力商品だったステンドグラスは，既に実績のある競合会社と差別化を図るためにも，ラファエル前派の画家が描き，下絵に従ってモリスが色ガラスを選んだ（図1-2）．

　次に商会の目玉商品となったのは壁紙であった（図1-3）．手刷りの木版による製造はジェフリー・アンド・カンパニーに外注されたが，これはモリスが壁紙の印刷にはステンドグラスのような職人技は必要とは感じていなかったためである．同様のことは，カーペットやチンツ（木綿更紗），絹織物等が商会の外で，し

かも機械織りで作られたことにも言える．商会の殆どのパターン・デザインがモリスの手によるものである一方で，彼は製造を外部に任せるという合理性も持ち合わせていた．

　その逆に，あくまで手工芸の工程にこだわったのは刺繍とカーペットだった．この作業は主に女性の手によって仕上げられた．当時，刺繍は機械化が進み，機械刺繍の施された衣服が廉価で入手可能となると同時に，職人の技術が低下して

図1-2　エドワード・バーン＝ジョーンズ，ウィリアム・モリス《クライスト・チャーチ大聖堂聖母礼拝東窓》1872-73年，ステンドグラス，モリス・マーシャル・フォークナー商会．

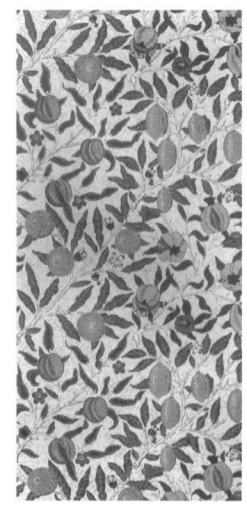

図1-3　ウィリアム・モリス《柘榴あるいは果実》1866年頃，壁紙（木版，色刷り），モリス・マーシャル・フォークナー商会．

いた．モリスは，中世のギルドでは絵画や彫刻と同等の位置にあり男女の別なく行われていた刺繍と，機械化によって手織りの価値が認められるようになったカーペットの制作には，熟練工の技術が必要だと考えていた．

家具のデザインはウェッブに任された．時にマドックス・ブラウンの手助けもあった．家具には大別して2種類あり，1つはレッド・ハウスのために作られたような重厚で中世的なもので，主に受注によって制作された．もう1つはイギリスの伝統的・大衆的な質素なもので，典型的な農家の椅子にウェッブが手を加えたサセックス・チェアは商会の定番商品となった．

タイルは工場生産の白地の素焼きを大量購入し，手描きの後に商会の地下の窯で焼成された．

1860年代後半は，セント・ジェームズ宮殿の「武具の間」「タペストリーの間」さらにサウス・ケンジントン博物館の「グリーン・ダイニング・ルーム」の室内装飾によって商会の評判は高まる一方で，商会の経済基盤は危ういものになっていた．銅山の株価下落の他にも，モリスの事務処理の粗さや，思いつきで新しい仕事を始め職人たちを巻き込むやり方が経費の無駄を招いたが，これは他のメンバーに比べてモリスの仕事量が圧倒的に多かった故でもあった．

この前後から，モリスは文学にも活動を広げるようになる．『イアソンの生と死』(*The Life and Death of Jason*, 1867)の自費出版は5年間で7版を重ねるほど人気となった．5年がかりの『地上楽園』第1巻(*The Earthly Paradise*, 1868)も発行された．これら物語の創作のためにアイスランド・サガの翻訳にも取り組み，詩人としての名声は早くからもたらされた．

表面上は，商会の仕事も波に乗り，デザイナーとして，さらに詩人として評判

図1-4　ウィリアム・モリス《いちご泥棒》1883年，室内用ファブリック(木版，色刷り，木綿)，モリス商会．

第一章　ウィリアム・モリスとイギリスのユートピア思想

を獲得し，幸せな家庭生活を送っている成功者に見えた．しかしこの時期は，妻とロセッティとの不倫関係がモリスを悩ませ，1871年，ケルムスコット・マナーを借りてロセッティと共同生活を始めることで解決を試みた．この奇妙な暮らしは，家庭と友情のどちらに対しても寛容の態度を示したモリスがとった措置であったが，この間，彼はいっそう仕事に励むとともに，二人を残し2ヶ月近いアイスランドへの旅に出かけている．中世物語にアイスランドの伝説や北欧伝説を取り入れているうちに思いついた旅であったが，それ以上の収穫もあった．雄大な自然とそこに生きる人々に，モリスは産業革命以前の社会を見出したのである．2年後，再びアイスランドに出向き，その確信を強くした．この2度の旅は，後に彼が社会主義者へと転じていく契機にもなった．

　1870年代には，それまでの教会の依頼から，住宅向けの注文が増え始め，壁紙や染織テキスタイルの生産が増えたが，モリスにとって装飾芸術の品質は重要で，色の粗末な化学染料（アニリン染料）に代わる植物の染織実験の必要なども生じ，こうした探究心が製品の高価格を招いたことも否定はできない（図1-4）．この時期の，商会の出資メンバーの労働と配当の不公平といった仕事上の問題，あるいは妻の不貞，長女の癲癇といった個人的な家族問題も，断片化された問題ではなく，ゆるやかにつながりをもっていた．それ故，何かを断ち切ることで解決される事ではなく，捺染の研究によって商会の立て直しを計り，家族の引越やアイスランドへの長期旅行が必要であり，中世物語の創作によってささやかな空想逃避も追加されるようになったのだが，この後，モリスは思想信条をもって社会的な働きかけをおこなうことになる．

　1875年，概ねのメンバー同意のもと，商会は再編成され，「モリス商会」と改称して経営が続けられた．

5. 中　年　期——社会主義と古建築物保護

　商会改組から3年間にかけて，モリスは新たに3つの社会活動に加担することになる．1876年の「東方問題協会」設立を発端とした社会運動，1877年に創設した「古建築物保護協会」，その活動資金を得るために1878年から精力的におこなった講演会活動である．彼の思いが社会主義的な理想へと傾いていく一方で，商会の注文が教会建築から個人住宅へと顧客を変えていくに従って，商品が少数の特権階級のものになっていったことは皮肉であり，彼自身もこのことについては忸

悧たる思いを抱いていたが，それは同時に自身が身を置く中流階級と労働者階級の間の埋めがたい溝を痛感することでもあった．

とは言うものの，1876年のトルコ問題に関心を寄せるまでは，モリスは政治や社会的な問題に関してはむしろ消極的な態度をとっていた．ブルガリア人を大虐殺したトルコ軍のこの事件にもかかわらず，イギリス政府がトルコを支援しロシア開戦に臨もうとした時，モリスは戦争反対のために組織された「東方問題協会」の会計係となっていた．この協会は 2 年足らずで消滅したが，彼はこの時，帝国主義の政策へと傾く議会に幻滅し，いつまでも向上しない労働者の生活に目を向けることとなった．

だが，彼の問題意識は既存の社会主義団体に加入することで解消される訳ではなかった．1883年，モリスは当時唯一の社会主義組織であったハインドマン（Henry Mayers Hyndman, 1842-1921）率いる「民主連盟」（1884年に「社会民主連盟」と改称）に参加し，支援金を融資し，マルクス『資本論』を講読し，機関誌『ジャスティス』（*Justice*, 1884）に寄稿するなど熱心に活動を始めた．しかし執行部内に亀裂が生じ，1884年にモリスは自ら「社会主義同盟」を結成，以後ハインドマンらと確執の争いを繰り返すことになる．この頃には，不況による治安悪化もあって，行政当局が街頭演説の運動家に圧力をかけ，警官との小競り合いが茶飯事となり，「血の日曜日」にまで発展した．こうした暴力沙汰やアナーキストたちの内部抗争によって，モリスは機関誌『コモンウィール』（*The Commonweal*, 1885-90）の編集を取り上げられ，彼は所属のハマースミス支部を「ハマースミス社会主義協会」と改称して，1890年から新たな活動を始めることになる．

モリスが社会主義活動で成し遂げたかったことは，ただ 1 つ，労働者たちへの教育であった．そのため公開講演と執筆を活動の二本柱としていた．ところがモリスが脱退した「社会民主連盟」も，別組織の「フェビアン協会」も，いずれも議会による思想改革を目指しており，結果それはしばしば主権争いの場にすり替えられることもあり，モリスが真に望んでいた労働者の意識改革や生活向上と相反するものであった．「ハマースミス社会主義協会」では，敢えて政策は立てず，幅広い社会主義運動が議論され，その成果は，同協会と「社会民主連盟」と「フェビアン協会」の 3 者による合同委員会が設けられたことや（1893年），モリスと「社会民主連盟」との和解（1894年）に象徴されるだろう．モリスはマルクス主義であったかもしれないが，その思想は経済学や政治学の側面からではなく，生活の中における芸術の役割や，生産品と生産者の関係を，理想的に築くことのでき

る社会モデルとして社会主義を捉えていたのである．

　もう1つの運動は，今日も存続する歴史保護の先駆的団体「古建築物保護協会」である．協会の活動は，建築物の改修や取り壊しを知るたびに『タイムズ』紙などに抗議文を投稿しては工事の撤回を訴えるものだったが，その対象は教会だけでなく，学校や公民館などの公共施設，森林伐採などにも及んだ．モリスの定義する古建築物保護とは，必要最小限の補修にとどめ，今日的な改造を行わない「アンチ・スクレイプ（削り取り反対）」であったが，この活動には過去の反省が込められてもいた．というのも，建築の師ストリートはゴシック風アレンジの肯定派であったし，初期の商会では，教会の改修工事に伴ってバーン＝ジョーンズらの下絵による新しいステンドグラスを制作していたからである．協会設立後，モリス商会は扱う商品についてのパンフレットを改訂し，12の製品カテゴリーに加えて「教会その他の建物の窓については，従来通り見積もる所存ですが，ただし，《古芸術の記念碑とみなされうる類については，これを除きます》．そうした建物のガラス工事を引き受けることは，わが社の良心が許しません．というのも，そのようなことをすれば，いわゆる「修復」という破壊的な慣行を是認する結果になると思えるからです．」と記した．以来，修復工事に伴う仕事を請け負うことはなかった．

6. 晩　　年——ケルムスコット・プレス

　モリスの社会活動は短期的に成功を収める類のものではなかった．加えて糖尿病や野晒しの公開講演によって健康も衰えつつあった．にもかかわらず，1891年，新たな（そして最後の）活動として個人的な出版工房ケルムスコット・プレスを設立したのである．この工房は商業出版を目的としない純粋な創作活動であり，モリスの好きな文学や自らの著作を，彼がもっとも美しい書籍と見なしたインキュナブラ（15世紀までに印刷された揺籃期書籍）を手本として，活字や製紙の制作から始め，編集デザインして印刷出版をおこなったもので，ごく親しい知人に配本された．

　プライヴェート・プレスという特性上，貧しい人々のために立ち上がる社会主義者としてのモリスの姿は収束してしまう．バーン＝ジョーンズが大聖堂と評した『チョーサー著作集』（*The Works of Geoffrey Chaucer*, 1896）が忠実に擬中世様式でデザインされていたことも，懐古趣味として非難されもしたが，モリスにとっ

て回避不能な機械文明の現実社会と理想社会とをつなぐ行為がケルムスコット・プレスに凝縮されていたと言えよう．7年間の活動で53点66巻が出版されたが，これらの印刷された書籍の数々からは，彼の理想世界を垣間みることができる．

モリスは1896年10月3日に62歳で世を去った．彼の生涯は大いなる矛盾を抱えながら社会と関わってはいたが，その矛盾に対して常に身近に解決法を見出すたくましさを持ち合わせていた．その一例がケルムスコット・プレスでの「理想の書物」の制作であり，社会主義活動から生まれた文学ではなかったか．1952年の未来の革命を経て200年後の平和な世界を描いた『ユートピア便り』(News from Nowhere, 1890) には，ケルムスコット・マナーの口絵が添えられ，最終場面では折に触れ豊かに描写されてきた田園風景が登場し，モリスが身近な自然を理想の地として執筆していたことが判る（図1-5）．500年前の主人公に出会う『ジョン・ボールの夢』(A Dream of John Ball, 1886-87) の「人々は闘争し，戦いに破れ，そして，彼らが敗北したにもかかわらず，彼らが求めて戦ったものは実現され，そして，実現してみると，彼らが意図したものとはちがうものになる」（第4章）というくだりは，モリス自身の本音とも思える語り手の独白となっている．こうしたモリスの夢と現実との往復は，貧困のない平等な社会を実現したい彼の希望と挫折の現れであり，その成果がデザインや文学によって表現されることで，人々に感銘を与えつつ，もの作りの根底に潜む意味を問いかけるのである．

モリスの軌跡は，彼のデザインそのものよりも，思考のプロセスを丹念に追うことが求められる．事実，今日まで続くモリス研究は，時代の変化に従って幾度

図1-5 ウィリアム・モリス《ウィリアム・モリス著『ユートピアだより』》1893年，書籍（紙，インク），20.5×12.5cm，ケルムスコット・プレス ヴィクトリア・アンド・アルバート美術館所蔵．

第一章 ウィリアム・モリスとイギリスのユートピア思想

も読み直されているのであり，その都度に検証されるユートピアは常に「意図したものとはちがうもの」としてあり続けるだろう．

主要参考文献（刊行年順）

長島伸一『世紀末までの大英帝国──近代イギリス社会生活史素描──』法政大学出版局，1987 年．

フィリップ・ヘンダースン（川端康夫・志田均・永江敦共訳）『ウィリアム・モリス伝』晶文社，1990 年．

ジリアン・ネイラー『ウィリアム・モリス』多田稔監修，講談社，1990 年．

クリスチーン・ポールソン（小野悦子訳）『ウィリアム・モリス──アーツ・アンド・クラフツ運動創始者の全記録──』美術出版社，1992 年．

ポール・トムスン（白石和也訳）『ウィリアム・モリス全仕事』岩崎美術社，1994 年．

ウィリアム・S. ピータースン（湊典子訳）『ケルムスコット・プレス──ウィリアム・モリスの印刷工房──』平凡社，1994 年．

リンダ・パリー『決定版 ウィリアム・モリス』多田稔監修，河出書房新社，1998 年．

ウィリアム・モリス（横山千晶訳）『ジョン・ボールの夢』晶文社，2000 年．

展覧会図録『モダン・デザインの父 ウィリアム・モリス』内山武夫監修，NHK 大阪放送局・NHK きんきメディアプラン，1997 年．

展覧会図録『ウィリアム・モリスとアーツ＆クラフツ』藤田治彦監修，梧桐書院，2004 年．

第二章
アール・ヌーヴォーと生命主義

永井隆則

はじめに

　アール・ヌーヴォーは，凡そ，1890年代から1900年代にかけて，欧米各地で展開したデザイン運動であり，狭義には，ベルギー，フランス（アール・ヌーヴォー），ドイツ（ユーゲントシュティール）で活動した工芸家達の活動，広義には，スコットランドのグラスゴー派，イギリスの末期アーツ・アンド・クラフト運動，オーストリアのウィーン分離派，ウィーン工房，イタリア，スペイン，アメリカ，更には日本にも波及した運動である．ウィーン分離派，ウィーン工房，グラスゴー派の様に，狭義のアール・ヌーヴォーの原理を否定する側面を持った運動も含まれており，何を持って，これらを定義するかは見解が分かれる．
　アール・ヌーヴォーの形態，構造特徴に関する記述は，これまで十分になされ共通の認識ができているが[1]，では，その様な現象が如何なる思想潮流や社会環境で生まれたかを明らかにする試みは，近年，盛んとなってきたばかりである．それは，つかのまの期間に展開して姿を消したが，決して，うわべの流行として片づけることのできない，人間学的根拠を備えた，ある種のドラマから生まれた．
　結論から述べれば，アール・ヌーヴォーは，産業革命，都市改造等，近代化が進行する新たな環境の中で，西洋の造形史全体を貫く，合理性と非合理性という，

人間精神の両極の葛藤が，新たな形で復活し，多様な形となって現象し，変貌を遂げた運動であった．

1. 自然モチーフの導入による生命の象徴主義

周知のように，初期アール・ヌーヴォーの際だった特徴は，デザイン源を動植物イメージに求めている点にある．

植物では，ガレ（Emile Gallé, 1846-1904）の羊歯，グラジオラス，薔薇，アカシア，タンポポ，セロリ，ひな菊，蘭，睡蓮，カトレア，すみれ，アイリス，林檎，芥子，麦，アザミ，紫陽花，花菖蒲，朝顔，昼顔，隠元豆，百合，菊，黄水仙，たんぽぽ，竹，等．ルネ・ラリック（René Lalique, 1860-1945）のケシ，ナデシコ，パンジー，ウジェーヌ・ガイヤール（Eugène Gaillard, 1862-1933）の林檎，ドーム兄弟（Auguste/Antonin Daum, 1853-1909/1864-1930）のサフラン，タンポポ，アザミ，睡蓮，マジョレル（Louis Majorelle, 1859-1926）のサボテン，睡蓮，アジサイ，ケシ，ルイス・カムフォート・ティファニー（Louis Comfort Tiffany, 1848-1933）のキンレイカ，マムシグサ，紫陽花，ケシ等，小さな可憐な植物が特に好んでモチーフとされた．

動物では，リュシアン・イルツ（Lucien Hirtz, 1864-1928）の孔雀，ルイ＝エティエンヌ・デマン（Louis-Étienne Desmant, 1844-1902）の雄鶏，アンリ・ユッソン（Henri Husson, 1852-1914）のエイ，蝙蝠，ガレの鳩，蝙蝠，鯉，蛙，フラミンゴ等，ジュール・ラヴィロット（Jules Lavirotte, 1864-1924），アントニオ・ガウディ（Antonio Gaudí, 1852-1926）の蜥蜴，ラリックのツバメなど．或いは，爬虫類に似た，空想上の生き物を導入した，エクトール・ギマール（Hector Guimard, 1867-1942）の建築壁面装飾，アウグスト・エンデル（August Endell, 1871-1925）の建築ファサード装飾，ヘルマン・オブリスト（Hermann Obrist, 1863-1927）の刺繍装飾，魚介類を思わせるガウディの建築や家具など．昆虫では，ガレのコオロギ，カマキリ，蜻蛉，蝶，蛾，こがね虫，蜘蛛，トンボ，バッタ，ティファニーのトンボ，ラリックの蜂，鍬形虫，トンボ，等の小さな生き物．更に，これらに，女性の身体が加えられた．今日のジェンダー観から見れば，荒唐無稽であるが，女性の肉体が，自然物と同一次元で扱われ混合された．ラリック，ブラックモン（Félix Bracquemond, 1833-1914），ミュシャ（Alphonse Mucha, 1860-1933）（たとえば，《自然》1899-1900頃，ブロンズに金と銀，カールスルーエ，バーデン州立美術館蔵）がその典型であった．

こうした，動植物の図像，モチーフをデザイン源として導入する事で，インテリアや都市空間に，密林に似た自然感，原始性を導入する事が，アール・ヌーヴォーの明確なコンセプトであった．動植物のイメージを通して，デザイン品に取り囲まれた人間は，自然に蠢く生き物の生命力をヴァーチャルに体感する．しかしながら，動植物モチーフの導入に関して言えば，バロック，ロココ美術，ウィリアム・モリス（William Morris, 1834-96）等，過去にも先例があり，それだけでは，アール・ヌーヴォーの本質を十分に説明する事にはならない．

　また，自然物の姿を模造して丸ごと生活空間に持ち込むのは，日本の美術・工芸品の伝統であり，日本的自然主義からの触発が大きな着想源として指摘されてきた．[2] とりわけ，大都市のパリ派と比べ，地方のナンシー派には，その特徴が顕著であった．ガレ自身，1867年以来のパリ万国博覧会で日本美術を実見し，1885-88年頃，日本人，高島北海（1850-1931）と交流し，美術工芸品，日本に関する文献を蒐集するなど，日本美術に多大の関心を寄せ，着想を得て多くの作品を残したことはよく知られた事実である．[3]

　しかし，モチーフ，形態や構図の借用，等，多くの類似が指摘されているにも関わらず，それでも尚，アール・ヌーヴォーの品々は，視覚的も触角的にも，日本の美術工芸品と同一ではなく，明らかに異質であると誰もが認知できる．何故であろうか？　それは，アール・ヌーヴォーが，ヨーロッパ独自の文脈で花開いたデザインだ，という自明の事実にある．ヨーロッパ近代の自然主義は，近代化と同時に反近代化の思想として発生した，固有の起源を持っており，その流れの中で初めて日本的自然主義の価値を発見し受容した．両者は劇的に出会ったが，根源的異質性を歴史的に背負っていた．

2. モチーフの自律性による生命感の表出

　動植物モチーフの与える，即物的イメージの次元だけで，アール・ヌーヴォーの説明に終始するなら，日本的自然主義との区別は困難である．アール・ヌーヴォーが実現する，真の生命感は，図像を越えた次元に存在する．自然物の単なる再現ではなく，自律性（造型美）の次元で，生命感は，実現されている．幾つかの作品を例に取りながら，これを例証してみよう．

　ガレのガラス《花器「フランスの薔薇」》（図2-1）では，蕾を付けた薔薇の枝が，台座に根元から揺らめいて上昇するように貼り付けられ，光に向かって成長

する植物の生命力と重ね合わされる．上部の器は，不規則で柔らかな薔薇の花弁を想像させながら，他方で，しなり，張りつめ，捻れ，うねる曲線として抽象化されている．半透明の乳白色の表面には，薔薇の花（ガラス）が被せられているが，ガラスの透度と色彩は，全体として多様で深浅に富み，材質そのものが，輝きを放つ．自然に存在する薔薇という生物をイメージ源としながら，造型と材質における自由な着想が，ガラス器全体に真の意味での生命力――作品を体感する鑑賞者の内面が感知する力強い躍動感――を実現している．

ルイ・マジョレル《睡蓮紋ダブルベッド》（1905-8年，オルセー美術館）は，マホガニー，ミモザからなるが，金メッキの睡蓮のオブジェが，ベッド頭部の板に張り巡らされ，サイド・ランプは，睡蓮の枝と花を象っている．この部屋で睡眠を取る者は，さながら，睡蓮の池に居るかの様なイリュージョンを与えられる．

ルネ・ラリックの《胸元飾り「トンボの精」》（図2-2）は，女性の上半身肉体が，トンボの上部に結合され，巨大な羽と長い尻尾，怪物の様な架空の鋭い脚を

図2-1　エミール・ガレ（Émile Gallé）《花器「フランスの薔薇」》1902年頃，被せガラス，金属酸化物による発色，溶着，エッチング，エングレーヴィング　H43×W33.5cm，諏訪北澤美術館．

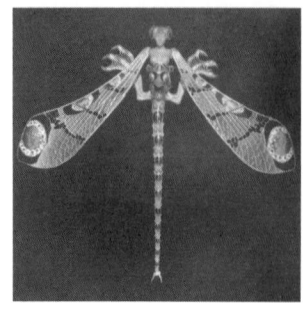

図2-2　ルネ・ラリック（René Lalique）《胸元飾り「蜻蛉の精」》1897-98年頃，金，エナメル，緑玉髄，月長石，ダイヤモンド，H23×W26.5cm，リスボン，カルースト・グルベンキアン美術館．

持つ．全体は，23×26.5cm と巨大で，恐らく，大柄な女性を想定してデザインされたものと思われる．材料は，金，エナメル，緑玉髄，月長石，ダイヤモンドで，胸元に付けて持ち主が移動すると，両羽は揺れ動き，多様な光線を受けて，ジュエリーは無秩序に拡散，揺らめく，煌びやか，多彩な光を放つ．物体その物の震動と色彩光の輝きは，トンボや裸体という物体の備える具体イメージとの結合，連想によって，生命の華やぎを象徴する．

　エクトール・ギマールの《アパート，カステル・ベランジェ》（1899 年，パリ）（図2-3）は，さながら，密林である．その扉は，植物の蔓や枝の源イメージの痕跡を残しながら，抽象化され，力強い曲線でデザインされ，扉を開けて，階段に続く中扉までの小空間には，壁から天井へと金属曲線が張り巡らされている．それらは，繁茂する蔓や蔦を連想させる．外壁には，タツノオトシゴ等を連想させる奇怪なオブジェが据え付けられ，建築全体がファンタジーである．

　ギマールの《地下鉄，シャトー・ドー駅》（1900 年）入り口の，左右の柱は，成長する植物の比喩であり，植物の先端に付く蕾が，照明として使用されている．構造体に装飾を加算するという古い建築や工芸の原理が否定され，構造体から有機的に装飾が展開し一体化している．ギマール・デザインの有機性は二重の意味を持つ．

　ジュール・ラヴィロット《ラップ通り 29 番地のアパルトマン》（図2-4）（1900-01 年，パリ）は，扉に金属の蜥蜴と曲線装飾を，門には，植物文様の有機曲線の左右に，女性の裸体や，流れる様な長い曲線の頭髪を持った女性頭部を，ベランダには，牛の頭部や亀の彫刻を配している．左右対称性や鞭のように撓る曲線の規則性といった，モチーフの抽象化は，無論，人工の所産である．が，人工性（造型）が，デザイン源となった，いわば，原始的ジャングルのイメージが孕む生命力を強化している．

図2-3　エクトール・ギマール（Hector Guimard）《アパート，カステル・ベランジェ》1899 年，パリ，鉄，石材他．photoⒸ Takanori NAGAÏ

第二章　アール・ヌーヴォーと生命主義　21

ヴァン・デ・ヴェルデ（Henry van de Velde, 1863-1957)《六枝の燭台》（図2-5）は，燭台全体が，根，茎，枝，蕾を象り，これらを形造る曲線は，力強く流れて伸び上がり，交差し，ぶつかり合い，方向転回して，植物本来が備える有機的，一見，無秩序な，爆発的繁茂を造型で誇張する事で，力とエネルギーに満ち溢れたデザインとなっている．

　ペーター・ベーレンス（Peter Behrens, 1868-1940)《接吻》（1898年，雑誌『パン』掲載挿絵，木版），アルフォンス・ミュシャ《ジョブ，煙草用巻紙》（1896年，リトグラフ，65.7×45.5cm，サントリー・ミュジアム）では，女性の頭髪が，抽象化され無限に増殖する．自然物と混在，混同して用いられた女性像（特に頭髪）は，造型曲線と共に，生命の繁殖，豊饒や横溢のダブル・イメージとなっている．

　チャールズ・レニー・マッキントシュ（Charles Rennie Mackintosh, 1868-1928)《グラスゴー，ブキャナン通りの喫茶店》（1897年）の壁面に配された，回転し交錯する植物枝の曲線に絡まれた巨大な女性群像は，蕾や花と共に生命の根源となる女

図2-4　ジュール・ラヴィロット（Jules Lavirotte）《ラップ通り29番地のアパルトマン》1900-01年，パリ，鉄，石材他．photo© Takanori NAGAÏ

図2-5　ヴァン・デ・ヴェルデ（Henry van de Velde)《六枝の燭台》1900年，ブロンズ，銀メッキ，H58.5×W50.8cm，ブリュッセル，王立美術歴史博物館．

性性への礼賛図である．グスタフ・クリムト（Gustav Klimt, 1862-1918）《ベートーベン・フリーズ》(1902年，漆喰，カゼイン，金箔，準貴石，ガラス，234×3395cm，ウィーン，オーストリア美術館寄託）では，エロティシズム，愛欲，生殖，妊娠，病，老い，狂気のイメージが，巨大な猿類に似た怪物（テュフォン）と群居し，密集，拡散，飛翔する裸体女性群像を主体に，流動曲線と爬虫類の皮革を連想させる紋様，黄金を主体とする華やかな色彩によって表現される．全体として，原始，太古以来の人間存在への礼賛，生の歓喜が主題である．女性性に対する畏怖と賛辞がある．

3. アール・ヌーヴォーと運動表象——ロイ・ファラー

　アール・ヌーヴォー・デザインの根幹にある生命とは，何よりも，生き物の，絶えざる運動である．その象徴は，この時代，一世を風靡した踊り子，ロイ・ファラー（Loïe Fuller, 1862-1928）であった．トゥールーズ・ロートレック（Henri Marie Raymond de Toulouse Lautrec, 1864-1901）は，《ムーラン・ルージュ》(1891年，リトグラフ，191×115cm，サントリー・ミュージアム）で，看板の女性踊り子，ラ・グリュ（La Goulue）の，脚を激しく高く跳ね上げる姿，骨なしバランタンと評された男性踊り子の柔軟な肉体を，不規則で生き生きとした線を使って，浮世絵から着想した影に対する光の部分の対照性として鮮やかに表象し，一躍，ポスター界の寵児となった．ロートレックが関心を寄せたのは，運動する生き物，特に，馬や踊り子であったが，ロイ・ファラーこそ，その理想像であった．舞台で，大きな袖付きの衣装を激しく振り回して乱舞する姿が，多くの観客を魅了した．肉体と衣装の織りなす線は，リズム，飛躍，流れ，うねり，衝突，破裂，回転に溢れ，心身のエネルギーが極限まで放出された．ロートレック《ロイ・ファラーの習作》(1893年，63.2×45.7cm，油彩，アルビ，ロートレック美術館）は，白い袖をエネルギッシュに振り回し，重力に逆らって，空中に高く，力強く，跳躍するファラーの姿が，一筆描きの連続曲線で一気呵成に描き出されている．これは，1878年のパリ万博の際に日本人が実演した墨絵から，間接的に着想を受けて描かれたとも指摘されている[4]．

　重力の拘束に絶えず抵抗する肉体の運動は，自由の表現でもあった．これは，一方で，機関車，飛行機，自動車等，それまで人類が経験したことがなかった身体感覚を可能にし，人間的尺度をはるかに越えた力を持つさまざまな機械の発

明，19世紀末から20世紀初頭のテクノロジーがもたらした，ハイ・スピードや高エネルギーという新しい価値観への共感でもあり，更に，ファラーがたとえ商業主義の消費物であったとしても，共和制以後，徐々に浸透する民主主義の中で育まれつつあった新しい活動的女性像の体現でもあった．

　が，他方で，ファラーの踊りは，当時の機械には実現不能な，偶然性，不規則性，反論理，反合理性，絶えざる変貌でもある．パトスの祝祭である．従って，これは，近代主義と反近代主義の相克から生まれた時代の鏡であり，アール・ヌーヴォーの象徴として，ジュール・シェレ（Jules Chéret, 1836-1932)《ロイ・ファラー》(1893年，リトグラフ，120.6×83.3cm，サントリー・ミュージアム））やコロマン・モーザー（Koloman Moser, 1868-1918)《ロイ・ファラー》(c.1900，水彩・インク，紙，15×21.7cm，ウイーン，アルベルティーナ素描美術館)，マヌエル・オラーツィ（Manuel Orazi, 1860-1934)《ロイ・ファラーの為の劇場ポスター》(1900年)，ラウル・ラルシュ（Raoul Larche, 1860-1912）によっても取りあげられた．ラルシュの《卓上ランプ／ロイ・ファラー像》(図2-6)では，体を激しく大きく捻った頭上に衣装の袖を配し，ランプの傘を形成する．頭髪と衣を成す，複数の入り乱れた線が，肉体の振動を伝える．更に，彫刻家オーギュスト・ロダン（Auguste Rodin, 1840-1917）もまた，ロイ・ファラーの踊りにいち早く注目し，彼女の衣裳の動きに「動勢」即ち「生命」を指摘した同時代人であった．[5]

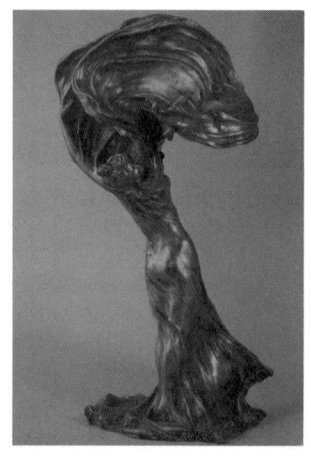

図2-6　ラウル・ラルシュ（Raoul Larche)《卓上ランプ／ロイ・ファラー像》1900年頃，ブロンズに金メッキ，H50cm，ドイツ，カールスルーエ州立美術館．

4. アール・ヌーヴォーと生命主義

　以上，見てきたように，アール・ヌーヴォーは，生活空間の中に自然物を導入し，人間生活に活力，活気や生気，即ち生命力を取り戻す，という明快なコンセプトを提案している．では，何故，この様な生命という価値がこの時代に浮上してきたのであろうか？　特にインテリアに関しては，近代化に伴って生まれた，都市生活者のストレスを緩和，解放する装置として，同時代の女性観や，心理学，精神医学の発展と結びつけて説明されてきた[6]．癒しというコンセプトは，「装飾」を絵画に導入し，工芸やインテリア・デザインも手がけた画家マティス（Henri Matisse, 1869-1954）が 1908 年に表明した以下のテーゼへと真っ直ぐに繋がっていく．

> 「私が夢見るのは，心配や気がかりの種のない，均衡，純粋さと静穏の芸術であり，全ての頭脳労働者，文筆家にとっても，ビジネスマンにとっても，例えば，鎮静剤，精神安定剤，肉体の疲れを癒す座り心地の良い肘掛け椅子に似た何かであるような芸術である」[7]．

　この問題は現代デザインの重要なテーマでもあり，詳細な議論は別の機会に譲る．本稿で焦点を絞りたいのは，これまで十分論証されて来なかった，生命主義との関連である．この時代，生の哲学が，アール・ヌーヴォーとデュオ（二重奏）を奏でていた事こそ，ヨーロッパ固有の状況であった．因果関係ではなく，互いに共鳴し増幅し合う関係で，特殊な精神風土を両者が作り上げたと考えられる．ニーチェ（Friedrich Wilhelm Nietzsche, 1844-1900）とベルクソン（Henri Bergson, 1859-1941）の思索が，その代表であった．

ヴェルデとニーチェ

　ヴェルデは，1898 年，知人の一人から，ニーチェの『ツァラトゥストラはかく語りき』の装丁の提案を受けた．1900 年，ワイマールで，ニーチェが没した後，1901 年，同市在住のニーチェの妹を訪問し，1902 年，彼女の所有するニーチェ文庫のインテリア設計を手がけた．1908 年には，ヴェルデがデザインした『ツァラトゥストラはかく語りき』(1908 年) が出版された[8]．ヴェルデがニーチェの思想に関心を持っていた事は明らかである．ヴェルデは執筆活動にも熱心で多くの論文や著作で，自らのデザイン論を展開している．彼にとって，「生命」は，最大の

価値であった．但し，動植物の図像性が喚起する生命感に頼るよりも，家具調度，インテリア，建築の要素となる，具象性から自律した抽象的線や構造それ自体に「生命」を宿らせる事をフランス派以上に目指した．

「そういう風にして装飾は，植物や動物や人間の姿をあれこれと乱用する，昨今流行の装飾法から何ら借用する事なく，有機的となり本質的となり，それ固有の権利から独自の生命を獲得するのである」[9]．

「生命（Leben, vie）」とは，次の言葉に凝縮されている．

「線は，あらゆる原初の，自然の諸力と同様，活動して止まない力である」[10]．

「何よりも線が，自我の介在を露出させる．線は，〈物体に於ける生命の自由な主張〉を最も明確に我々が認識する場である．生命の起源は，物体に我々が知覚する生命と同一である．線は，生命と同様に，〈運動する意志〉であり，運動する我々の〈自我〉であり〈客観性〉である．線の起源は，……運動である．この運動を，我々は経験でき，幻影ではない．線は，第一に自我の内的活動によって喚起される運動であり，自我に依存する運動である」[11]．

こうして「線（Linie, ligne）」による生命主義を高らかに主張したヴェルデが，線の自律的力を自覚しデザインの領域で実現するに至ったのは，1880年代以降のフランスの前衛絵画運動：新印象主義やポスト印象主義（当時この呼び名は存在していない）の絵画を紹介した，「レ・ヴァン（Les vingts）」展，「自由美学（La Libre Esthétique）」展開催，雑誌『ラール・モデルヌ』（『現代美術』 *L'Art moderne*）刊行といった，1880-90年代に始まるベルギー前衛運動に身を投じ，新印象派画家として出発した事と深く結びついている．これらの運動は，ルネサンス以来の再現性（具象性）を保ちながら，再現性を実現するために抹殺，抑圧してきた物質性を復活，同居させた．造型要素を具象性の実現という規制から解き放って自律させ，画家自身の主体，「意志」に従って自由に絵画平面上で構成して行く，という具象／抽象が共存，拮抗する新しい絵画のあり方を実現した．ゴッホ（Vincent van Gogh, 1853-90）の破切線的筆致，セザンヌ（Paul Cézanne 1839-1906）の構築的筆触，ゴーガン（Paul Gauguin, 1848-1903）の平たい色面と太い線，スーラ（Georges Pierre Seurat, 1859-91）の点描集合が織りなす曲線は，その典型であり，ナビ派，野獣派，表現主義，立体主義がこれに続いた．アール・ヌーヴォーの「装飾」は，この様

な絵画における前衛に起源を持つ，或いは，同根現象であった．事実，ベルギーこそ，「アール・ヌーヴォー（L'Art Nouveau）」発祥の地であり，雑誌『現代美術』で，この呼称が使われ，ヴェルデと交流しパリでの推進者となった，美術商サミュエル・ビング（Samuel Bing, 1838-1905）は，1895年パリ，プロヴァンス通りに開店した「メゾン・ド・ラール・ヌーヴォー」（Maison de l'Art Nouveau）の店頭に，新印象主義やナビ派の絵画，加えて，何よりも自然に着想源を求めながら，「面」，「量」，「肉付け」，「誇張」，「動勢」，「構造」等の造型（自律性）を自覚し，そこに宿る「生命」を最大の芸術的価値と見なした，ロダンの彫刻もまた並べた．

ヴェルデの「線」は，単なるパトスではない．

> 「線が，数のように，音楽における楽音のように論理的で必然的なそれ自体の関係をもっているということ，このことに着想を得て私は純粋な抽象装飾の追究におもむいた．これはその美しさをそれ自身から，構造と規則正しさの調和から，そしてまた装飾を構成するフォルムの均衡から生じるのである．……装飾は，調和と均衡を追求するというその目的が課したところの原則以外の他の何物にも従属しない．……」

従って，一見矛盾に見えるが，ヴェルデの「線」とそれが実現する「装飾（模様）(Ornament, ornement)」，「装飾品（法）(Ornamentik, ornementation)」は合理性と不可分である．

それらは，合法則性を持つ．

> 「これら三つの原則とは次のようなことである．補足して完全にすること，反発力と引力，ネガチーフなフォルムにもポジチーフなそれと同じような大きな価値を与えることを要求するところのその意志，以上である……」

更に，ヴェルデは，「線」，「装飾」を貫通する「意志（vouloir）」，「生命」，「自我（moi）」，「運動（mouvement）」，「活動（activité）」，「力（Kraft）」，「内的諸力（forces intérieures）」を，蒸気と電気の新しいエネルギー開発に伴って発明された，機関車，蒸気船，自動車，飛行機，街灯等の人工物が，生活空間へ氾濫し始め，スポーツが労働から区別され娯楽として享受される新時代に生きて変容を迫られた近代人の感性として，要約すれば，機械美やスポーツの肉体美と一体になった生命感という，新しい価値として捉えていた．

この点で，「生命」を，バロック，ロココといった，前近代「感傷性

(sentimentalité)」から明確に区別した.一方で,リップス(Theodor Lipps, 1851-1914)の感情移入美学(「美は,われわれが物体にその自由な表現を知覚する,生命の現象によって表現される」)を肯定しながら,他方で,新しい機械美学も主張し,機械や工業製品のデザインを「装飾」と対置させ否定する事はしなかったのである.

　人類が「装飾」に太古から潜ませてきた「想像力(imagination)の美」,「感性,感情(sensibilité)の美」,「空想(fantaisie)の美」(非合理性)を過度に重視する事を止めて,やがて「モダン・デザイン」が実現する「raison(理性)」,「知性(intelligence)」(合理性)をも肯定した.一方的な,単なる「生命」礼賛者ではなかった.「生命」(非合理性)と有機的に結びついた合理的構造こそ,ヴェルデ・デザインの本質であった.換言すれば,「装飾」(ornement)と「機能(fonction)」が,渾然一体となった点にその心臓部があった.

　ヴェルデの「生命」主義は,自ら,その著作で言及している所では,直接的には,ゲーテ(Johann Wolfgang von Goethe, 1749-1832),リップス,ヴォリンガー(Wilhelm Worringer, 1881-1965)等の美学や哲学に触発されている.しかし,合理性と非合理性の葛藤に創造の起源と展開をみる根源的一元論は,ヴェルデに先だって,ニーチェが『悲劇の誕生』で,最も簡潔に凝縮した思想であった.ここに,両者の具体的連関を指摘しておきたい.ニーチェは,ギリシャ悲劇の根源を「アポロ的(apollinisch)」精神と「ディオニュソス的(dionysisch)」精神の,互いに織り合わされた二重性の矛盾的統合として説明したが,これを一般化して,「芸術は,アポロ的なものとディオニュソス的なものとの二重性によって進展して行く.ちょうど生殖が,たえず争いつづけ,わずかに周期的に仲直りする男女両性の対立によって子供をふやして行くのと,様子がよく似ている.このことをもしわれわれが論理的に理解するばかりではなく,直観によって,直接たしかめることができたら,美の学問のために得るところ多大なものがあると言えよう」と主張した.

　「アポロ」とは形,節度,倫理,「ディオニュソス」とは無形,カオス,反秩序,恍惚と言い換えて良く,「ディオニュソス的芸術こそ,いわば,「個体化の原理(principio individuationis)」の背後にひそむ,かの全能なる「意志(Wille)」を表現する芸術,いっさいの現象の彼岸に横たわり,いかなる破壊にも屈することのない,永遠の生命(Leben)の芸術にほかならない」と「ディオニュソス的芸術」を讃えた.この二重性は,「造形芸術(der plastischen Kunst als der apollinischen)」と「音楽(der Musik als des dionysischen Kunst)」の対比(S.120),「理論的(theoretischen)

世界観（Weltbetrachtung）」と「悲劇的（tragischen）世界観」(S.130) の果てしない闘争，「世界法則（Weltregel）」の「科学的認識（wissenschaftliche Erkenntnis）」と「芸術的反映（künstlerische Widerspiegelung）」の相関関係 (S.133) に置き換えられた．自然の模写とは一切無縁な「音楽」が，「生命」や「意志」の充満する芸術の究極と見なされたのは当然の事であった．再現性を残しながら自律性（造型）を実現したアール・ヌーヴォーは，その限界を超えて，やがて，1910年代頃からヨーロッパ各地で発生した抽象美術運動の先駆的存在の1つとなっていくが，音楽は，まさに，抽象芸術の理想となった．

ガレとベルクソン
　同様に自らのデザインについて多くの言葉を残したガレは[21]，写真機による即物的複製や科学図鑑に典型的な機械的，解剖学的図解を批判して，日本の美術工芸品に自然再現の模範を求めながら，自然の単なる機械的複写を越えた「生命(vie)」の表現を主張した．

> 「花，昆虫，風景や人間の姿を再現しようと心を傾け，それらの特徴，それらに含まれる感情を引き出そうとしている芸術家こそ，単に写真機や冷たい解剖用メスしか道具として持たぬ人よりも，より生き生きとし，より共感を呼ぶ感情をもった作品を作るのではなかろうか？　科学書に複写されている，最も細心綿密な自然主義的資料に，我々は感動しません．そこには人間の魂が欠けているからです．これに対し，再現であっても，日本の芸術家になるものは非常に自然で，その独特の方法で，例えば，喚起力のあるモチーフを，あるいは，生き物の，物思いにふける様な事物の，ある時は，あざけるような，またある時は，メランコリックな，はつらつとした表情を翻訳する術を心得ています．ひたすら自然に愛情を持つことで，無意識のうちに，それらを「森」や「春の歓び」や「秋の物悲しさ」の真の象徴に仕立てあげているのです」[22]．

しかし，その「生命」感の表現は，日本人の自然主義のみでは説明し切れない．

> 「家具のために，具象要素（éléments figuratifs）を探し求めている装飾家（décorateur）に与えるべき，最も実践的忠告は，存在に宿る生命（la vie des êtres）の次元で，それらを把握し，真実として表現しなさい，ということで

ある[23]」．

と主張し，造型美（l'élégance plastique, p.145）による「生命」の実現をこれまでの装飾芸術からの脱却として主張する．

造型とは，具体的には，自然から自立した抽象的線の表現力である．

「現代家具は個性（caractère），生命の線（des lignes de vie），固有の特徴（traits）をもつだろう．それらは，様々な種類の動植物の生理学的特徴から抽き出され，個々の素材に，構成，好みに，これらが要求する広汎かつ必然的な総合化によって，当て嵌められる[24]」．

こうした「生命」デザイン論は，機械化，近代化，自然破壊の進行する時代に対する批判から生まれた．

「……我々の現代都市で，一群の芸術家，画家や装飾家達が，自分にも他人にも深い感動を与えるモチーフを探し求めている．彼等は，自然に，また，自然が，悲しいかな，損なわれてしまった環境に，憂うべき街角に，絶えず美の存在を求めて感覚をとぎすましているのを感じます[25]」．

ガレのみならず，アール・ヌーヴォーの自然主義も，この視点に立って初めて，日本の自然主義とは違った，固有の意味を担っていたと理解できる．また，これこそ，同時代を生きたフランスの代表的，生の哲学者，ベルクソンが共有し雄弁に言語化した思想であった．1900年初版の『笑い（Le Rire）[26]』に於いて，「生命（la vie）」と「機械（la machine）」（pp.50-51他）を対比させ，後者に否定的価値を与えた．笑いを誘う，「不器用さ（la maladresse）」（p.9），「柔軟性」（la souplesse）（p.50）の欠如を「機械のぎこちなさ（une certaine raideur de mécanique）」（p.10）と同一視する．「同じ1つの鋳型（un même moule）」（p.35）による「写し（exemplaire）」（p.35）等の，「工業的生産法（un procédé de fabrication industrielle）」（p.35），「出来合の物（le tout fait）」，「機械仕掛け（le mécanique）」，「自動現象（l'automatisme）」（以上，p.133）等との類似に笑いが生まれるのは，笑いによって，精神が，これらの堅さを矯正し，「柔軟なもの（le souple），絶えず変化するもの（le continuellement changeant），生きたもの（le vivant）」，即ち「生命（la vie）」を回復しようとするからだと言う．

ここで強調された「生命」の概念は，アール・ヌーヴォーの流行が去りつつあった頃ではあるが，1907年の『創造的進化[27]』で，最も豊かな思想として結実した．

ガレとの具体的交流関係は，管見の限り，確認できないが，両者が同じ環境を生きその形成に加担した事は間違いない．ここで，ベルクソンは，独自の「生命論（théories vitalistes）」(p.45) を展開した．「生命」とは生物の個体に宿って死滅を繰り返すが，種として，生命一般としては，不滅の，永遠性を意味していた (pp.28-29)．「生命（vie）」は，「知性（intelligence）」と対置され (pp.50-51)，その本質は，機械的因果性，知的目的性からは決して説明できず，「躍動（l'élan de vie）」(p.273)，「純粋持続（la pure durée）」(p.218)，「予測不可能な形態の不断の創造（une création continue d'imprévisible forme）」(p.32)，「新しいものの不断の湧出（un jaillissement ininterrompu de nouveauté）」(p.50)，「根源的躍動（un élan originel de la vie）」(p.95)，「同じ唯一つの躍動の連続（la continuation d'un seul et même élan）」(p.57)，「生命が内蔵する爆発力（la force explosive……que la vie porte en elle）」(p.107)，「内的推進力（une poussée intérieure qui porterait la vie）」(p.111)，「不確定性（l'indétermination）」(p.137, 273) と「自由（liberté）」(p.273)，「自由な生命と活動（la vie et l'action libres）」(p.220)，「動（mobilité）」(p.139)，「新たな形態の創造（la création d'une forme nouvelle）」(p.140)，「無限の力（une force illimitée）」(p.154) 等，にあると規定された．これは，まさに，本稿2. で作品分析した，アール・ヌーヴォーのデザイナー達が，彼等の造型を通して実現し開花させた諸価値に他ならない．ベルクソンは，「知性」を「機械（la machine）」(p.101, 150) や「製作（la fabrication）」(pp.49, 100-101, 150) に，「生命」を「芸術（l'art）」(p.49) に属するとしたが，「生命」の流れは，物理学の時間に対置され，「創作の時間（le temps d'invention）」(p.368)，「無限に続く創造（création indéfiniment continué)）」(p.193) に喩えられた．

蒸気機関などの機械の発明が，同時代の人間性に大きな変化をもたらしたことは認めながらも (pp.15-151)，「物質（la matière）」(p.194, 213) を対象とし「反復する諸事実（les faits qui se répètent）」(p.218) を原理とする「知性」(p.194)，その活動領域「科学」，その産物「製作」，「機械」の限界を指摘し，「生命」の奥底に宿る「直観（l'intuition）」(p.192)，「本能（l'instinct）」(p.192)，「共感（la sympathie）」(p.192) の可能性を讃えた．それらの発現の場こそ，「芸術」であった．「生命」は，質，「持続（時間）」の世界に属し，量，「空間」，「法則」を対象とする「実証科学」(物理学，数学) とは異質な抵抗精神に他ならなかった (p.213)．

おわりに

ヴェルデ／ニーチェによって，造形され，語られた，二元性の矛盾的一元論に

おける「生命」は，やがてモダン・デザインが創造の座に据える「機械美」との葛藤の中で，かけがえのない精神世界として賞賛されるが，それでも後々花開く「機械美」の可能性は否定されていない．一方，ガレ／ベルクソンでは，産業革命やさまざまな近代化の進む中，胎動してきた「機械美」に激しく抵抗して，「生命」の価値を称揚した．フランスに於いても，ギマール作，メトロ入り口囲いの鍛鉄や鋳鉄部品の様に，標準・規格形態の，機械複製が存在し，ベルクソンが「芸術」と対置して否定した「製作」が介在している．それは，「生命」自体の提示ではなく，機械造形による生命感の演出（イリュージョン）といった方が正しく，事態はそれほど単純ではなかった．

しかし，敢えて要約すれば，葛藤と止揚であれ，批判，否定と抵抗であれ，機械の浸透と近代化に直面した人間精神が，一方で逃走，他方で，積極的創造の力として練り上げた，ヨーロッパ固有の自然主義と生命主義の産物，それがアール・ヌーヴォーであった．

ウイーン分離派，ウイーン工房，グラスゴー派，ユーゲントシュティールからドイツ工作連盟への転回等，末期アール・ヌーヴォーに於ける幾何学造形，更に，デ・スティル，ピュリスム，ロシア・アヴァンギャルドに於ける機械美学，表現主義との闘争を経て機能主義を確立したバウハウスによって，モダン・デザインは樹立された．戦後，アメリカで受容されたバウハウス像は，機能主義解釈に収斂され，これがインターナショナル・スタイルとして世界各地に普及した．戦後になると，バウハウスを継承した，ウルム造形大学や世界各地の工科系大学に於いて，芸術というDNAを本来，内蔵するデザインが，科学と積極的に手を組んで合理主義思考を深化させ，芸術から独立を計った．しかし，早くも1960年代頃から，モダン・デザインが追放したはずの，アール・デコの発見，アール・ヌーヴォーへの再評価が起こり，それが起点の1つとなって，1980年代に，ポスト・モダン・デザインが起こった．装飾や芸術性を復権させて，モダン・デザインの基本原則を逆に根本から覆した事は記憶に新しい．狭義のモダン・デザインの傍らで，スタイリング・デザイン，北欧のデザイン等，さまざまなデザインが，独自の展開を遂げてきたし，工芸，装飾，芸術から分離してきた，モダン・デザインのみをデザインだ，とする概念は，現代デザインの多様性から見れば，もはや機能し得ない．加えて，近年も，アール・ヌーヴォー展が世界各地で不断に開催されており，このデザインが，発生当時は，短い流行に終わったが，永続的力，普遍的価値を孕んでいた事を物語っている．

合理主義は，理性，正義，正当性の衣を纏いながら，行き過ぎれば，惰性，自由の喪失，罪悪，狂気，悪魔的精神に変貌する事は，歴史が証明してきた通りである．非合理主義は，芸術やデザインに宿って，合理性に対する絶えざる批判力（破壊力）として蘇生を繰り返す．

注
(1) 先駆的な研究のみ挙げておく．S. Tschudi Madsen, *Art Nouveau*, Translated from the Norwegian by R.I.Christopherson, World University Library, London, 1967（S.T.マドセン（高階秀爾・千足伸行訳）『世界大学選書　アール・ヌーヴォー』平凡社，1970年）．
(2) 馬渕明子「ジャポニスムと自然主義」『ジャポニスム展 19世紀西洋美術への日本の影響』（展覧会図録），グラン・パレ，国立西洋美術館，1988年，25-33ページ他，所収論文；『ウィーンのジャポニスム展』（展覧会図録），東武美術館他，1994-95年，出品作品，他，参照のこと．
(3) 近年の指摘としては，土田ルリ子「ガレが見た日本の美意識」『ガレとジャポニスム展』（展覧会図録），サントリー美術館，2008年，他所収論文を参照のこと．ガレに可能な限り，ジャポニスムを指摘する日本人企画者，土田と，ガレのジャポニスムを認めながらも，それのみでは説明し切れないガレのオリジナリティを指摘するフランス人研究者達，ティエボー，リュック・オリヴィエとの間のイデオロギー（欲動）の違いが興味深い．
(4) 池上忠治「近代フランス絵画における墨絵」『日本美術のイコノロジー的研究——外来美術の日本化とその特質——』（平成元年度・二年度科学研究費[総合研究A]研究成果報告書，研究代表者　神戸大学文学部助教授　百橋明穂，1991年，11-18ページ；馬渕明子，前掲論文，1988年，31ページ参照のこと．
(5) 高村光太郎編訳「フレデリック　ロートン筆録」『ロダンの言葉』阿蘭陀書房，1916（大正5）年，388ページ．
(6) 以下を参照のこと．デボラ・シルヴァーマン（天野知香・松岡新一郎訳）『アール・ヌーヴォー　フランス世紀末と「装飾芸術」の思想』青土社，1999年（Debora L.Silverman, *Art Nouveau in Fin-de-Siècle France Politics, Psychology, and Style*, University of California Press, 1989）；スティーヴン・エスクリット（天野知香訳）『岩波　世界の美術　アール・ヌーヴォー』岩波書店，2004年（Stephen Escritt, *Art Nouveau*, Phaidon Press Limited, London, 2000）．精神分析学の成立と展開，及び，精神病理学の成熟とアール・ヌーヴォーとの関係は，今後，更に議論を深める必要があるだろう．
(7) Henri Matisse, *Écrits et propos sur l'art-Texte, notes et index établis par Dominique*

Fourcade, Collection Savoir Hermann, Paris, 1972, p.50（二見史郎訳『マティス　画家のノート』みすず書房，1978年，47ページ，参照）．拙稿「アンリ・マティスの絵画と装飾」『デザイン理論』第39号，2000年，1-14ページ（拙著『モダン・アート論再考——制作の論理から——』思文閣出版，2004年，158-172ページ所収）参照のこと．

(8)　以上の事実に関しては，『ヴァン・デ・ヴェルデ展』（展覧会図録），三重県立美術館他，1990年，を参照した．また，ヴェルデとニーチェの関連に関して，宮島久雄，三木敬介，両氏にもご教示賜った．また，先駆的論文として，羽生正気「アンリ・ヴァン・デ・ヴェルデにおけるデザイン思想の一考察」『京都工芸繊維大学工芸学部研究報告　人文』第19号（1970），1971年2月，47-81ページ，を参照のこと．

(9)　Henry van de Velde, Ein Kapitel über Entwurf und Bau moderner Moebel, *Pan*, 1897, S.262.

(10)　Henry van de Velde, Die Linie, *Die Zukunft*, 6, September, 1902, Vol.40, S.387.

(11)　Henry van de Velde, *Les formules d'une esthétique moderne:ce livre contient et résume différents essais se raportant au <style nouveau> parus de 1902 à 1912*, L'equerre（Société coopérative d'éditions et de propaganda intellectuelle），Bruxelles, 1923, pp.64-65.

(12)　高村光太郎編訳『ロダンの言葉』阿蘭陀書房，1916（大正5）年，『続ロダンの言葉』叢文閣，1920（大正9）年，他，参照のこと．及び，cf.Émile Gallé, L'Art expressif et la statue de Claude Gelée par M. Rodin, *Écrits pour l'art Floriculture-Art Décoratif Notices d'Expostion (1884-1889)*, Laffitte Reprints, Réimpression de l'édition de Paris（Librairie Renouard, H. Laurens, Éditeur），Paris, 1908, pp.134-147（由水常雄訳『ガレの芸術ノート』瑠璃書房，1980年）．

(13)　Henry van de Velde, Das neue Ornament, Aus dem Buch<Die Renaissance im Kunstgewerbe>, 1901, *Zum neuen Stil*, 1955, SS.94-101（藪亨訳・解説「アンリ・ヴァン・デ・ヴェルデ　新しい装飾（1901）」（「アンリ・ヴァン・デ・ヴェルデとアール・ヌーヴォー」），『大阪芸術大学紀要<藝術>』第9号，1986年10月20日，104ページから引用）．

(14)　上掲論文，105ページ．

(15)　Henry van de Velde, *op.cit., Les formules…., parus de 1902 à 1912*, pp.18, 20, 44, 67.

(16)　Henry van de Velde, *op.cit., Les formules…., parus de 1902 à 1912*, p.63.

(17)　以下も参照のこと．羽生，前掲論文，樋田豊次郎「ヴァン・ド・ヴェルデの教え」，『ヴァン・ド・ヴェルデ展』（展覧会図録），前掲書，9-11ページ，土田真紀「「装飾の死」に抗して——ヴァン・ド・ヴェルデと線の装飾」同上，130-135ページ，他参照のこと．

(18)　Henry van de Velde, *op.cit. Les formules…., parus de 1902 à 1912*, pp.33, 63, et ailleurs.

(19) ニーチェ（西尾幹二訳）『悲劇の誕生』中央公論新社版，2004 年，5 ページ（Nietzsche, *Die Geburt der Tragödie*, Insel Verlag, Frankfurt am Main, 1987, S.27. 初版は 1872 年）．

(20) 上掲書，151-152 ページ（S.126）．

(21) 以下，デザイン，デザイナーという用語を使うが，それらは「デザイン（dessin）」，Émile Gallé, *op.cit.*, 1908, pp.155, 208, 232, 248,「デザイナー（dessinateur）」*op.cit.*, 1908, pp.212, 241, 284,「インダストリアル・デザイナー（styliste-faiseur）」*op.cit.*, 1908, p.244 等であり，art décoratif, décorateur, décor といった言葉と区別して使われている．語源通り，ガレにとって，デザイン（デザイナー）とは，「図案（家）」の意味が強い．

(22) Émile Gallé, *ibid.*, 1908, p.217.

(23) Émile Gallé, *ibid.*, 1908, p.240.

(24) Émile Gallé, *ibid.*, 1908, p.241.

(25) Émile Gallé, *ibid.*, 1908, p.279.

(26) Henri Bergson, *Le Rire Essai sur la signification du comique.*, Presses universitaires de France, Paris, 1900（本稿では，Félix Alcan, Éditeur, Paris, sixième édition, 1910 を使用．本文中には，本書の頁を記載した．鈴木力衛・仲沢紀雄共訳『ベルグソン全集 3 笑い』白水社，1965 年，11-152 ページ，参照・引用）．

(27) Henri Bergson, *L'Évolution Créatrice*, Presse Universitaires de France, Paris, 1907（本稿では，Librairie Félix Alcan, Paris, 1939 を使用．本文中には，本書の頁を記載した．松浪信三郎・高橋允昭共訳『ベルグソン全集 4 創造的進化』白水社，1966 年，参照・引用）．

(28) 最新の展覧会は以下の通りである．『ルネ・ラリック 華やぎのジュエリーから煌きのガラスへ展』（展覧会図録）国立新美術館，2009 年 6 月 24 日〜9 月 7 日，他巡回；『オルセー美術館展 パリのアール・ヌーヴォー── 19 世紀末の華麗な技と工芸 展』（展覧会図録）世田谷美術館，2009 年 9 月 12 日〜11 月 29 日，他巡回；*Art Nouveau*（*Catalogue d'exposition*），Musée d'Orsay, 20 octobre 2009-4 février 2010, Éditions Snoeck, Paris, octobre 2009.

第三章
KATAGAMI というデザインの力
――ジャポニスムのデザインの例――

馬 渕 明 子

1. 型紙の伝播と影響

　Katagami（型紙，もしくは英語で Stencil，フランス語で Pochoir）と呼ばれたものが，何万点という数で欧米各地に埋もれている，という事実は，近年になるまであまり知られてこなかった．日本で木綿や麻などの生地に藍で染める技法は，おもに型紙を用いてきた．型紙を布地に当て，図柄を切り取った部分に糊による防染を施し，染料に漬けて残りの部分を染めるのである．この技術はおもに江戸時代に発達した．

　このような型紙を管理する海外の美術館の学芸員たちは，日本の染色技術や型紙そのものに対する知識をほとんど持っていず，そのうえこの分野の専門家が日本でも少ないので，彼らは日本から情報を得ることが困難だった．彼らが日本美術の担当だったとしても，多くは絵画や彫刻の専門家であり，ただでさえ少ない工芸の専門家も，染織それも染めに詳しいものがほとんどいなかったからである．

　さらに大きな問題の1つは，日本でこのような染めの型紙を収集して保存する美術館がきわめて少ないことである．現在では京都国立博物館，東京国立博物

館，東京芸術大学美術館など，いくつかの美術館博物館が所蔵するものの，展示のスペースは限られているし，資料もわずかで，研究の対象としての地位は低い．また，作品についての歴史的情報がおおもとの生産地である伊勢においてもきわめて少ない．いつ，どのような業者がどのような活動をし，どのような商印（型紙に押されている型屋や紺屋の印）を用いていたか，文様の伝承はどう行われ，その歴史的発展はどうなっているのか，など，多くのことがわかっていない．これら型紙は，布地に染めて使い古したあとは，消耗品としてまとめて廃棄されるか，紺屋廃業の折などに一括して売りに出されるなど，丁寧な保存管理体制ができていなかったのである．また産地ではそれぞれの型屋で古い型紙を文様と技術の伝承のために残しているようだが，これらの多くは依然として商業用の秘密にとどまっている．

　そうしたなかで，デザインにおけるジャポニスムが注目され始めると，型紙をデザインの参考に用いた例が次々と指摘されるようになった．欧米の装飾工芸美術館で，大量の型紙が収蔵されていたり，個人の美術家，デザイナーが所蔵していたことが判明してきたのである．

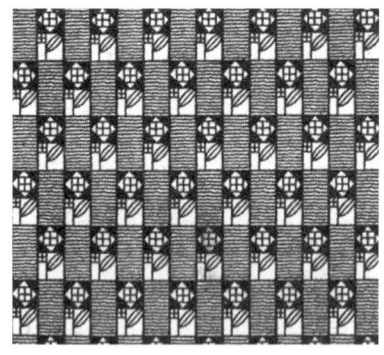

図3-1　コロマン・モーザー（ヨーゼフ・ホフマンと共作？）《ウィーン工房包装紙》1903年頃，オーストリア国立工芸美術館．

図3-2　中型型紙《畳取り菊に縞》鈴鹿市教育委員会．

その最初の指摘がウィーン工芸美術館のヨハネス・ヴィーニンガーによるものだったが，それは同館に所蔵される型紙を，1900年ころの分離派やウィーン工房のデザイナーたち，ヨーゼフ・ホフマン（Josef Hoffmann, 1870-1956），コロマン・モーザー（Koloman Moser, 1868-1918），ダゴベルト・ペヒェ（Dagobert Peche, 1887-1923）らが利用したというものである[1]．絵画や彫刻のジャポニスムに比べて，工芸のジャポニスムはオリジナルとの差があまり見られないものが少なくない．ときには，それらを並べると，どちらが日本のものか西欧のものかを容易には見分けられないものまである．焼物などがよい例であるが，ウィーン工房のデザインはかなり型紙に忠実なものが多い．有名なウィーン工房の包装紙をデザインしたコロマン・モーザー（ヨーゼフ・ホフマンと共作？）は，おそらく類似の型紙をあまり改変しないで用いたと思われる（図3-1, 3-2）．

　筆者が関わった2006-07年のパリにおける展覧会『型紙とジャポニスム』[2]はこうした影響を1つの展覧会において視覚化したものだったが，もちろんそれ以前にいくつかの指摘は行われていた．たとえば，ハインリヒ・ヴィヒマンは大量の日本美術品と西欧の美術作品を，おもに造型的類似で並置した書物において，歴史的跡付けは行わないまま，いくつかの可能性を示唆している[3]．

　1988年のパリと東京で行われた『ジャポニスム展』では，歴史的に証明できる例にこだわったため，説得力ある例を見せることができたが，数的には少数に限られた．

2. 型紙のインパクト[4]

　ではなぜ，型紙がこのようなデザインの手本として利用されたのだろうか．

　まず，理由の1つに手軽さがある．型紙は和紙を柿渋で固めたものに文様を彫り，間に固定の細い絹糸を入れ（糸入れ）2枚重ねて作り上げる．和紙であるから軽いうえに柿渋で防水性を持たせてあるので，丈夫である．幾枚も重ねて保存できるし，じっさい，市場に出るときは，数百枚，数千枚の単位で出回った．

　第2の理由は，濃い茶色の地に透かしが彫ってあり，見た目にも文様がくっきりと映えることである．単色ながら，無機的でない微妙な色合いの地に彫られた，微細で華麗で，あるいは思いがけないデザインを見せる型紙は，たちまち西欧のデザイナーたちを引きつけた．

　第3に，これらに用いられる文様は，きわめて多様であり，幾何学的なものか

第三章　KATAGAMIというデザインの力　　39

ら，自然モチーフを平面的にデザインしたもの，景観や人物のデザインのものまである．そのなかでもとりわけ西欧を驚かせたのは，当時見直されはじめた自然の表現である．型紙に限らず絵画，版画，工芸品などにおいて，日本の美術は自然の表現に長けていた．それらを，型紙の世界では，平面化された繰り返し文様として図案化し，きわめて多様性に富んだ表現世界を生み出していたのである．

　早い段階で日本の文様に興味を示していたイギリス人デザイナー，クリストファー・ドレッサー（Christopher Dresser, 1834-1904）は，1876年12月から77年まで3カ月という短期間ながら精力的に日本を見て回り，『日本，その建築，美術と美術工芸』を1882年に刊行した．そのさいに，文様について述べるとともに，型紙を用いた染めの技法に触れている．また，この本には，2点の型紙が複製されている．[5]彼はイギリスから日本にゆく途中でフィラデルフィア万国博覧会を見て，ニューヨークの工芸デザイナー，ルイス・コンフォート・ティファニーを訪ねたが，そのとき彼から大量の日本美術品の購入を依頼された．ドレッサーが買い求めたもののなかに，当然型紙があったと思われ，自分自身のため以外にティファニーに依頼されたものにも，含まれていたと推定される．このことについては後述する．

　型紙が公のコレクションに入った年代としてはっきり分かっているものは，1874年にミュルーズの染織美術館に入ったものが，現在のところ知られている最も早い例である．ただし，年代はわかっても，それがどこからなのかは，記録されていない．これ以降，西欧の装飾工芸の美術館は，数千単位で型紙を収蔵するが，来歴のわかっているものは，ごく少ない．たとえばドレスデン工芸博物館ではR.ワグナーという人物から1889年に購入したことが判明している．[6]

　型紙の情報は，書籍という方法でも伝わった．アンドリュー・テューアーの『楽しく奇妙なデザイン』[7]，ジークフリート・ビング編集の月刊誌『芸術の日本』，テオドール・ランベールの『日本の型紙から取った装飾モティーフ』[8]などは，型紙の複製を掲載し，その魅力を伝えることに貢献した．

　型紙が積極的にデザインや絵画の一部に応用された，いくつかの拠点が次第に判明してきている．ウィーンの例についてはすでに述べたとおりで，アール・ヌーヴォーの中心的グループであるナンシー派の活躍した1890年代からのナンシーもその1つであることは，別のところで筆者がすでに論じた．[9]テキスタイルに限られるが，染織産業の盛んだったアルザス地方の都市ミュルーズでは，開国直後から日本モチーフによる日本向けのモスリンや木綿の染織が行われ，船場を

通して人気商品として出回った．羊毛のモスリンは，日本で生産していなかったため，その軽さや暖かさ，色合いの美しさが消費者を魅了したのである．この過程で型紙がミュルーズに多くもたらされたと思われ，そのいくつかが先に指摘した1874年という年に美術館のコレクションとして収蔵されたと考えられるのである[10]．このような日本モチーフの経験から，ジャポニスム流行に乗って，日本的な西洋デザインのテキスタイルがミュルーズで多く生み出された．それら多くは服地として消費されたので，美術館に残された小さいサンプルがその流行の痕跡をとどめるのみである．

　型紙の伝播に大きな役割を果たした人物として，ハンブルクのユストゥス・ブリンクマン（Justus Brinckmann, 1843-1915）がいる．彼がハンブルクの工芸美術館を設立して初代館長に就任したときに，日本美術をその手本として重要視したことはすでに知られているが，そのなかに多くの型紙が収蔵されていた．彼のもとで長く助手を務めたフリードリッヒ・デーネケンはのちにオランダとの国境に近いクレフェルトのカイザー・ヴィルヘルム美術館の館長となるが，ここでも型紙がコレクションされている．彼は1897年に『平面装飾のための日本モティーフ集』を出版したが，その挿絵はもっぱら染の型紙からとったものであった[11]．この地はやはりテキスタイルの産地で，そうした需要を考えてのことだったと推測される．さらにブリンクマンの日本品の鑑定のために助手を務めた原震吉が，ドレスデンの型紙コレクションの整理に当たったと考えられている．

3．型紙というデザインの力

　ナンシー派のルネ・ヴィーネル，ルイ・マジョレル，ヴィクトール・プルーヴェらがデザインに応用した1890年代よりも，はるかに早い時期のイギリスで，ジャポニスムのもっとも早い例の1つである「アングロ＝ジャパニーズ家具」に型紙のデザインが応用されたのではないかと思われる例がある．アングロ＝ジャパニーズ様式は，ウィリアム・バージェス（William Burges, 1827-81），エドワード・ウィリアム・ゴドウィン（Edward William Godwin, 1833-86），ウィリアム・E．ネスフィールド（William E. Nesfield, 1835-88）ら，建築，デザインの分野で活動したイギリス人たちが，直線的構成や格子，日本の文様などをおもにインテリアのデザイン（家具，屏風，暖炉飾りなど）に導入したもので，お洒落で高級な上流階級の室内を飾った．この流れはアメリカにもいち早く導入され，ハーター兄弟社の家

具などにも，同様の傾向がみられる．

ここでヒントになったのが，1860年代初めから流入した工芸品や文様帖などである．そのなかに型紙が入り込んでいたことは，容易に想像できる．画家であるシメオン・ソロモンは，友人のネスフィールドの美術コレクションについて詩人スウィンバーンに宛てた1863年の手紙で，「彼は私の近所のアーガイル街に住んでいるので，お会いになるのは難しいことではありません．彼はペルシャ，インド，ギリシャと日本のもののたいそう美しいコレクションを持っていて，あなたにぜひそれをご覧になることをお勧めします」と記している[12]．

ネスフィールドの日本美術への傾倒が明らかな作品の１つは，1867年制作の《屏風》（図3-3）である．これはネスフィールドの意匠に基づいてジェイムズ・フォーサイス（1827-1910）が制作したもので，彼らの友人のリチャード・ノーマンとアグネス夫妻の結婚祝いに贈られた．一見しただけでは，日本の絵画を貼り付けた六曲一隻屏風に見える．しかし，日本ではほとんど作られていない両面の仕立てであること，上下部に透かし彫りやパネル装飾を用いていることが，日本製の屏風と異なる点である．絵画の下の部分に漆のような黒い地に円形の紋のような装飾が施されていて，よく見るとネスフィールドが創作したと思われるのも混じっているが，多くの文様は，ほとんどが日本の文様として特定できるものである．ヴィクトリア＆アルバート美術館が提供しているホームページの詳細な記述でも，その名称を明記しているほどで[13]，彼が文様の本などから忠実に模倣していることがわかる．円形の模様は彼が「パイ」と呼んで好んで用いたもので，菊

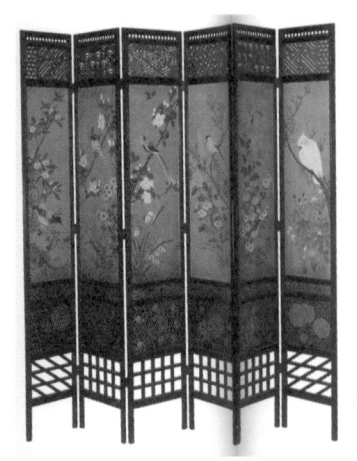

左図部分．左より３扇目上部．

図3-3　ウィリアム・ネスフィールド《屏風》1867年，H208cm，ロンドン，ヴィクトリア＆アルバート美術館．

や花の平面的デザインである．

　そうしたなかで最上部の6枚の透かし彫りについては，ホームページのデザインの記述には，「屏風の装飾パターンの多くは日本の布地によく見られるものである．屏風の両面のパターンの繰り返しは，ネスフィールドが布地の制作に使われる文様の本か型紙を知っていたことを示唆している」[14]とある．透かし彫りの部分は6枚の長方形のパネルで，両端2枚はほぼ同じもの，その内側の左右の2枚は渦巻きに菊が配されているところは同じだが，渦巻きの大きさが異なっている．中の2枚はどれとも違うものである．このようなデザインが型紙に類似しているのは，透かし模様であること，形が横長の長方形であること，デザインが繰り返し模様であることなどの点である．

　この作品においては，ネスフィールドはそのイメージの源泉を隠そうとしないばかりか，日本モチーフについての知識をひけらかすようにさえ感じられる．それは多分にエキゾチックで，当時としては極めて新しいインパクトを与えたからであろう．1867年というこの時代には日本のデザインに関するものは，まだオーウェン・ジョーンズの『装飾の文法』[15]くらいしかなく，デザインの消化の段階には至っていなかった．ランボーンは，このようなイメージの源泉を，ジョーンズ以外には「この屏風のあまり見慣れないモティーフに関しては，日本の陶磁器か型紙から借用したものかもしれない．このような品物や屏風や版画は，リージェント街のファーマー・アンド・ロジャーズ東洋商店で入手することができた．この経営者は1862年の万国博覧会で直接に仕入れを行ったのである」と推定している[16]．

　時代が下ってくると，ただ日本のものを模倣したようなデザインは新鮮味を失うとともに，美術家のプライドの問題ともなってくるのだろう．さきに名を挙げたクリストファー・ドレッサーは，ネスフィールドと同世代であったが，彼よりはるかに新しいデザインへの意欲をもっていた．それについてはヴィダー・ハーレンが「先達が歴史的出典の利用を容認したのに対し，ドレッサーは過去の概念の創造的転換と，全く新しいスタイルへの改善を求めた．同時代のデザインを支配していたけばけばしい装飾を批判し，デザインと装飾の概念をより様式的，抽象的なものへと推し進めた」と適切に述べている[17]．

　ドレッサーが具体的に自らの作品の制作に応用した日本の作品の例は判明していないが，型紙との類似を思わせるものをいくつか挙げることができる．たとえば，1902年に制作したテキスタイル・デザインの《波に花文更紗》（図3-4）や

ミントン社の資料として「ドレッサーの更紗(Chintz)」と伝えられて残っている《縁飾りの文様》(図3-5)などが挙げられる。これらは、型紙によくある文様で、とくに後者の菊は、型紙に頻出するものである。

すでに述べたように、1876-77年に来日した折は、ティファニーに依頼されたものも含めて大量の品物を購入したし、型紙についても著書で言及しているので、現物を所有していたことはまず間違いない。ハーレンは以下のように述べている。

　　このこと（日本美術のコレクション）にいち早く反応を示したのはアメリカ人、とりわけチャールズ・ルイスとルイス・コンフォートのティファニー父子で、ドレッサーはアメリカ滞在の折に彼らと親交を結んでいる。ティファニーでは1870年代初めに日本風デザインの銀製品を出して人気を博していたが、ドレッサーはそんな彼らから8000点余りにおよぶ大量の美術工芸品を日本から持ち帰るよう、依頼を受けたのである。これらはドレッサーが日本から帰国する途中の1877年にティファニーのもとへ届けられ、そのうちのい

図3-4　クリストファー・ドレッサー《波花文更紗》（部分）1902年，ロンドン，ヴィクトリア&アルバート美術館．

図3-5　クリストファー・ドレッサー（ミントン社）《縁飾りのデザイン》（部分）1887年頃，ロイヤル・ミルトン・アーカイヴ．

くつかはティファニーと彼らの主任デザイナー，エドワード・C. ムーアの日本風デザインをはじめ，ルイス・C. ティファニーと彼の室内装飾会社アソシエイテッド・アーティスツによるデザインの多くを生み出すきっかけとなった[18]．

ドレッサーがルイス・コンフォート・ティファニー（Louis Comfort Tiffany, 1848

図 3-6　中型型紙《菊》（部分）

図 3-7　アソシエイテッド・アーティスツ《楓文テキスタイル》1883-1900 年頃，木綿，H74.6×W21.6cm，ハートフォード，マーク・トウェイン・ハウス．

第三章　KATAGAMI というデザインの力　　45

-1933) にもたらした日本美術品のなかに，型紙が含まれていたかは定かではない．しかし，彼が1880年代にカンディス・フィーラー (Candace Wheeler, 1827-1923) やサミュエル・コールマン (Samuel Colman, 1832-1920)，ロックウッド・ド・フォレスト (Lockwood de Forest, 1850-1932) ともに活動したアソシエイテッド・アーティスツの周辺には，明らかに型紙をデザインのもととした作例が多数ある．1876年，ドレッサーも参加し作品を展示したフィラデルフィア万国博覧会は，彼らに日本のデザインをまとめてみる機会を与え，その影響は大きかった．

　カンディス・フィーラーとアソシエイテッド・アーティスツに関する重要な展覧会を組織したアメリア・ペックとキャロル・アイリッシュは，それらのイメージの源がおもに型紙を複製した書物であると推定しているが[19]，今までの推論によって，ティファニーやフィーラーの周囲に型紙の実物があった可能性は高いと思われる．たとえば型紙はマウントしてみた場合，文様が浮き上がるため影がで

図3-8　アソシエイテッド・アーティスツ《松葉と松ぼっくり文テキスタイル》(部分) 1883-1900年頃，絹，H76.2×W62.2cm，ニューヨーク，メトロポリタン美術館．

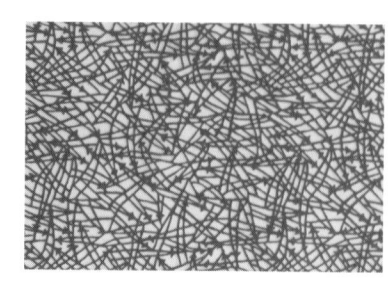

図3-9　中型型紙《松葉》(部分) ウィーン，オーストリア国立工芸美術館．

きる（図3-6）．それが二重の映像となって，美しい効果をもたらすのだが，この紅葉 Japanese Maple-leaf のテキスタイル（図3-7）はそのような視覚的経験を感じさせる．もちろん，モノクロームで平面的にデザインされた文様は，タイトルにもあるように，紅葉をモチーフにしている．ほかにも，顕著な例はいくつもあるが，後で論じるティファニー作品との関連から，《松葉と松ぼっくりのテキスタイル》（図3-8）を類似の型紙（図3-9）とともに挙げておこう．

ティファニー自身の日本的デザインに対する関心は，ガラス製品やステンドグラスに見られる植物モチーフにおいて指摘されてきたが，《マグノリア（木蓮）》（図3-10）のようなステンドグラスの平面的植物デザインには，型紙の介在を想定したくなる（図3-11）．これらは型紙の特徴である，線によって互いに繋がったデザ

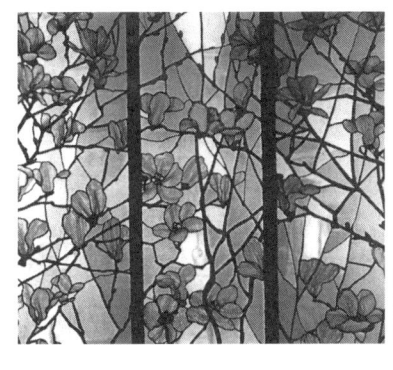

図3-10　ルイス・コンフォート・ティファニー《木蓮のステンドグラス》（部分）1885年頃，72番街ティファニー邸．

図3-11　中型型紙《紅葉，銀杏，松葉》（部分）

第三章　KATAGAMI というデザインの力

インで，型紙とステンドグラスの両者に共通する制約に彼が気づいていたことを示していると思われる．

時代は少し下るが，ティファニー・スタジオでは，デスク用文具をかなりの数生産し，そのためにティファニーは若手のデザイナーたちと共同作業をしていた．その様子は以下のようであったと，デザイナーの1人ジュリア・マンソンは述べている．

>　「七宝や宝飾品を含むさまざまな品物をデザインするに当たり，ティファニーの役割は自然のなかにある利用できる形をヒントとして与えたり，鉛筆で大まかなスケッチを示したり，あるいは彼の東洋や近東美術の膨大なコレクションから適切なモデルを選んだりすることであった．彼は中国の七宝や日本の刀の鍔を必要な目的に応じて提供することができた．彼の下で働くデザイナーたちは，用いる材料に合わせて，このような示唆を発展させるという仕事を与えられていた」[20]．

図3-12　ティファニーと工房《松葉デザインの額》1920年頃，ニューヨーク，メトロポリタン美術館．

図3-13　ティファニーと工房《葡萄デザインのデスクセット》1920年，ニューヨーク，メトロポリタン美術館．

こうしたプロセスから生まれた型紙ふうのデザインがある．1つは「松葉デザイン」（図3-12）と呼ばれるシリーズ，もう1つは「葡萄デザイン」（図3-13）と呼ばれるデスクセットのシリーズである．「松葉デザイン」はアソシエイテッド・アーティスツのデザインにも用いられた松葉と松ぼっくりの組合わせ，葡萄はティファニーがよく用いた葡萄と葉であるが，いずれも文様を切り取って単色のシルエットを強調したものになっている．これらはマンソンの言うようにティファニーがおおまかなデザインを考え，デザイナーたちが細部の仕上げをしていたものとみられる．そのさいに，型紙のようなすぐれたデザインのサンプルはおおいに役に立ったことだろう．

　これらの例はアーティストが型紙を所蔵していたことが証明されていないケースであるので，デザイン上の特徴と閲覧の蓋然性から推測するしかないのだが，所蔵していたことが判明したケースもいくつか指摘されている．

　たとえばベルギーのデザイナーのアンリ・ヴァン・デ・ヴェルデの自宅の壁には，「鯉と流水」「鷹と風」の少なくとも2点の型紙が飾ってある写真が残されているし，彼の作品に型紙の影響は明白である．[21] パリで活躍した版画家，ポスター作家のウジェーヌ・グラッセは，所蔵していた型紙をもとにヴェヴェールの店の

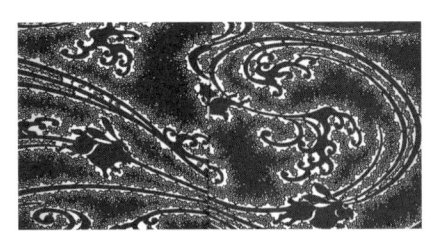

図3-14 《テューアー掲載の型紙デザイン》（部分）No. 2

図3-15 マリアノ・フォルテュニー《ルネッサンス風ベルト付きマント》（部分）

第三章　KATAGAMIというデザインの力

ブローチをデザインしたことが判明している[22]．さらにすでに指摘したように，ナンシーのデザイナー，ルネ・ヴィーネルや画家，デザイナーのヴィクトール・プルーヴェは型紙を所有し，その作品に応用した．

　そうしたなかで，ファッション・デザイナーでヴェネツィアに工房を構えて成功したマリアノ・フォルテュニー（Mariano Fortuny 1871-1949）もまた，実際に型紙を所有したことが判明している人物である[23]．彼はわかっているだけで14点の型紙を所蔵し，その1つにはパリのフォーブール・サントノレの店（店名は読めない）で買ったと思われるものがある．彼のドレスの文様にテューアーの本から取った型紙デザインが使われていることはすでに指摘されているが[24]，同じ本の別の型紙（図3-14）と類似したテキスタイルを見ることができる．これは黒に金の

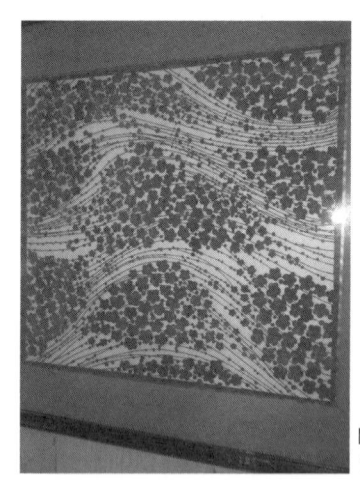

図3-16　中型型紙《しだれ梅》ヴェネツィア，フォルテュニー美術館．

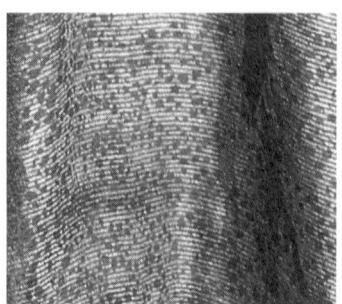

図3-17　マリアノ・フォルテュニー《ヴェネツィア風ボレロ》

文様を用いている重厚で豪奢な布地で,《ルネッサンス風のベルトつきマント》(図3-15)と呼ばれているものだが,もとの花が何であるかも不明になってしまった文様そのもののうねるようなアール・ヌーヴォー風の植物的形態は,あきらかにテューアーの型紙のデザインを踏襲している.

また,彼の所蔵の型紙の1枚は,しだれ梅を流麗にデザインした秀逸なもの(図3-16)だが,その線と類似したものを,フォルテュニーの《ヴェネツィア風ボレロ》(図3-17)のテキスタイルに見ることができる.細い線で表された枝に大小の梅の花が連なるデザインは,フォルテュニーにあっては,梅の花の形も失った斑点のようなものに変わっているが,線の上にちりばめられたアクセントとして辛うじて原形を示唆している.

フォルテュニーの遺産として残された型紙の数が少ないこと,文様がオリエントや中世,ルネッサンスのものなど多岐にわたっていることから,型紙の影響に関する研究はほとんど行われていない状況であるが,今後もこうした視点をもつことで,その参照の状況が判明してくるであろう.

以上,少なくはあるが,型紙の使用のいくつかの例を指摘することで,19世紀末から20世紀初頭にかけてのデザインにおける型紙の力の重要さを確認できたと考える.その地域的広がりと分野の多様性は,今後さらなる調査,検証を必要としている.

付 記

この研究は科学研究費補助金(基盤研究(B)「染型紙のジャポニスムへの影響に関する研究」(平成20〜22年度 研究代表者:日本女子大学教授 馬渕明子)の研究成果の一部である.

注

(1) Johannes Wieninger, "Japan in Vienna", *Hidden Impressions*, Österreichisches Museum für Angewandte Kunst, Wien, 1990, pp.43-47.
(2) Mabuchi Akiko, Nagasaki Iwao et Takagi Yoko (commissaires), *Katagami :Les pochoirs japonais et le japonisme*, Maison de la culture du Japon à Paris, 2006-07.
(3) Heinrich Wichmann, *Japonisme*, London, 1981.
(4) Galerie nationale du Grand Palais, *Japonisme*, 1988 /国立西洋美術館『ジャポニスム展』1988年.
(5) Christopher Dresser, *Japan, Its Architecture, Art and Art manufactures*, London,

1882（reprint, Bristol/Tokyo, 1999），pp.431-434.
⑹　池田祐子「海外所蔵の日本の染型紙の調査研究──ドレスデンを中心に」『Cross Sections 京都国立近代美術館研究論集』vol.2, 2009 年 9 月，29-39 ページ．
⑺　Andrew Tuer, *The book of Delightful and Strange Design, Being One Hundred Facsimile Illustrations of the Art of the Japanese Stencil- Cutter...*, London, 1892.
⑻　Théodore Lambert, *Motifs décoratifs tirés des pochoirs japonais*, Paris, 1909（sans date）
⑼　馬渕明子「型紙とナンシー派」『日仏芸術交流の 150 年』（仮題）三元社，2010 年刊行予定．
⑽　このことに関しては筆者が口頭で発表した（「アルザス地方の産業と型紙」，『国際シンポジウム　型紙とジャポニスム──各地域における展開』2009 年 11 月 7 日，日本女子大学）．以下の論文も参照のこと．Midori Hirose, "Relation entre Mulhouse et le Quartier de Senba", *Japon Pluriel*, 5, 2004, pp.179-189.
　　ミュルーズの型紙の来歴のもう 1 つの可能性は，1873 年のウィーン万国博覧会である．この年に 10 万枚以上の型紙がウィーンの美術商から欧州各地に売られていったと伝えられる．
⑾　クラウディア・デランク（水藤龍彦・池田祐子訳）『ドイツにおける〈日本＝像〉』思文閣出版，2004 年，72 ページ．
⑿　Toshio Watanabe, *High Victorian Japonisme*, Bern, 1991, p.178; Lionel Lambourne, *The Aesthetic Movement*, London, 1996, pp.37-38.
⒀　http://collections.vam.ac.uk/item/O53059/screen/
⒁　*Ibid.*
⒂　Owen Jones, *The Grammar of Ornament*, London, 1856．このなかには，日本と特定されたものはないが，「中国」の項に日本で多用される文様が含まれている（Chinese, pl.LIX, LX）．ジョーンズはまた，1867 年に 300 部限定で，*The Grammar of Chinese Ornament* も出版している．
⒃　Lambourne, *op.cit.*, p.38.
⒄　ヴィダー・ハーレン「真実，美，力」『クリストファー・ドレッサーと日本』（郡山市立美術館/府中市美術館ほか）2002 年，11 ページ．
⒅　同上，27 ページ．
⒆　Amelia Peck and Carol Irish, *Candace Wheeler, The Art and Enterprise of American Design*, 1875-1900, Metropolitan Museum, New York, 2001, pp.187, 193, 195.
⒇　Robert Koch, *Louis Comfort Tiffany, the Collected Works of Robert Koch*, Atglen, PA, 2001, p.119.
(21)　Mabuchi et al., *op.cit.*, pp.134-135.

(22) *Ibid.*, p.152.
(23) 2009年9月の筆者の調査．ご協力くださったClaudio Franzini氏に謝意を表する．これに先立って，型紙の所有はデショによって指摘されている．Anne-Marie Deschodt *Mariano Fortuny, Un Magician de Venise*, Paris, 1979, p.39
(24) 周防珠実「作品解説　室内着」『モードのジャポニスム』（TFTホール・東京ファッションタウン）1996年9-11月，94ページ．

第四章
デ・ステイルにおける「協働」
―― テオ・ファン・ドゥースブルフの建築理念 ――

奥　佳弥

1. 方法としての協働

はじめに

　1917年秋，オランダのライデンにおいて総合芸術雑誌『デ・ステイル』[1]が創刊される．オランダ語で「様式」を意味する「デ・ステイル（De Stijl）」の名を冠したその雑誌の名称は，その主宰者・責任編集者テオ・ファン・ドゥースブルフによって命名されたものであり，同誌を媒体として展開された造形芸術運動，あるいはそれに寄稿した前衛芸術家・建築家のグループを指すことになる．

　グループといっても，デ・ステイルは一同に会する拠点をもたず，メンバー間の交流は主に，誌上の議論や書簡によって行われた．創生期のメンバーには，画家ピート・モンドリアン，バート・ファン・デル・レック，フィルモス・フザール，そして建築家 J. J. P. アウト，ヤン・ウィルス，ロベルト・ファント・ホフがいた．後に建築家となるヘリット・リートフェルトが参加するのは，雑誌創刊から2年後のことであり，当時まだ家具作家として活動していた頃だった．ファン・ドゥースブルフは，雑誌の唯一の責任編集者，そしてプロモーターとして，また

自らも詩人，哲学者，美術批評家，画家，デザイナー，やがて建築家として活動，さまざまなメディアを駆使する戦略家としてデ・ステイルをリードしていく．

　創刊の翌年，デ・ステイルは設立宣言を誌上（1918年11月号）に発表，自然の形態を廃した純粋な芸術表現をもとめ，生活と芸術の国際的な統合の実現をめざすという強い意思を表明した．[(2)] デ・ステイルは，個人を超克する普遍的な原理を追求する中，彼らの時代に相応しい「様式」の達成を主張した．その方法として，ファン・ドゥースブルフは，画家と建築家の協働を重視し，それを誌上の議論から実践に移していく．この「協働（Samenwerking）[(3)]」という概念は，オランダにおける近代建築の礎を築いた建築家 H. P. ベルラーヘ（Hendrik Petrus Berlage, 1856-1934）による「総合芸術」の理念に直接的な起源を見出すことができる．ファン・ドゥースブルフは，ベルラーヘの理念に根ざした諸芸術の統合を目指しながらも，異なる領域の芸術が単に協働するだけでなく，それらを対立関係におくことによって，対立それ自体が新しい理論や造形を生み，より高い次元において生活と芸術の統合が成し遂げられると見ていた．つまり，『デ・ステイル』という雑誌を媒体とした新しい造形芸術運動デ・ステイルの具体的な理論や方法論は，初めから用意されていたのではなく，自らが仕掛けた運動の中で協働という実践によってそれらを形成しようとするものであった．ただ，協働作業による理想の追求の道のりは容易ではなく，ことごとく個人的な対立を生んだ．そして，対立の溝が深まることによってデ・ステイルの存続そのものさえ危ぶまれることになる．

　本章では，こうしたデ・ステイルにおける画家と建築家の協働をめぐる議論，あるいは協働の実践のなかでも，特にファン・ドゥースブルフの「建築」との関わり方に重要な転機をもたらしたと考えられる2人の画家，2人の建築家を対象に，彼らとの間で繰り広げられた協働や対立を通じて，ファン・ドゥースブルフの建築に対する考え方・思想がどのように変化，展開していったかを見ていく．そうすることで，「協働」による統一を目指しながらも「対立」の激化によって分裂するという矛盾を描き出し，運動あるいは思想としてのデ・ステイルが孕む可能性と不可能性を浮き彫りにしたい．

デ・ステイル設立まで

　テオ・ファン・ドゥースブルフ（Theo van Doesburg：本名 Christiaan Emil Marie Küpper, 1883-1931）は，若いころより，詩作やシナリオ制作をはじめ，独学で絵画制作を続けていた．29歳になってようやく，批評家，著述家として頭角を現し

始め，1912年より雑誌『アアンハイト（*Eenheid*：統一）』に，美術批評を定期的に発表した．ただし，当時のファン・ドゥースブルフは，10年代，オランダの美術界にもセンセーションをまきおこしていたフランスのキュビスム，イタリアの未来派，ドイツ表現主義に懐疑的で，アポリネールの著作やカンディンスキーの『芸術における精神的なもの』（1912年）や『回想（録）』（1913年）に啓発されながらも，いまだ抽象表現に対しては保守的だった．

だが，1915年より16年にかけて第一次大戦に従軍することで，ファン・ドゥースブルフは1つの転機を迎える．配属されたベルギー国境地帯やユトレヒトで，彼は，国鉄職員－詩人アントニー・コック，そして靴製造業者－哲学者エバート・リンセマと知り合い，人生や文化について議論を交わしあうようになる．[4] 自らの読書に加え，彼らとの議論を通じて，ファン・ドゥースブルフは，カンディンスキーを未来の抽象芸術を予言した救世主と呼ぶに至り，媒介物なしに形態や色彩によって直接表現する抽象画こそが，芸術家の精神状態を最も表明するものであると自覚し始める．

この従軍期を境に，ファン・ドゥースブルフはいくつかのオランダの前衛芸術サークルと関わりを持ち，やがて直感だけに依存する人々と一緒に仕事をすることをやめ，より理性的な意識を持った人を厳選し，新しい雑誌をはじめる期が熟したことを確信する．[5] 最終的にファン・ドゥースブルフが厳選した，オランダにおける理性的な意識を持った芸術家＝モダニストとは，モンドリアン，フザール，ファン・デル・レックだった．[6] ファン・ドゥースブルフは講演や評論によって彼らの作品を評価しただけでなく，自らも1917年前半に集中してステンドグラス制作を行い，具象を排した無対象の表現に到達し，画家としても彼らに追いついていった．[7] こうしてファン・ドゥースブルフは，モンドリアンを説得し，デ・ステイルの理論的支柱として迎え，雑誌の創刊にこぎつける．そこに至るまでには，1916年の早い時期から親交のあった画家フザールとの意見交換や，同年半ばに知り合った建築家J. J. P. アウトとの協働があった．それらは，ファン・ドゥースブルフに画家と建築家の協働の問題に強い関心を抱かせ，デ・ステイル設立に駆り立てる直接的なきっかけを作ったのである．

2. 対比から破壊へ

バート・ファン・デル・レックにおける協働と対立

　画家バート・ファン・デル・レック（Bart van der Leck, 1876-1958）は，デ・ステイルが発足する前年の1916年4月，ハーグからラーレンに移り住み，以前よりそこに住んでいたモンドリアンと親交を結んでいた．そのモンドリアンの影響を受けて，ファン・デル・レックはこれまでの具象的な曲線を垂直・水平の直線に置き換え，同年のうちに，平塗りの色面と直線のみによる輪郭，そして三原色，白，黒といった基本色の明確な使用を自己のスタイルとして確立する．その赤・青・黄といった原色の使用は，逆にモンドリアンが原色を用いるきっかけを与えただけでなく，デ・ステイルの造形言語の成立に直接的かつ重要な貢献をした．

　ファン・デル・レックの作品やその活動がデ・ステイルのメンバーに与えた影響の大きさに反して，彼がデ・ステイルに参加していた期間は，ほぼ1年と短い．『デ・ステイル』誌に寄稿した論考も，わずか2編だった．しかし，それらはファン・ドゥースブルフあるいはデ・ステイルにおける画家と建築家の協働のあり方についての初源的な問いを投げかけることになる．

　ファン・デル・レックは，ファン・ドゥースブルフと知り合った頃，すでに熟達した作家だった．ファン・ドゥースブルフのファン・デル・レックへの熱烈な傾倒は，1916年末，《コンポジション1916 no.4（鉱山のトリプティック）》（1916年）（図4-1）をフザールとともにハーグで見て感銘したことに始まる．ファン・ドゥースブルフはファン・デル・レックの他の近作とともにこの作品を「普遍的生活をリズミカルに視覚化した[8]」傑作と絶賛し，彼をデ・ステイルに誘い入れる．

　1914年より，ファン・デル・レックは，以前から彼の援助者だったH.P.ブレマーの推薦によってミュラー社そしてクレラー＝ミュラー夫人とつながりを持ち，会

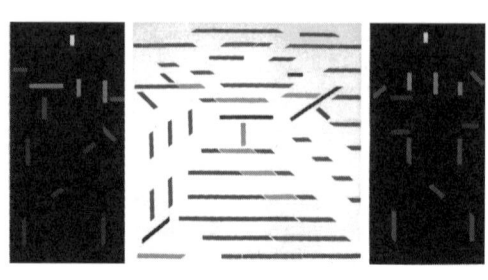

図4-1　B.ファン・デル・レック《コンポジション1916, no.14（鉱山のトリプティック）》1916年，油彩，キャンバス，H113×W222cm，オッテルロー，クレラー・ミュラー美術館．

社および夫人からステンドグラス制作や室内の色彩計画まで，壮大な注文を受けるようになる．画家として確立する前より絵画を含む環境全体に関心をもっていたファン・デル・レックにとって，それは願ってもない依頼だった．しかし，1916年，H.P.ベルラーヘがクレラー＝ミュラー家のために設計した別荘「フロート・ハーセブルーク」のインテリアの色彩計画に携わったとき，彼は自身の仕事が建築家のデザインに従属するよう強いられたことに大きなジレンマを感じる．しかも，彼に従属を強いた建築は，ベルラーヘのデザインに限らず，一般に，様式的進化や純粋性のうえで自身が発展させつつある絵画より遅れていた．ファン・デル・レックは，絵画と建築，画家と建築家の関係に不平等を実感したのである．[9]

この経験から，ファン・デル・レックは，『デ・ステイル』1917年10月号（創刊号）と1918年2月号[10]の2回にわたり，建築と絵画の関係に関する根本的な問題提起を投げかける．特に最初の論考「建築における現代絵画の位置」は，絵画と建築の関係を明確にした画期的なものであり，デ・ステイル誌上で議論を呼ぶことになる．そこでファン・デル・レックは，建築が「構築」的であり「造形的-自然的」であるのに対し，現代絵画はその造形的自然的なものを「破壊」するものであると位置づけた．以前のジレンマから，協働において画家と建築家は，本質的に異なる機能を果たすという前提のもと，絵画と建築は同じ価値をもたなければならないと強く感じていたのである．論考は，画家と建築家の協働というデ・ステイルの掲げる理念を弁護するものであり，デ・ステイルの主宰者ファン・ドゥースブルフは，このことに関してファン・デル・レックと見解／信念を共有しているはずだった．それだけに，ファン・デル・レックは，当初の思惑に反し，デ・ステイルにおける建築家の立場は強すぎると懸念していた．

そのような折，『デ・ステイル』1918年6月号において，ファン・ドゥースブルフはオランダの画家ペーター・アルマの斜線を用いた作品を見て，斜線を使うことは遠近法を想起させ，均衡を壊す忌まわしいものと非難した．当時，斜線を使っていたファン・デル・レックにとって，それは自身の作品に対する批判も同然だった．実際《鉱山のトリプティック》で，彼は元絵である水彩スケッチに描いていた遠近法を保存するために斜線を使用していた．そのほか，同じ頃，モンドリアンやフザールら他のメンバーとの意見の相違が浮上したことなどが重なり，ファン・デル・レックは1918年の設立宣言に署名することを辞退，まもなくデ・ステイルとの関係を断つ．

結局，ファン・ドゥースブルフは，デ・ステイルの活動が本格化する以前の段

階でファン・デル・レックを失ってしまう．しかし彼は，このファン・デル・レックが掲げた「破壊」対「構築」という対立概念に，絵画／色彩が建築の旧い形式を破壊／解体する役割を果たすという方法論を確信，徐々にそれを実践に移し，更なる展開へと自らを導いていく．

アウトとの協働と対立

　J. J. P. アウト（Jacobus Johannes Pieter Oud, 1890-1963）は，デ・ステイル前半期，建築家の立場からデ・ステイルの理論と実践の展開を主導する役割を担ったコア・メンバーの1人だった．1917年の『デ・ステイル』創刊に先立ち，ファン・ドゥースブルフに建築との協働の実践の機会を初めてもたらし，彼の総合芸術への興味を大きく飛躍させたのもアウトだった．(11) 創刊の翌年，アウトは28歳にしてロッテルダム市の顧問建築家となり，大規模なプロジェクト，特に労働者用集合住宅を次々と実現する一方，理論面では「モニュメンタルな都市景観」(12)をはじめ，創刊号より『デ・ステイル』に論考を発表し続け，新しい「様式」を達成するための諸芸術の「協働」の意義と理想を説いた．

　アウトとファン・ドゥースブルフの出会いは，アウトのイニシアチブによるものであった．1916年5月，アウトは，ファン・ドゥースブルフがライデンで近代芸術のための新しい団体を設立しようとしていることを聞き，建築家の参入を提案する手紙を書いた．提案は直ちに実行に移され，アウトは「ライデン芸術協会デ・スフィンクス」の議長となり，ファン・ドゥースブルフは補佐役に回った．アウトは1910年に知遇を得たH.P. ベルラーヘから直接「総合芸術」の理念の洗礼を受け，諸芸術間の「協働」という理念を重視していた．そのアウトとの親交

図4-2　J.J.P. アウト《保養住宅 デ・フォンク》1917-18年，1階エントランスホール，ノールトウェイトケイト／ファン・ドゥースブルフ，床タイル・色彩計画．Bastiaan Ingenhousz 撮影．

を通じて，ファン・ドゥースブルフはベルラーへの著作に，生活と芸術の統合が芸術間の協働によって成し遂げられ得るという彼の理念にとっての理論的な基盤を見出していく．[13]

　1916年8月，アウトは自身が設計するウォーターランドの住宅建築のためのステンドグラスのデザインをファン・ドゥースブルフに依頼する．2人が互いの協働の理想を理論から実践に移す初めての機会だった．ドアのステンドグラスのデザインという作品自体の建築への実際的影響力は限定的なものだったとはいえ，ファン・ドゥースブルフはこの実践を通じて，総合芸術達成における建築家と画家の協働の重要性を実感する．その後も，ファン・ドゥースブルフとアウトの協働作業は続けられた．それらにおいて，画家の仕事がステンドグラスのデザインや，タイルの色彩計画といった建築全体に影響を及ぼさない範囲では，両者の理念上の相違は露見しなかった．しかし，アウトがノールトウェイトケイトに設計した《保養住宅 デ・フォンク》の色彩計画（1917-18年）（図4-2）に携わった頃から，ファン・ドゥースブルフは，建築の整然としたファサードやインテリアを色彩によって「破壊」したいという欲求を徐々に募らせ，やがて，色彩の対比によって空間全体を制御したいと考えるようになる．前述の，ファン・デル・レックが提示した破壊対構築という建築における色彩の対比的役割を理論から実践に移そうというわけである．

　そしてついに1921年10月，アウトが設計したロッテルダムの市営住宅スパンゲンVIIIとIXのための色彩計画において，ファン・ドゥースブルフは建築の形式を破壊／解体する計画を提出する（図4-3）．[14]それは，アウトが設計した家型の建築形式の秩序とはまったく無関係な幾何学形態である半円形の分割に沿って

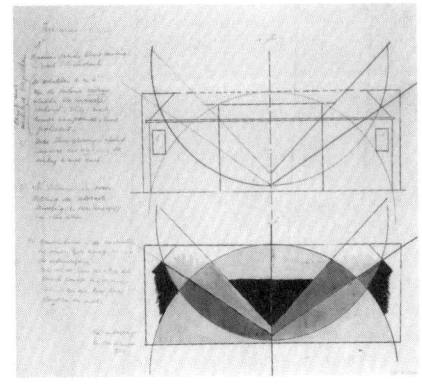

図4-3　Th.ファン・ドゥースブルフ《動・静色彩効果》アウト設計《スパンゲン公共住宅 ブロックVIII》のための色彩計画ダイアグラム，1921年，インク，ガッシュ，紙，H29×W32cm，パリ，オランダ博物館．

青・緑・黄の色彩を施すという案だった．アウトからすれば，その色彩計画は「対比」ではなく，彼の建築デザインを害する，つまり建築そのものを「破壊」するものだった．これによって，建築における色彩の役割に対する2人の見解の相違は決定的なものとなり，協働における対比的関係がかろうじて保っていた均衡は崩れ去った．

　アウトは，ベルラーヘの理論に学び，ファン・ドゥースブルフと同じく諸芸術が共に前進することを目指した．しかし，市の顧問建築家であるアウトにとって，実際的な問題を解決することが最優先課題であり，自身の領域を侵すような画家の提案を受け入れるわけにはいかなかった．敢えて『デ・ステイル』誌上で芸術間の主従関係に触れることはなかったが，結局アウトにとって「絵画と彫刻は，建築に仕えるもの」であり，諸芸術の統合は建築主導のもとで行われなければならなかった．最終的に画家と建築家が同じレベルで協働することは不可能だった．こうして，アウトの「協働」の理想は破綻し，1921年秋，彼はデ・ステイルとの関係を断つ．

　アウトのデ・ステイル離脱はファン・ドゥースブルフにとっても痛手だった．なぜなら，このときウィルスとファント・ホフは，それぞれ異なる理由で1921年半ばまでにデ・ステイルとの関係を断っており，アウトが残る唯一の実績ある建築家だったからである．画家と建築家の協働を通じて，生活と芸術の統合を目指してきたデ・ステイルに建築家が不在というのは，デ・ステイルそのものの存続が危ぶまれる事態だった．

3. 破壊から構築，そして反構築へ

ファン・エーステレンとの協働と対立

　後に触れるモンドリアンをはじめ，ファン・ドゥースブルフが『デ・ステイル』創刊以来，共に運動を推進する要として頼りにし，組んで来たデ・ステイル・メンバーは，彼より年長の熟達した芸術家，あるいは実績ある建築家だった．それに対し，後半期，すなわち1922年以降のデ・ステイル運動の展開に重要な役割を果たすことになるのが，ファン・ドゥースブルフより14歳年下のオランダ人建築家コルネリス・ファン・エーステレン (Cornelis van Eesteren, 1897-1988) だった．ファン・ドゥースブルフに出会った当時，ファン・エーステレンは，才能と理想に満ち溢れた20代半ばの青年だった．それゆえにファン・エーステレンは，アウトほ

ど実際的な問題にとらわれることなく，ファン・ドゥースブルフとともに純粋に協働の理想＝ユートピアを追うことができたようである．

　アウトがデ・ステイルを離れたのを前後し，1922年までに創成期の国内メンバーの殆どが，協働の実践，あるいはその方法論の追求過程で，ファン・ドゥースブルフと対立しデ・ステイルを去っていた．この頃を境に，ファン・ドゥースブルフは活動の場をヴァイマール，ベルリン，パリなど国際的な舞台に拡げ，ロシア構成主義者エル・リシツキーやダダイスト，ハンス・アルプなど，新たに外国人メンバーを寄稿者としてデ・ステイルに巻き込んでいく．だが，彼ら外国人メンバーとの接触はそれぞれ短く，協働を通じて共にデ・ステイルの理念を形成するものではなかった．

　1920年末，ファン・ドゥースブルフは，ブルーノ・タウトの紹介によりベルリンでグロピウスに会い，バウハウスにおける「芸術と生活の統合」の理想に共鳴する．翌年1月，講師に迎えられるものと期待してヴァイマールのバウハウスを訪問したが，その期待は裏切られる．かわりにファン・ドゥースブルフは，1922年より同じヴァイマールでデ・ステイルの理論と実践についての私塾を開設，そこでバウハウスの表現主義的な造形方法を痛烈に批判した．[15] このことがバウハウスを表現主義的傾向から合理主義に転向させる契機をつくったことは知られるところである．

　このヴァイマール滞在時における，ファン・ドゥースブルフにとっての最大の収穫は，彼の講義に出席していた若きオランダ人建築家，ファン・エーステレンを見出したことであった．このときファン・エーステレンは，ロッテルダムの美術・科学技術アカデミーを卒業後，実務経験を積みながら修学を続け，「ローマ賞」を受賞したばかりだった．ファン・ドゥースブルフは，アウトに変わる建築家としてファン・エーステレンをデ・ステイルに誘い入れる．ファン・エーステレンとの協働は，おそらくその主導権を握ることで，ファン・ドゥースブルフにとっては理想的な状況で進められた．やがてそれは，パリの画商レオンス・ロザンベールの後援により，1923年11月から12月にかけてギャラリー「レフォル・モデルヌ」で開催された「デ・ステイル建築展」において結実する．

　同展においてファン・ドゥースブルフは，ファン・エーステレンと連名で住宅プロジェクト3案の模型や図面，アクソノメトリック図と共にデ・ステイル第5宣言「集合的構築に向けて（'Vers une construction collective'）」を発表する．[16] これに加え，ファン・ドゥースブルフは個人名で《カウンター・コンストラクション：

第四章　デ・ステイルにおける「協働」　　63

色彩構築 (Contra-constructie 'Construction des couleurs')》(図4-4) という, 建築図面とも絵画とも判別しがたい一連のドローイングを披露した. それは, ファン・エーステレンが描いた《メゾン・パルティキュリエール (Maison Particulière)》のアクソノメトリック図 (図4-5) に基づいて, ファン・ドゥースブルフが作成した「建築的分析 (Analyse de L'Architecture)」に色彩を施したものだった. ファン・ドゥースブルフは, この「建築的分析」と「色彩構築」双方あわせて《カウンター・コンストラクション》と呼んだ. 特に, その表現における, 地表面からの離脱, つまり浮遊性は, ヴァイマール滞在時に知り合ったリシツキーの「プロウン」(1919-23年頃) に想を得たようである. このデ・ステイルの建築的イメージを代表する一連のドローイング《カウンター・コンストラクション》は, ファン・ドゥースブルフとファン・エーステレンとの協働作業を経て, 作り出されたものであり, 『デ・ステイル』創刊以来, 希求されてきた「個人を超克する普遍」を獲

図4-4 Th. ファン・ドゥースブルフ《カウンター・コンストラクション (色彩構築)》1923年, ガッシュ, コロタイプ版, H57×W57cm, オッテルロー, クレラー・ミュラー美術館.

図4-5 Th. ファン・ドゥースブルフ/C. ファン・ファン・エーステレン《メゾン・パルティキュリエール》アクソノメトリック図, 1923年, インク, ガッシュ, 紙, H56×W56cm, ロッテルダム, オランダ建築博物館.

得する「協働」の成果だったといえる．

　3つ住宅案と共に，高らかに掲げられたデ・ステイル第5宣言「集合的構築に向けて」もまた，ヴァイマール以来，ファン・エーステレンと進めてきた実験のプログラムをまとめたものであった．宣言は「破壊の時代は完全に終わり，新しい偉大な構築の時代が始まる」という項で締めくくられている．それまでファン・ドゥースブルフは，画家の立場から建築を「破壊」する役割を演じてきた．だが，1921-22年のヴァイマール滞在期を境に建築家の立場に近づくことで，次第に「構築」に関心を抱くようになり，「色彩」が空間と時間の関係を統合し，新しい次元を表現すると認識する．

　だが，この最も成功したように見えたファン・エーステレンとの協働関係もまた，その成果の知的著作権の所在を巡って対立し，やがて終焉する．以後，ファン・ドゥースブルフは二度と建築家を自身との協働作業に引き入れることはなかった．

モンドリアンとの協働と対立

　アウトがデ・ステイルの建築への展開に大きく貢献したのに対し，デ・ステイルのなかでもっとも年長かつ著名な芸術家であり，また理論家であるピート・モンドリアン（Piet Mondrian, 1872-1944）は，デ・ステイルの理論的支柱として，造形原理形成の基盤をファン・ドゥースブルフに提供した．モンドリアンは，建築や空間デザインそのものに対しては少なからぬ関心を示している[17]．しかし，他のデ・ステイルの画家たちと異なり，ステンドグラスなどの個別的な工芸デザインを制作せず，また自身の制作に制約を課すような協働の実践にも一切関与しなかった．

　1915年10月，ファン・ドゥースブルフは，アムステルダム市立美術館で開催された展覧会でモンドリアンの「黒と白のコンポジション」（1915年）に感銘し，「純粋に精神的である」と『アアンハイト』誌の展覧会評において絶賛した[18]．その記事がきっかけとなって，ファン・ドゥースブルフは芸術家村ラーレンに住むモンドリアンを訪問するようになり，緩やかに親交を深めていく．そうしたなかでファン・ドゥースブルフは，普遍性と調和を追求するモンドリアンの「新造形主義（Nieuwe Beelding）」の理論が，自身の思考の展開の基準となり，また，準備中の雑誌を媒体としたグループ活動＝デ・ステイル運動における中心的な理念とするに相応しいと判断し，モンドリアンをデ・ステイルに迎え入れる．

絵画から出発し，建築との関わりを積極的に求めていったファン・ドゥースブルフに対し，モンドリアンは，絵画に比べて建築は純粋性の上で依然として全く遅れており，絵画と建築が同じレベルで協働し，総合芸術として1つに収斂することはないとみていた．モンドリアンにとって，普遍的な関係性を最も純粋に表現できる絵画こそがもっとも「造形的（beeldend）」でありうるのだった．一方，ファン・ドゥースブルフは，アウトやファン・エーステレンとの協働を通じて建築との関わりを深めていくに連れ，建築における色彩の役割を「破壊」から「構築」，そして「構築」にダイナミズム＝時間を導入した「反構築」へと展開させていく．

　新造形主義を超時間的なものと捉えるモンドリアンは，そのことに賛成できなかった．それでも，他の設立メンバーが次々と離れていく中，モンドリアンがデ・ステイルとの関係を断たずにいたのは，彼が絵画の新しい展開にある程度は受容的であり，新造形主義の原則を自分ほど徹底して適用しない人の作品でも評価することができたからだった．モンドリアンは他の芸術家たちを判断した基準は，その人の意図の実現性より有効性にあったらしい．しかし，あくまでも絵画（平面）の問題にこだわるモンドリアンと，建築（空間）の問題に執心するファン・ドゥースブルフの相違は，1924年のファン・ドゥースブルフの絵画への斜線（対角線）の導入によって表面化していく．静的な「構成」に運動性を与え，動的な「構築」を獲得する有効な手段として対角線を採用したのである．

　1926年，ファン・ドゥースブルフは，新造形主義に空間＝時間概念を導入した「エレメンタリズム（Elementarisme）」[19]を提唱する．当初，モンドリアンは自らが提示した新造形主義と同様，エレメンタリズムを評価していた．しかし，ファン・ドゥースブルフが，恣意的で静的な「構成」（＝「新造形主義」）よりも，物質的条件に規定される，動的な「構築」（＝「エレメンタリズム」）こそが，あらゆる対比を統合する普遍的な概念であるとし，エレメンタリズムを新造形主義の厳格な訂正であると宣言したために，モンドリアンはデ・ステイルとの協力関係を断つ．こうしてファン・ドゥースブルフは，もはや独りでデ・ステイルの理念を提示しなければならなくなる．

4. 協働と対立の果て

《カウンター・コンストラクション》以後

　1923年のパリ「デ・ステイル展」以後もファン・ドゥースブルフは，《カウンター・コンストラクション》の習作を重ねながら，その理論化を進め，翌年，彼個人の署名で，論考「造形的建築に向けて（"Tot een beeldende architectuur"）」を『デ・ステイル』誌上に発表する[20]．そこでファン・ドゥースブルフは，建築が古い様式の型を克服し，新しく，開かれた造形を目指すための原理を16項目にわたって提示した．それは，空間のイメージを言葉で表明したものとして，国際的にも先駆的なものだった．同論は，それまでデ・ステイルのメンバー間で行ってきた協働の実践や『デ・ステイル』誌上で取り上げられてきたさまざまな理論の集大成であると同時に，それ以降のファン・ドゥースブルフの理論的な出発点ともなった．

　ただし，この「造形的建築に向けて」に掲げられた16項目の条件を誰よりも満たす建築の実例を示したのは，ファン・ドゥースブルフではなく，G.Th. リートフェルト（Gerrit Thomas Rietveld, 1888-1964）だった．計らずも，その論考が発表されたのと同じ1924年，リートフェルトがユトレヒトに実現した《シュレーダー邸》である．リートフェルトは1919年，ファン・ドゥースブルフがその椅子のデザインを評価してデ・ステイルに迎え入れた家具作家であり，アウトが抜けたあともデ・ステイルに名を連ねていた．確かに，リートフェルトの建築家としての処女作《シュレーダー邸》と「造形的建築に向かって」の基盤となった《カウンター・コンストラクション》の間には，3原色の使用や浮遊する面など，多くの共通点を見出せる．しかし，リートフェルトは，このファン・ドゥースブルフのドローイングを見て，それをそのまま《シュレーダー邸》に完成させたわけではなかった．3原色の使用については，家具作家時代にファン・デル・レックの絵画などから受けた影響によるもののようだが，彼の建築の浮遊する面の構成は，彼自身の家具における実験から発展させたものである．しかも，リートフェルトとファン・ドゥースブルフの間で直接的な協働がなされたことは一度もなく，もとよりリートフェルトは画家と協働することに関心がなかった．リートフェルトは，色彩計画と建築の両方をすべて1人ですることを望んだし，またそれができた．つまり両者のイメージ上の共通点は，早い段階から並行的に展開してきた

のである[21].

　いずれにせよ,ファン・ドゥースブルフは,《カウンター・コンストラクション》と論考「造形的建築に向けて」によって,彼の求める普遍的な建築のイメージを形成し,ある頂点に達したといってよい.ただしそのとき,リートフェルトを含め,残るデ・ステイル・メンバーにファン・ドゥースブルフとの協働の試練と困難に立ち向かおうとするものはいなかった.ファン・ドゥースブルフ自身も,ファン・エーステレンとの苦い経験から,独りで画家と建築家の役割を果たすことによって,協働の理想を追求せざるをえなくなっていた.

　そのような状況下,ファン・ドゥースブルフは,ストラスブールのレストラン・シアター《オーベット》(1926-28年)の改装に携わる機会に恵まれる(図4-6).彼はダダイストの画家アルプ夫妻と協力して,この18世紀の建物の内部の改装において,新造形主義を越えた,エレメンタリズムの力を表明しようとした.ファン・ドゥースブルフは,内部空間を都市の街路に想定して,1階のカフェと2階の2つのホールの色彩計画を行った.彼は,レリーフ状の色彩版を配して,直交構造の新造形主義のデザインによる小ホールと,斜線を使ったエレメンタリズムのデザインによる大ホールを併置させ,相互に補完しあう,対比的関係を作り出した.この実験的色彩空間を行き来する観客は,自身の動きと室内空間との関係を真にダイナミックな空間体験として発展させるはずだった.しかし,所与の建築空間の改装であったとはいえ,《オーベット》はレリーフ状の色彩構成が壁面や天井に貼り付けられただけで,動的な「構築」,つまり1923年の《カウンター・コンストラクション》に見られたような空間的ダイナミズムがにわかに体験されるようには見えない.実際,彼の意図は施主と大衆客からほとんど理解されず,開設後まもなく改変された[22].そのことを知ったファン・ドゥースブルフは,公衆

図4-6　Th.ファン・ドゥースブルフ《カフェ・オーベット》大ダンスホール,1926-1927年/1928年の写真.O. Scholl 撮影.

がまだ彼の作品を受け入れる用意がないとひどく失望する．それはデ・ステイル[23]の協働の理想＝ユートピアの崩壊を暗示していた．

協働の二重性／運動性

　冒頭に述べたとおり，ファン・ドゥースブルフは，1917年のデ・ステイル設立当初から，画家と建築家の協働を目指していた．彼は，「対立関係におくことによって統合をつくれる」ことを信じ，さまざまな対立，あるいは対比を超越することを介して生活と芸術の統合を実現する普遍的な原理を追求し続けた．
　本章で取り上げたデ・ステイル・メンバーはそれぞれに，なんらかの形で，自然の形態を廃した純粋な芸術表現をもとめ，生活と芸術の統合を目指していた．そして，それぞれ絵画や建築といった自らの領域を超えた新しい「様式」を達成したいと望んでいた．だからこそデ・ステイルに参画したのである．画家ファン・デル・レックにとって，画家と建築家の関係が完全に平等である限り，そしてモンドリアンにとっては，平面の世界の内に表現される限り，その理念を共有できるはずだった．建築家アウトの場合，諸芸術がそれぞれの創作領域を侵さない限り，またファン・エーステレンにとっては協働作業におけるそれぞれの知的著作権が保障される限り，ファン・ドゥースブルフとその理念を共有できるはずだった．
　前半期の1921年頃までにデ・ステイルは，直交する垂直と水平線，赤・青・黄の三原色と黒，白，灰色の対比，非対称の構成といった基本的な造形言語を「普遍的」なものとして獲得する．一方，設立当初から，彼らの間にあった絵画と建築の関係に関する微妙な意見の相違は，実際の協働作業によって，もしくはファン・ドゥースブルフの方法論や理論が展開していくにつれ露見し，結果として個人的な対立，そしてデ・ステイル離脱へと進む．だが，これらの対立のほとんどは，ファン・ドゥースブルフ以外のメンバーが，協働の実践，あるいは具体的な方法論の追求過程で，自身の芸術観が傷つけられる危険を感じ，最終的には協働による理念の一致より方法論や著作権といった自身の領域を守ることを優先したことに起因している．
　ファン・ドゥースブルフが仕掛けた協働は，対立を介して共により高次な段階へ止揚するという弁証法的な統合をめざしていた．だが，統合をめざした芸術上の対立は，彼の思惑に反して，ことごとく個人的な決裂に陥ってしまう．しかし，デ・ステイル＝ファン・ドゥースブルフはこの協働と対立によってこそ，常に新しい理念や方法論，そして新しい造形イメージを獲得してきたのである．その理

念形成のプロセスの二重性／運動性に，まさしくデ・ステイルという運動の総体を確認することができよう．

　1920年頃より，ファン・ドゥースブルフは，ダダイストの詩人I.K.ボンセット (Bonset)，あるいは，イタリア人画家-文筆家アルド・カミーニ (Aldo Camini) という，責任編集者ファン・ドゥースブルフとは異なる別の寄稿者として，多くの詩や美術評論を『デ・ステイル』誌上に発表した．これもまた，ファン・ドゥースブルフが自身の内にあるもう1人の他者との協働と対立，二重性の表れであった．

　1931年，ファン・ドゥースブルフはスイスのダヴォスで急逝，翌年の追悼号をもって雑誌『デ・ステイル』は終刊する．彼の死とともに，デ・ステイルの運動性は失われた．それは，ファン・ドゥースブルフが，「デ・ステイル」それ自体を生きた，運動体そのものであったことを意味している．

注

(1) Theo van Doesburg (ed.), *De Stijl*, Leiden, 1918-32. 1917年10月号から1928年オーベット特集号まで，ある規則性をもって発行され，1932年，亡くなったばかりのファン・ドゥースブルフの追悼号として最終号が出版された．

(2) "Manifest I van 'De Stijl'", 1918", *De Stijl* vol.2, no.1, 1918, pp.2-5. この設立宣言（第一宣言）は，オランダ語，英語，フランス語，ドイツ語の4ヶ国語で公表され，活動の国際性を表明した．Th.ファン・ドゥースブルフ，R.ファント・ホフ，V.フザール，A.コック，P.モンドリアン，J.ファントンヘルロー，J.ウィルスの7名が同宣言に署名している．

(3) 『デ・ステイル』誌上に「協働」という言葉が最初に登場するのは，創刊号に寄せられたアウトの論文「モニュメンタルな都市景観」(J.J.P. Oud, "Het monumentale stadsbeeld,"*De Stijl*, vo.1, no.1 (Oct. 1917), p.10) における．

(4) ファン・ドゥースブルフは，その後，自ら設立したデ・ステイルのメンバーたちと対立や断絶を繰り返したのに対し，この2人との親しい交友関係は生涯続いたという．
Carel Blotkamp, "Theo van Doesburg," *De Stijl : the formative years 1917-1922* (translation from *De beginjaren van de Stijl 1917-1922*, 1982), The MIT Press, 1986, p.6.

(5) 1916年8月16日付，ファン・ドゥースブルフからA.コックへの手紙．*Theo van Doesburg Archive*, (microfiche), Rijksdienst Beeldende Kunst, Den Haag / IDC Leiden, 1991より．

(6) Th. van Doesburg "De ontwikkeling der moderne shilderkunst", *Eenheid*, may 27, june 17, june 24, july, 15, july 22, august 12, 1916.

(7) Blotkamp, op.cit., p.16.
(8) 1916年12月31日付，ファン・ドゥースブルフからファン・デル・レックへの手紙．Cees Hilhorst, "Bart van der Leck", *De Stijl : the formative years 1917-1922*, p.167 に引用．
(9) Nancy Troy, *The De Stijl Environment*, The MIT Press, 1993, p.13, 15.
(10) B.van der Leck, "De plaats van het moderne schilderen in de arhitectuur", *De Stijl*, vol.1, no.1（Oct., 1917）, pp.6-7；B.van der Leck, "Over Shilderen en bouwen", *De Stijl*, vol.1, no.4（Feb., 1918）, pp.37-38.
(11) Evert van Straaten, *Constructor of the new life*, Kröller-Müller Museum, Otterlo, 1994, pp.,11-12.
(12) Oud, ibid.
(13) 本田昌昭「前期「デ・ステイル」における「協働」理念について——J.J.P. アウトとTh. ファン・ドゥースブルフの言説の考察を中心として——」『日本建築学会計画系論文集』第549号，2001年11月，293-299ページ 参照．
(14) 「私の理想は，色彩の対比によって建築的分割を行うことであり，このようにして空間全体を制御することです」ファン・ドゥースブルフからアウトへの手紙，日付なし（1921年9-10月頃）. Troy. op.cit., p.82 に引用．
(15) そこに出席していた学生の大部分はバウハウスの学生だったという（ファン・ドゥースブルフ『新しいスイスの展望』1929年より．セゾン美術館編『デ・ステイル 1917-1932』河出書房新社，1997年所収）．
(16) 宣言文や一部の図面には，ファン・ドゥースブルフ，ファン・エーステレンの名前とともにリートフェルトの名前が署名されている．しかし，リートフェルトはファン・ドゥースブルフの依頼に応じて出展用の住宅模型の1つ「オテル・パルティキュリエール」を作成したのみで，宣言文の内容作成や住宅のデザインに関与したような記録は見当たらない．
(17) モンドリアンは，建築について論じたさまざまな文章を『デ・ステイル』に掲載している．また，1920年頃より「新造形主義」の原理による環境デザインを，自身のアトリエなど私的な空間において実験を繰り返している．これらについては，圀府寺司「モンドリアン——新しい世界の幻視者」，永井孝則 編著『越境する造形 近代の美術とデザインの十字路』晃洋書房，2003年，148-162ページに詳しい．
(18) Th. van Doesburg, "Kunst-kritiek", *Eenheid*, November 6, 1915；Carel Brotkamp, op.cit., p.8 に引用．
(19) ファン・ドゥースブルフは「エレメンタリズム」理論あるいは宣言を1926年から27年，4回にわたって公表した．その最初が「エレメンタリズム芸術に向かって」と題した論考で，パリの雑誌『ヴルワーフ（*Vouloir*）』（1926年3月号）誌に掲載されている．残りの3回は，『デ・ステイル』7巻（1926-27年）. 73／74号，75／76号，78号に，

宣言文として掲載している.
(20) Th. van Doesburg, "Tot een beeldende architectuur", *De Stijl*, vol.6 (1924), nr.6, pp. 78-83.
(21) 奥 佳弥『リートフェルトの建築　*The Architecture of Gerrit Th. Rietveld*』TOTO出版, 2007年, 13-14, 22-24ページ.
(22) 《オーベット》は, 1994年にシネマ・ダンスホールが修復され, その後2004年より2階全体の修復・復元工事が進められ, 2006年に竣工している.
(23) 1928年11月付け, ファン・ドゥースブルフからアドルフ・ベーネへの手紙. Troy, op.cit., p.176に引用.

主要参考文献（原著刊行順）

Theo van Doesburg (ed.), *De Stijl*, Leiden, 1918-32 (*De Stijl*, complete reprint of the magazine, 2 vols., 1968).
テオ・ファン・ドゥースブルフ（宮島久雄訳）『新しい造形芸術の基礎概念』（バウハウス叢書6), 中央公論美術出版, 1993年（原著：Theo van Doesburg, *Grundbegriffe der Neuen Gestaltenden Kunst*, Bauhausbücher 6, Albert Langen, München, 1924).
Joost Balieu, *Theo van Doesburg*, Macmilian publishing, New York, 1974.
Nancy Troy, *The De Stijl Environment*, MIT Press, Cambridge, 1983.
Carel Blotkamp, et al., *De Stijl : the formative years 1917-1922* (translation from *De beginjaren van de Stijl 1917-1922*, 1982), The MIT Press, London, 1986.
Evert van Straaten, *Theo van Doesburg, painter and Architect*, SDU Publishers, Den Haag, 1988.
Theo van Doesburg Archive. (microfiche collection), Rijksdienst Beeldende Kunst, Den Haag / IDC Publishers, Leiden, 1991.
Yve-Alain Bois, "The De Stijl Idea", *Painting as Model*, The MIT Press, 1991.
Evert van Straaten, *Constructor of the new life*, Kröller-Müller Museum, Otterlo, 1994.
Toos van Kooten (ed.), *Bart van der Leck*, Kröller-Müller Museum, Otterlo, 1994.
Carel Blotkamp, et al., *De vervolgjaren van De Stijl, 1922-1932*, L.J. Veen, Amsterdam, 1996.
セゾン美術館編『デ・ステイル　1917-1932』河出書房新社, 1997年.
Centraal Museum / Kröller-Müller Museum, *Theo van Doesburg: oeuvre catalogues*, Uitgeverij Thoth, 2000.
Ed Taverne, et al., *J.J.P. Oud : Poetic Functionalist, 1890-1963*：*The Complete Works*, NAi Publishers, Rotterdam, 2001.
E. Guigon et al., *De Aubette of de kleur in de architectuur*, Uitgeverij 010, 2006.

第五章
楕円の投影
―― A.M. ロトチェンコの幾何学と電化政策 ――

谷 本 尚 子

はじめに

　A. M. ロトチェンコ（Alexander M. Rodchenko, 1891-1956）の《空間構成№ 12（吊される構成）》（1920 年，図 5 - 1 ）は，徐々に小さくなる楕円形の図を薄い合板の上に描き，それを切り取り，組み立てた彫刻作品である．ここでは単一の幾何学形態を入れ子式に重ねた平面が，吊り下げられる事によって互いの平面の内部でねじれ，回転し，内部空間と外部空間とが切り開かれている．モビールともいえるこの抽象彫刻は，重力及び空気の流れに影響されて個々の楕円がねじれの関係をつくり出し，銀色のペンキが塗られた表面が光をキラキラと反射することで，現

図 5 - 1　A.M. ロトチェンコ，《空間構成№ 12（吊される構成）》1920 年，合板，H61×W83.7×D47cm，ニューヨーク近代美術館．

実空間との繋がりを提示している．重力や空気，光の反射といった現実の現象に直接影響され，刻々と形を変えるこの構造体は，近代アヴァンギャルドの芸術理論に基づいた造形物であるといえる．

しかし同時に，この楕円の彫刻作品は当時のロシア社会の大きな変革に沿った彫刻作品として考案されたものであり，V. タトリン（Vladimir E. Tatlin, 1885-1953）による《第三インターナショナルのための記念塔のモデル》(1919-20 年）と同じく，工業技術と社会主義の理想を含む集団的ヴィジョンを具体化した構成物でもあった．1922 年，ロシアの芸術理論家 I. エーレンブルクは，「近代の彫塑（Bildhauerei）は，建築と単に接点を有するだけでなく，それと融合している」と表明している．ロシア・アヴァンギャルドの彫刻作品は，その社会的要請に従い，建築のための実験としての役割を与えられていた．

ロシア・アヴァンギャルドの造形芸術は，一方で社会主義のユートピアに奉仕するものとしての芸術と，他方で世界大戦，革命，内戦と混乱の続く現実生活への具体的な貢献を求められる芸術という引き裂かれた２つの課題を与えられた芸術運動だったのではないか．芸術と現実生活の２つの問題の幸福な一致を夢見た，という観点から論じることも出来るが，本章ではあえてこの２つの中心がバランスを取りながら描いた楕円としてロシア・アヴァンギャルドを論じたい．なぜなら社会主義革命のただ中にあって，「前衛的芸術作品」とは反アカデミック（反西欧文化的）なものであるという点で，革命政府の意向とアヴァンギャルド芸術とは一致するが，現実生活に奉仕する芸術とは，「世界に対峙する前衛としての芸術」を解体し，大衆文化へ接近させる意図を意味するからだ．芸術と生活，或いは社会主義のイデオロギーとテクノロジーの２つの焦点を持つ楕円的世界を描こうとしたのが，ロシア・アヴァンギャルド芸術の特色ではないだろうか．

《空間構成№12》の作者 A. ロトチェンコは，革命初期において非対象芸術の独自の芸術理論を作りだそうと心血を注ぎ，レーニンの指導のもとで「アーチスト・コンストラクター」つまりデザイナーとして，新しい社会のための日常生活品を作ることを重んじた．本章では，A. ロトチェンコの造形論とデザインを，芸術と生活，或いはテクノロジーとの関係で読み解くことで，ロシア・アヴァンギャルド芸術の一側面に光を当ててみたい．

1. 非対象絵画への道

　A. ロトチェンコは，ロシア構成主義の中心的人物であり，構成概念の成立にも深く関わった人物である．彼は，革命政府の文化機関である「芸術文化研究所 (Inkhuk)」で，「線」を巡る純粋な造形言語の確立を宣言した．また彼は，1925 年の「国際装飾芸術及び近代産業博覧会」(通称アール・デコ展) でソ連館の「労働者クラブ」の室内装飾を手がけたデザイナーとして，1920 年代後半からは写真家として，同時代の西側の芸術家たちにも知られていた．さらにバウハウスに並ぶ工芸学校ヴフテマス (Vkhutemas) の教員として，陶磁器によるテーブルウェア類のデザインから家具などの製品デザイン，ポスターや映画のタイトル画などのヴィジュアル・デザインをも手がけた．彼のデザインの思想的背景となったのは「線」を巡る造形理論であり，造形理論と製品デザインの間に位置するのが彼の抽象彫刻群である．最初にロトチェンコが彼自身の独自の抽象芸術論に至った経緯について，簡単にみてみよう．

　アレクサンドル・ロトチェンコは，1891 年 11 月 23 日 (旧暦) ペトログラード (現サンクトペテルブルク) で，小作農の正教徒の家庭に生まれた．彼の幼少時，父親は劇場の小間使いとして働いており，アレクサンドルは劇場の幻惑的な雰囲気の中で育った．[3] 10 歳の時に家庭の事情で家族と共にカザン (現タタールスタン共和国の首都) に移住し，1910 年からはカザン美術学校にゲスト学生として入学した．この時期彼は，流行画家 M. ヴルーベル (Mikhail A. Vrubel, 1856-1910) や A. ビアズリー (Aubrey V. Beardsley, 1872-98) に強く影響されたアール・ヌーヴォー風の絵を描いている．そこでは，水彩画でありながらも銀色やブロンズ色のラッカーが用いられ，複雑なパターンの構成と抽象的な線のリズムが描かれた．1913 年には，非対象の装飾を用いることで，彼は抽象的な形を考えることに集中しはじめる．

　1914 年 2 月 20 日，カザンでロトチェンコの人生を一変させるような出来事があった．それは，D. ブルリューク (David Burliuk, 1882-1967)，V. マヤコフスキー (Vladimir Mayakovsky, 1893-1930) と V. カメンスキー (Vassily Kamensky, 1866-1944) が出演する未来派の夕べであった．ロトチェンコは特にマヤコフスキーの個性とパフォーマンスに魅了されたという．[4]

　翌 1915 年の春か夏頃，彼はモスクワへ行き，産業芸術及び装飾美術においてロシアで最も歴史のある，モスクワのストロガノフ大学に入学した．この年モスク

ワでは、K. マレーヴィッチ（Kazimir Severinovich Malevich, 1879-1935）の「無対象絵画」とV. タトリンの「カウンター・レリーフ」が、ロシア・アヴァンギャルド芸術の分岐点となった展覧会「0, 10展」において初めて現れた。ロトチェンコは応用美術を学ぶつもりでモスクワに来たが、「左翼」改革者として画家になることを決意する。

　1916年の1月末か2月の初め、ロトチェンコはA. ヴェスニン（Alexander Vesnin, 1883-1959）のところでV. タトリンと出会った。同年彼は、ヴァーヴァラ・ステパノーヴァ（Varvara Fëdorovna Stepanova, 1894-1958）と結婚している。彼女はK. ユーオン（Konstantin Fyodorovich Yuon, 1875-1958）の絵画教室で働いており、ユーオンのアトリエには、A. ヴェスニン、L. ポポーヴァ（Lyubov' Popova, 1890-1941）、O. ロザノーヴァ（Olga Rozanova, 1886-1918）、V. タトリンといった後にロシア構成主義運動を支えていくメンバーが集っていた。そして同年3月に、タトリンが組織する展覧会「店（Magazin）」がモスクワで開催された。この展覧会には、タトリンの「カウンター・レリーフ」シリーズ、マレーヴィッチの《モスクワのイギリス人》などと並んで、ロトチェンコによる立体＝未来派（Kubofuturismus）の油彩画や静物画と共に、コンパスと定規で描かれた6点の抽象画も出品された。

　《コンポジション》（1915年，図5-2）は、展覧会に出品されたものの内の1つである。直線部分は少なく、殆ど円の重なりを用いて画面を分割しているのだが、円そのものの形は断片化され、複雑な形態となって現れている（同時期に直線だけで描かれた作品もある）。ここでは特に黒い平面が画面を引き締め、円の輪郭は鋭く切り取られ、弧を描く細い輪郭線が装飾性とリズム感とを与えている。ロト

図5-2　A.M. ロトチェンコ《コンポジション》1915年，紙，ペンとインク，H25.5×W21cm, A. ロトチェンコ，V. ステパノーヴァ・アーカイヴ．

チェンコは分割した面を黒や灰色に塗り分けることで，徹底した平面性を作り出している．

　製図用具が生み出す線の遊戯はアール・ヌーヴォーに由来する平面的な装飾から展開したものと考えることも出来るが，繰り返しや中心性を避けることで，彼の幾何学的抽象絵画は装飾性を避けているといえる．ここでは線による平面（画面）の分割がテーマとなり，輪郭線と直線，曲線（或いは円の一部）によってダイナミックな構図(コンポジション)が作られる．単純な線だけを用いて複雑な変化をつけていく手法は，後の空間における三次元の作品にも通じている．興味深いのは，これらの作品において強調されているのが幾何学形態の組み合わせというよりは，線の重なりによって生じる水晶のような分割面であるという点である．ロトチェンコの抽象絵画の始まりをK.マレーヴィッチの無対象絵画との影響関係を見る向きもあるが，マレーヴィッチが初源的なものとして正方形という形態を取り上げているのに対して，ロトチェンコの関心が平面の分割に向かっている点で，彼独自の出発点を持っていたといえるだろう．

2. 分析から投影へ

　1917年10月の革命後直ちに，マレーヴィッチ，タトリン，W.カンディンスキー等芸術家たちは，革命政権に積極的に荷担した．ロトチェンコもまた画家連合の設立に携わり，青年同盟部門の事務官となった．1918年，ルナチャルスキイ率いる人民教育評議会（Narkompros）は造形芸術部門（IZO）を設立するが，彼はその中の美術館部門の代表及び芸術委員会のメンバーであった．同時に彼は平面の実験，「平面のダイナミズム」，「色彩の集中」，「線」，そして「黒の上の黒」シリーズの制作を始めた．

　初期の絵画が線による面の分割という平面性を特徴としたのに対して，1918年前後の作品では円や四角といった閉じた幾何学形態が多く見受けられた．さらに空間の奥行きが現れ，同時に平面，線，形，色彩，テクスチャーといった個別の造形要素の実験が始まった．

　《コンポジション，No. 47（黄色の背景の上に）》（1917年，図5-3）では初期絵画のような線と面の戯れではなく，平らなままの平面と丸めた平面を用いた立体物の構成が用いられている．細い線も装飾的にというよりは，平面を支え，つなぎとめる役割を果たしている．加えられたグラデーションが立体を暗示しており，平

面同士の関係が空間的に説明されている.

1918年4月,ロトチェンコはこれらの絵画シリーズの三次元的な空間表現について,次のように説明している.

> 「平面から深さの次元へ置き換えて,私は投影(Projektion)をその痕跡として残す.逆にいえば,さまざまに接する一連の平面を提示するために,それらを構造,重さと対照性に従って適切な色彩に塗った.卵形,円形,楕円形の投影の構成(コンストラクション)によって,私はしばしば色彩で外縁だけを際立たせる.こうして私は,投影の世界に力点を置き,色彩は補助手段であり目的でないことを明らかにしている.深さ,高さ,幅での投影を粘り強く研究することで,私は時間に制約されない構成物の無限の可能性を発見する.
> こうした方針で制作したまだ新しい作品を私は"彩色し,投影した平面の構図的運動(kompositionellle Bewegungen farbiger und projizierter Flächen)"と名付けた」.[5]

この絵画シリーズは,空間に浮かぶ幾何学形態の使用という点で,シュプレマティズムに近いものだったといえよう.実際《コンポジションNo. 58》では,シュプレマティズムと説明されており,この時点でシュプレマティズムが重要な影響を与えていると考えるべきだろう.だがしかし,ロトチェンコの作品では,幾何学の平面は曲げられたり重ねられたりして,三次元的に組み立てられ,互いに接したり貫通したりしている.これらの幾何学形態はシュプレマティズムの平坦な

図5-3 A.M.ロトチェンコ《コンポジション,No. 47(黄色の背景の上に)》1917年,木製パネルに油彩画,H73×W32.5cm,ロシア国立美術館.

色面としてではなく，グラデーションを用いた奥行きが表現されている．このグラデーションは，物体としての平面と平面の構成的な関連性，つまり空間の中での配置を説明したものである．従ってロトチェンコの色面は，マレーヴィッチのシュプレマティズムと異なり，美学理論も，またより複雑な精神世界との関係も必要がない，より無表情で中性的な抽象形態ということが出来るだろう．さらに「色彩の集中（Farbkonzentration）」のシリーズでは，色彩の明度が幾何学形態の中心部に向かって強められ（時には弱められ），スポットライトで照らされたような光や影が浮き出ていた．これらの作品には，舞台やカフェでの人工的な光が出現している．彼の後の写真への関心や1920年代の絵画，後の「線」のシリーズに現れる光に対する関心の芽生えと見ることも出来るだろう．

　ところでロトチェンコは同時期に実用品も手がけている．モスクワのカフェ「ピトレスク（Pittoresque）」は，V. タトリン，G. ヤコーロフ，そしてロトチェンコ等が内容を手がけた構成主義運動による最初の実用的デザインである．カフェは1918年10月にオープンする予定だったが，実際には19年の2月にオープンした．当時，このカフェの室内装飾は若い芸術家たちを驚かすほどダイナミックであった．ボール紙，合板，布で作られたオブジェには電気が付けられ，輝き，回転し，振動し，動いているように見えた[6]．この計画のためにロトチェンコは，天井の装飾を手がけ，約20のランプを含めた装飾要素をデザインしている．照明器具（図5-4）は，ボール紙の平面を丸めたり折り曲げたりすることによって現れる，複雑なコンポジションを用いて作られた．ここでは，幾何学的に切り取った平面をシリンダー，円錐，螺旋の帯等々といった形に折り曲げ，そうして出来た立体を再び組み合わせている点に注目したい．

　絵画「平面の投影」シリーズと照明装置のためのデザインに共通するのは，その中心性を持つ形態特徴だ．絵画の場合，個々の幾何学形態は画面中央部に線が寄せ集められ，空中につり下げられているかのようにみえる．照明器具のデザインではかろうじて支柱らしきものを確認することができるが，幾何学的な基本立

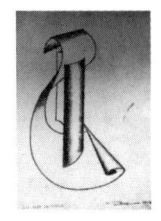

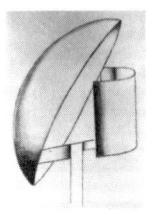

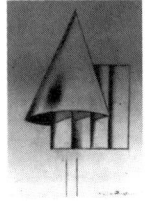

図5-4　A.M ロトチェンコ《未来派的カフェ・ピトレスクのための照明器具のデザイン》1917年，紙に鉛筆，H26.5×W20cm，個人蔵．

第五章　楕円の投影　　79

体の組み合わせが主要なテーマであり，空中に浮いているかのような視覚的印象を与える意図があったと思われる．さらに「平面の投影」と照明装置は，物体に投影される光と影の造形として計画されており，重なり合い，貫通する物としての平面の経験から生み出されたものだと考えられる．

　ロトチェンコのデザイン活動の出発点は，「投影」の造形として無対象絵画の制作とも結びついた．彼の幼少の頃の舞台裏での生活が，人工的な光と影の遊技性として反映されているということが出来るかも知れない．しかしロトチェンコのデザイナーとしての経歴は，次の段階に進む．

　1918年8月に教育評議会造形部門（IZO）の下部組織にロトチェンコを副代表として応用芸術（デザイン）部門が作られ，翌19年5月にはキオスクや革命記念日のポスターなどのいくつかのコンペティションが企画された．芸術家達に与えられた使命は，新生ソヴィエトの未来をより現実的に示すことであった．

3. 絵画・彫刻と建築の統合

　モスクワ造形部門の代表として，1918年6月にタトリンは革命記念碑の計画を提案している．1919年3月モスクワで結成されたコミンテルン別名「第三インターナショナル」のために設計されたタトリンの記念塔のモデルはそれまでの記念碑とは全く異なる構築物であり，「芸術的創造がその形態の探求において技術と密接な内的結びつきを持って」いるものであった．[7] 近い立場で制作していたロトチェンコにとってタトリンの塔の衝撃は大きく，彫刻作品を作り始めると同時に，建築家との協働のために「絵画・彫刻と建築の統合（Zhivskulptarkh）」グループの設立に関わった．1919年に催された第10回国営展「非対象の芸術とシュプレマティズム」展では，マレーヴィッチの「白の上の白」と並んで，ロトチェンコによる7点のモノクロームの絵画シリーズ「黒の上の黒」，そして最初の空間構成物（Raumkonstruktion）が展示された．

　この彫刻シリーズは，大きく3つのシリーズに分けられる．最初のシリーズは，「白い彫刻」と呼ばれたさまざまな形に切り取られた平面を直角に交差させて出来る自立した立体物であり，全部で7点が作られた．第2のシリーズは，冒頭に挙げたNo.12を含む吊り下げられる彫刻であり，同形の幾何学形態を中心に向かって順に小さくなるように切り抜いた平面から出来ている．3つ目のシリーズは，規格化された寸法の木片を用いて組み立てられる彫刻である．これら3つの

空間構成物のシリーズについて少し詳しく見ていきたい．

最初の「白い彫刻」シリーズ（図 5-5）は，カフェ・ピトレスクの照明器具のデザインと同時期に作られたにもかかわらず，両者の間には造形的に大きな違いがある．照明器具が丸めたり歪めたりした平面を用いて立体を作り出しているのに対して，「白い彫刻」シリーズは，平面の要素だけが用いられ，平面を互いに差し込むことで空間的構成物としたものである．また照明器具は空中に浮かんだように壁に取り付けられるようになっているが，「白い彫刻」シリーズは，基本的には中心線を持つ左右対称の自立した立体物である．波止場にあるクレーンのように見える作品もあり，バランスを取りながら長く手を伸ばしている．力学的な緊張感が読み取れる．さらにこのシリーズには「積重ねと組立式」(Montiert und demontiert) という副題が付けられたことも重要だ．つまりこのシリーズは，分解し，再び組み立てられるというコンセプトによって制作されており，平面から立体，立体から平面への交換が可能なものとして提示されていると考えられる．

空間構成物の第 2 シリーズは，1920 年から 21 年の間に作られた．ロトチェンコはこの空間構成に，「同形の原理に基づく (nach dem Prinzip gleicher Formen)」と「反射する光の表面 (Lichtreflektierende Flachen)」という 2 つの名前を付けた．このシリーズでは，四角，円，六角，楕円，三角といった幾何学形態が，中心に向かって規則的に小さくなるように同じ形になるように切り抜いた合板で作られ，自立するのではなく，天井から吊り下げられた．

第 2 シリーズについてロトチェンコは，「作品№ 9 と№ 11 は，有機的な構成を作るための実験ではなく，数学的に次元が増えるよう定められた同形の空間の質

図 5-5　A.M. ロトチェンコ，《無対象の彫刻№ 6》1918 年，白いボール紙，H70 × W50 × D13.5cm，1973 年に三体再構成され，そのうちの 1 体はインディアナ大学美術館に所蔵．

第五章　楕円の投影　81

を示す新しい原則を反映している．原則に従って様々な構成を作ることが出来る．これはまさにオブジェであるが，原則の普遍性を示すために作られた．部品は1つの平らな円の中に折りたためる」と回想している[8]．作品は，同形に切り抜かれた部品を用いたというだけでなく，切り抜いた形を外側から内側へ順にワイヤーなどで繋ぐ場所をその時々で変えるなどして，組立てる際にもアレンジが試みられた．幾何学的な輪郭を持つとはいえ，空中で自在に変形する吊り下げられた骨組み構造は，確固たる形態を持たず，空気の流れによって不定形に変化し続ける．恐らくさまざまな色のスポットライトが照らされて展示され，光と影が絶えず変化する遊戯性を見せていたと思われる．

　1921年5月の第2回オブモフ展には，「吊り下げられた空間構成」のうち，円形，三角形，楕円形，六角形の4つが展示された．これらの作品は，ニューヨーク近代美術館の初代館長であるA.バーの『キュビズムと近代芸術』(1936年)やH.リードの『近代彫刻』(1964年)によって，純粋に幾何学的な最初の抽象彫刻であり，かつ可動式の独創性に富んだ彫刻であるとして，高く評価された為，広く知られている．後にロトチェンコは，このシリーズを，家具，設備，陳列台などへ転換できるものとして，学生と共にヴフテマスの金属工房で展開した．つまり，造形教育の上で，平面から立体へと展開する事例として取り入れたものと考えられる．なお，モスクワのストロガノフ大学では，現在でもロトチェンコの「吊り下げられた空間構成」の原則を用いた課題が実践されている[9]．

　空間構成の3つ目のシリーズには，細い線材を用いた構成と厚みのあるブロックから作られた構成の2つのグループがある．この2つのグループを含めて，第3のシリーズは「同形のシリーズ」と名づけられ，25作品が制作された．

　第1のグループは，№14から№16の細長い棒状の要素からなる伸びやかな空間を伴った作品であり，彼の「線」の絵画シリーズとよく似た印象を受ける．ロトチェンコはワイヤーを用いて空間構成のシリーズを作ろうとしたが，材料と自身の制作技術不足のため，あきらめた[10]．他の建築家達が橋や建造物に連なるダイナミックな構成を作成したのに対し，ロトチェンコは「同形のシリーズ」の№15を，ジガ・ヴェルトフの月間ニュース映画「キノ・プラウダ」のタイトルに用い，№16をアンテナと考えた[11]．つまりこのグループは，構築物としての完成度よりも形態研究を主目的とした作例だといえる．

　2つ目のグループは，細長く薄い板や正方形の板，厚みと幅のある木製のブロックなどさまざまな形を要素として作られているが，それぞれの構成物では同

形の木片が使われている．作品はNo. 18 からNo. 32 まであり，1920 年から 21 年にかけて制作されたが，作品として展覧会に出品されなかったようである．だが制作された数から考えてもこのグループは，自ら写真に撮っていることからも，ロトチェンコにとって成功したシリーズであったと考えられる（図 5 - 6）．ロトチェンコは後にこのシリーズについて次のように回想している．

　「これらは，究極の空間構成である．これらは私の実験から発展した．唯一の目的は，普遍性を示すだけでなく，形を用いる際の適切な法則に，合目的的な原理に建設者（Konstrukteur）を結びつける事だ．つまり，様々なシステム，種類，使用において可能な構成はすべて，これらの同一の形から作る事が出来るということである．現実的な構成物であるこれらの作品で，私は一つの未来の産業建設者にとっての必須条件を示す．偶然や予測不可能な物ではない．全ては万物の始まりに還元される．それは，簡素化され，一般化されねばならない」．[12]

「同形のシリーズ」は，規格化された要素の構成を意味する．ロトチェンコは，このシリーズに空間構成物の 1 つの帰結を見出した．ここでの法則は，規格化された大きさ，互いの距離，直角或いは 45 度の接合として現れる．それらの内の幾つかは中心性を持ち，独立した単体を保つが，その他のものは，規則性を保ちながら永遠に連続できる開かれた構造になっていた．

　彼自身が記しているように，普遍的な法則への関心が空間構成の帰結であったとすれば，平面のコンポジションから立体構成への展開は，現実社会を構築するための数学的方法論の探求の結果であり，ロトチェンコは，未来を担う社会的建設者達のための原理を求め，これらのシステマティックに展開される構成物に行きついたといえるだろう．

図 5 - 6　A.M. ロトチェンコ《「空間構成物 1920 -1921」作者自身による彫刻の第 3 シリーズの写真》1924 年．写真．個人蔵．

4. 無対象芸術と政治的イデオロギーの間で

　ロトチェンコの無対象絵画から空間構成物への移行は，造形形式の革新を意味しただけではなく，新しいイディオムの始まりを示した．「ロトチェンコのシステム」という声明文の中で，彼は，旧来の絵画のすべてのイズムの崩壊を歓迎し，現実世界の中で新たな発見に至ることが自身の課題だとしている[13]．黒は絵画の終焉を意味したが，同時に展示された空間構成の実験もまた，新しい始まりを表明するものとして計画された．さらにロトチェンコの空間構成物は，デザイン教育の現場に関わっていった時期[14]に制作された造形作品であるという点で興味深い．この点について，彼の第1シリーズについて，タトリンの「カウンター・レリーフ」と比較してみよう．

　「カウンター・レリーフ」はさまざまな材料の組み合わせであり，壁に取り付けられる事で，一定の方向から眺めることを指示する彫刻作品であった．これに対してロトチェンコの「白い彫刻」は，単一の素材による空間構成であり，鑑賞のための特定の方向を定めない．さらに象徴的意味作用を優先する旧来の彫刻とは異なり，明確な幾何学的フォルムの組み合わせは，その組み立て操作を観者に意識させるが故に，三次元の空間をシステマティックに解決していく種類の新しい時代のオブジェだといえるのではないだろうか．後にロトチェンコが空間構成の第1シリーズを「白い彫刻」と呼んだのは，黒が絵画の放棄を象徴したように，白は無対象の，幾何学的な形態を作り出すシステマティックな形態の解決方法の追求に基づいた無表情で中間的なオブジェの色を表明していたのだといえよう．

　「空間構成物」の全作品において，彼の造形概念には独創的で近代的な構想，美的性質と物の機能の融合，さらには経済性といった今日のデザイナーにとって重要な特徴が見られる事にも触れておきたい．つまり，広げられ片付けられる組立式であること，材料の端材を再利用していること，必要に応じて変更可能であること等々である．

　「絵画・彫刻と建築の統合」グループでの活動として1919年に計画されたキオスク《ビジアクス（Biziaks）（図5-7）》は，当時注目され，1922年の雑誌『映画写真』にも掲載されたデザインである．キオスクは3階建ての建物で，3つの階層毎に機能分割されていた．1階部分は従来の新聞販売のキオスクが計画され，2階部分にはプロパガンダ用のポスターを掲示できる広告板が付けられ，同時に演説

台にも変えることができた．3階部分には，3面の時計が付けられ，さまざまな形をした広告板がワイヤーで吊るされているかのような構造になっている．

　キオスクのデザインにおいて，機能による明確な分節化が見られる3層の構造は重要である．最下層では，新聞などの印刷物の販売という日常の生活活動が行われており，中間層のポスターや演説台は，人々を啓蒙する身近な未来の課題が掲げられる．上層部の時計台は，時間という科学的真理が人々の生活を統率している．こうした近代的な共産主義の未来を組織化するイデオロギーの構造をここには読むことができるだろう．

　情報センターとしてのキオスクの設置は，レーニンによるゴエルロ（GOELRO）計画に呼応したデザインだったと考えられる．1920年10月2日に開かれたロシア青年共産同盟第3回全ロシア大会で，レーニンは「共産主義とは，ソヴィエト権力プラス全国の電化である」と述べ，続いて青年が「現代の教養」を身につけることを不可欠の任務として強調し，全国の電化と青年がその為に必要な「現代の教養」を身につけるという実践的な問題意識を結びつけた．[15] 電力の普及を軸に，国全体を網羅する統一エネルギー・システムの構築を意味したゴエルロ計画は，全土を繋ぐ電線と地域毎に置かれる電力センターの，線と点との開かれたシステムとして現れる．

　翻ってロトチェンコが建築計画と名付けた素描をみると，ほとんどが建築の構造体を組織するような厚みのある線が見受けられる．前述のキオスクでは色面を区切る線以外に，支え，引っ張る構造としての線が描かれている．彼自身の論考

図 5-7　A.M. ロトチェンコ《新聞キオスクのデザイン》1919年．紙にガッシュ，不透明の白，ペンとインク．H51×W34.5cm，個人蔵．

第五章　楕円の投影

で表明されたように,「線」は生のあらゆる有機体の主要な構造の要素,或いは骨格であると考えられた.「線において,新しい世界観が明らかになる.すなわち,対象化することでも,無対象化することでもなく,本質において作り上げることであり,生活から遊離したり,生活の外側にいったりするのではなく,生活に新しい手段を,構成的な建物を作ることである」.[16]

ロトチェンコがキオスクや建築計画の素描にイメージした構造は,未来派のように発明的であった.1920年,彼は宣言文「すべては実験」の冒頭で「生活においてもまた,我々人類は未来のために実験する……」と述べた.そして最後のところで「無対象絵画は,美術館から出て行く.それは,通りや広場や町に,そして世界中にある.未来の芸術は,家庭的なアパートを居心地よく飾るものとはならないだろう.それは,48階建ての高層ビルや堂々とした橋と同様,無線電信,航空機,潜水艦といったような,必然的なものになるだろう」と述べている.[17]ここでは,旧来の芸術はもはや存在し得ず,新しい時代には科学技術との融合が,芸術の存在に取って代わるであろうという予言が含まれているように思われる.

ロトチェンコは光の投影を出発点に,平面から立体への造形原理を展開した.そして無対象芸術の独自の理論を構築する為に,彼は「線」の概念にたどり着いた.この「線」の概念は,造形形式の追求であると同時に,工業化がもたらす新しい社会システムの表象でもある.超越的な無対象の世界での造形要素と日常世界との2つの焦点が矛盾無く存在する,楕円のような世界観をロトチェンコのデザインから読み取ることが出来るのではないだろうか.

注

(1) U. Gärtner, Alle macht der Architektur. Konstruktivistische Plastik zwischen Funktion und Ästhetik, in Catalog, *SCHÖPFERISCHE ARBEITSGEMEINSCHAFT. 1922 -1927. UTOPIEN FÜR EINE EUROPÄISCHE KULTUR*, (K. I.), Verlag GERD HATJE, Germany, 1992, p.187 ; I. Ehrenburg, *Und sie bewegt sich doch*, Mosskau, Berlin 1922. p.108.

(2) ロシア・アヴァンギャルドの芸術についての定義は諸説あるが,ここでは1915年ペトログラードで催された最後の未来派展「010」に始まり,1932年のスターリンによる一国共産主義体制の時代までの,革命と新しい社会の構築のための実験的試みを情熱的に行った造形芸術運動を指している.

(3) Selim O. Khan-Magomedov, *Rodchenko, The Complete Work*, The MIT Press, Cambridge, Massachusetts, 1987, pp.15-16.

(4) German Karginov, *Rodchenko*, Thames and Hudson, London, 1979, p.12.
(5) Aleksandr Rodchenko, The Dynamism of the Plane, 28 April 1918, in Peter Noever ed., *Rodtschenko-Stepanowa, Die Zukunft ist unser einziges Ziel...*, Österreichisches Museum für angewandte Kunst, Vienna, Prestel-Verlag, Munich, 1991, p.119.
(6) German Karginov, *Rodchenko*, Thames and Hudson, London, 1979, p.92.
(7) ニコライ・プーニン「記念碑について」,『コミューンの芸術』第14号, 1919年3月9日, 五十殿利治・土肥美夫編『ロシア・アヴァンギャルド4 コンストルクツィア, 構成主義の展開』国書刊行会, 1991年, 160ページ.
(8) Alexander Rodchenko, Automonograph, 1921-1922 ; Manuscript, Rodchenko and Stepanova archive, in Catalog, *ALEXANDER RODCHENKO, SPATIAL CONSTRUCTIONS*, HATJE CANTZ, galerie gmurzynska, Germany, 2002, p.72.
(9) Cf. *ibid.*, p.38.
(10) *Ibid.*, p.41. 実際, 第2回「オブモフ展」での展示を見ても, 細い部材を用いてテンション構造を活かした作品については, 建築家であるステンベルク兄弟やK. メドゥネツキーほどには大胆な作品が作れず, 思ったような効果を得ることができなかったようである.
(11) *Ibid.*, pp.88-91.
(12) *Ibid.*, pp.23-25.
(13) Statement by Rodchenko for the Catalogue of the 10th State Exhibition, Rodchenko, Moscow, January 1919, in Selim O. Khan-Magomedov, *Rodchenko, The Complete Work*, The MIT Press, Cambridge, Massachusetts, 1987, p.287.
(14) 1920年から30年の間, ロトチェンコはヴフテマス (1928年以降はヴフテイン (Vkhutein) と改称) の木工部門と金工部門で教えた.
(15) 不破哲三『レーニンと『資本論』最後の三年間』第7巻, 新日本出版社, 2001年, 69ページ. ゴエルロ計画については, 次の文献も参照した. 森岡裕『電力企業経営論 旧ソビエト, ロシアの電力経営』税務経理協会, 1992年.
(16) A. M. Rodtschenko, Die Line, Moskau, 23. Mai 1921, in Peter Noever ed., *Rodtschenko - Stepanowa, Die Zukunft ist unser einziges Ziel...*, pp.133-135.
(17) A. M. Rodischenko, Alles ist ein Experiment, 1921, in *ibid.*, pp.130-132.

第六章

装飾と「他者」

天野知香

はじめに

 20世紀美術をめぐる見方に大きな影響を与えたアメリカの批評家クレメント・グリーンバーグ (Clement Greenberg, 1909-94) は，1958年に次のように述べている．

>「もし装飾 (decoration) がモダニズム絵画に取りついた亡霊であるといえるとしても，モダニズム絵画の様式的な使命は，装飾的なるものをそれ自体に反して用いるやり方を見いだすことである」(「ミルトン・エイブリー」傍点筆者)．

 この言葉はグリーンバーグ自身の批評活動が体現したとされるモダニズムと，装飾との関係をきわめて明確に言い当てているといえるだろう．なぜなら，第1に，歴史的に見れば，19世紀後半以降推し進められたモダン・アートの造形上の展開は，同時代に装飾や装飾的な絵画の名の元に推し進められた傾向と密接に関わっていたのであり，モダニズム絵画には，装飾的なるものとして捉えられる美学的特質が色濃くまとわりついてきたからである．

 モダニズムのドグマに従えば，絵画はメディウムの本性に還元されることで，結果的に抽象化へ至る造形的展開が中心をなし，逸話的主題や現実の模倣，三次元空間の再現を脱して，色彩や線自体の特質を強調した平面的な画面構成へと向

かう様式的な発展が重視された．しかしこうした画面は，結果として「文様」や「装飾」と呼ばれるものと往々にして境界を接することになる．印象派以後，たとえばモンドリアン (Piet Mondrian, 1872-1944) やカンディンスキー (Wassily Kandinsky, 1866-1944)，あるいはクレー (Paul Klee, 1879-1940) の一部の作品を始め，多くのモダン・アートには，形態の反復的な秩序やリズム，色彩の豊かさ，平面性など，そのまま「文様的」な側面を指摘することが出来るだろう．キュビスムを推し進めたピカソ (Pablo Picasso, 1881-1973) やブラック (Georges Braque, 1882-1963) が1912年頃からはじめたパピエ・コレには，実際の壁紙や包装紙の文様部分が画面に取り入れられた．文様のプリントされた紙，木目や大理石模様，点描の平面は，画面に機械的な反復を伴うオーナメンタルな面を挿入し，これらの装飾的な面は画面の中でそれ自体が機械や職人的な手仕事による現実のオブジェとして，そして純粋に視覚的装飾的な平面として提示されると同時に，楽器や瓶，人物といった画面内の具体的な表象に参加する．アンリ・マティス (Henri Matisse 1869-1954) はとりわけ1906年から1911年頃にかけて画面の中にしばしば文様のある絨毯や布を描き入れることによって，画面自体を装飾的な構成へと向かわせた．印象派以後，20世紀初頭にかけて，絵画空間の平面化や色彩の豊かさへ向かう傾向が顕著に現れていた中で，それを「絨毯（カーペット）」になぞらえる批評が数多く見いだされたことがすでに指摘されている[3]．こうした批評は，モダン・アートの中心的な特質が，あらかじめ「装飾的」なものと重ね合わせて見られていたことを示している．加えて空間装飾や舞台装飾，布のデザインや挿し絵等々，モダニズムの「巨匠」たちの仕事は，必ずしもいわゆる装飾の領域と無関係なままであったわけでもなかった．ジェニー・アンガー (Jenny Anger, 1965-) はクレーの研究を通じて，モダニズムに存在する装飾的なものの捉え直しについて論じている[4]．もともとこうした装飾をめぐる「危うさ」は，19世紀の末以降の装飾や装飾画にふさわしい絵画のあり方として主張された傾向と不可分なかたちで発展したモダン・アートが，つねに広範に，かつ根深く内在させているものであり，おそらくグリーンバーグ自身このことに充分気付いていたと思われる．

　しかし第2には，グリーンバーグ自身このことを充分認識していたにもかかわらず，なお，彼のモダニズム絵画観は，装飾的なるものやその概念を否定した．彼が「装飾的なものをそれに反して用いるやり方を見いだす」といったのはつまり，平面性へ向かう絵画の方向性から，そこに色濃くまとわりつく装飾の概念をぬぐい去って，彼の考える造形的な望ましい絵画的質だけを活かそうとするべき

だ，という意味だったと言えるだろう．

　ノーマ・ブルード（Norma Broude, 1941-）は，1982年に，絵画においてしばしば模様のある背景を伴う2次元的な絵画や装飾画を展開し，晩年には切り紙絵を通してロザリオ礼拝堂に代表される総合的な建築装飾へ至ったアンリ・マティスや，あるいはまた，世紀末の装飾家ヘルマン・オブリスト（Hermann Obrist, 1862-1927）やアウグスト・エンデル（August Endell, 1871-1925）の作品や著述に影響を受け，自身その初期には衣装やアクセサリーのような装飾芸術や版画に取り組み，その後抽象へ至ったカンディンスキーのような，モダン・アートの代表的な芸術家における装飾芸術や装飾性との深い関わりについて論じながら，「20世紀の美術がだんだんと抽象化されるにつれて，芸術家と批評家は単なる装飾との明確な区別をつけることに懸命になった」と書いている．これはまさしく冒頭のグリーバーグの言葉に代表される姿勢に直接むけられた指摘であると言えるだろう．さらに，言説において装飾の概念をほとんどの場合否定しなかったマティスは，しかし，「装飾的」な構成を「表現」と不可分に捉え，切り紙絵を含めた自身の仕事をあくまで「芸術」として意識していたことは間違いなく，グリーンバーグのようなモダニズムの批評家やその後の研究者たちもまたこのことを強調した．そして，カンディンスキーは自身1912年の『芸術における精神的なもの』で，「純粋な色彩と，自然とは関係のない形態との結合」により「幾何学模様のように見える作品」，つまりは単なる「ネクタイや絨毯に似たような作品」を否定し，「色彩と形態との美は，決して芸術における充分な目標ではない」と述べて，芸術における「内面的な体験」，精神的なものの重要性を喚起する．

　実際，20世紀のモダニストたちによって装飾の概念や装飾芸術は繰り返し否定された．たとえば，1925年に「もはや装飾芸術がその存在理由を失ったとしても，反対に『道具』と『建築』と『芸術作品』がある」と述べるル・コルビュジエ（Le Corbusier, 本名：Charles-Edouard Jeanneret, 1887-1965）は，これに先立つ1918年にはオザンファン（Amédée Ozenfant, 1886-1966）とともに次のように述べた．

　　「芸術にはヒエラルキーがある．装飾芸術が最下層で，人間の形態が最高位を占める．なぜなら，私たちは人間なのだから」．

　なぜ近代の一時期にこれほど装飾が忌避されたのか，という問いの背景には，装飾や装飾芸術，装飾的なるものの概念が，いかに西欧文化の本質をなすべき諸要素と対立する場に位置づけられてきたかという，概念配置の問題が存在してい

第六章　装飾と「他者」　　91

る．ルネサンス以来の人文主義的な伝統を引き継ぐ西欧の文化を支える基本的な構造と，西欧の「文明」の保持を巡る概念体系には，西欧社会の主流のアイデンティティを構築するための構造が不可避的にはらまれていたのであり，それは，装飾と芸術という概念の配置に深く関わっているのである．

1. 美術史と「他者」

　学問としての美術史の草創期において重要な位置を占めると今日では広く考えられているアロイス・リーグル（Alois Riegl, 1858-1905）は，しかし，その後の美術史の一般的な主流の流れに照らせばある種の逸脱と言ってよい側面を有していると言えるかも知れない．それは彼がその後の美術史に重大な影響を与えたその様式史的方法を論じるにあたって装飾文様を対象にしたこと，さらに言えば非西洋における装飾を取り上げたことが示している．彼はよく知られるようにオーストリアの産業美術館における織物部門のキュレーターとなり，1893 年に文様の様式展開を論じた『美術様式論──装飾文様史の基本問題』を著わした．[9] この中で彼は装飾史がゼンパー（Gottfried Semper, 1803-79）等によって 1860 年代に方向付けられたことをその序説で論じており，装飾史の存在そのものが当時なおも疑わしいものとして受け取られるものであったことを自ら示唆している．実のところリーグルがこの本を出版した 19 世紀末のヨーロッパにおいて，装飾芸術はそれまでにない重要な位相を社会において占めつつあった．ウィーンでも，間もなく展開される分離派の活動は同時代のヨーロッパにおける装飾芸術運動と連動して芸術と装飾を融合する方向を強調した．とは言え，その後，20 世紀におけるいわゆる主流の美術史と美術をめぐる言説において，装飾の領域は明らかに周辺的な領域となっていく．

　リーグルが『美術様式論』で示したもう1つの重要な側面は，オリエントとギリシャの制作物を歴史的に連続した展開の中で語ったことである．エジプトからギリシャ，そしてペルシャへと展開するパルメットによる唐草文様の成立と展開をたどり，さらには折りに触れてマオリの装飾を引き合いに出しながら，彼は西洋と非西洋の境界を設けることなく，それらを連続的に，同様の重要性を持つものとして語っている．確かにリーグルは『美術様式論』においてニュージーランド美術の人物描写について否定的に語っており，それ故にその巧みな渦巻き紋も「エキゾティックな興味」以上ではないとも言及している．[10] しかし，ジョゼフ・マ

シェックはこの時期のリーグルによるマオリの装飾についての研究の重要性を強調している[11]。19世紀における植民地主義を背景に調査や「探検」の結果もたらされたアジアやオセアニア、アフリカのオブジェは、個人コレクションや博物館に収められ、万博などでも展示されたが、当時民族学的資料と見做されていたこうした対象を美術史学的な枠組みの中で分析し、論じることはなお例外的だったからである。アロイス・リーグルの多岐にわたる活動全体を位置づけることはここでは目的ではないが、彼の仕事を見る時、それは単に装飾文様の成立と展開においてゴットフリート・ゼンパーに基づく物質主義的な原因論に対置される、「芸術意欲」と称される心理的動機を提示したという役割に終わるわけではない。彼の研究は、それまで一般的だった盛期と衰退期と言った時代展開による美術の価値判断やダーウィニズム的な進歩史観を否定すると同時に、西欧と非西欧、そしてこの区別と歴史的に非常に密接な関わりを持った芸術と装飾の境界を超えて、あるいは芸術と手工芸の区別を意図的に否定して、等しくそこに芸術意欲を見、具体的な研究対象として捉えたという点で[12]、美術史の歴史の中で特異な位置をしめている。いうなれば、美術史はその草創において「他者」を孕んでいたのである。

ところで、『美術様式論』には2点のマオリの顔面の入れ墨の図版があがっているが、これは1870年のジョン・ラボックの著書から取られている[13]。同種の図版は、リーグルに先立って、イギリスのオーウェン・ジョーンズ（Owen Jones, 1809-74）による有名な著書においても掲載されていたことが想起される。1856年にジョーンズが出版した『文様の文法 The Grammar of Ornament』は、それまでにない広範な作例を多色刷り図版で提示し、装飾文様の理論と分析を展開して、その後多くの類書を産んだ、影響力の大きな文様のソースブックであった[14]。

ジョーンズはゼンパーとともに、リーグルにとって装飾研究の先駆者の1人であったが、それはとりわけ、ジョーンズが非西欧のいわゆる「未開部族」によるものを含めた文字通り古今東西（ただし日本の文様はまだ扱われていない）の装飾文様を一定の形式で図版に示し、分析の対象とした点において指摘できる。実際ジョーンズは、いわゆる「プリミティヴ」[15]な装飾文様に、単なる非文明的な地域の民族的資料としてではなく、美学的な見地から注目した最初の人物の1人であり、その意味でヴァレラ゠ブラガが指摘する通り、1984年にニューヨーク近代美術館で開かれた『20世紀美術におけるプリミティヴィズム』展のカタログでその名前が挙げられなかったことは不当な見落としというべきかもしれない[16]。

ジョーンズは『文様の文法』の第1章の最初の3葉の図版として「未開部族

Savage Tribes」の文様を掲げている（図6-1）．すでに述べたように植民地主義を背景とした調査や「探検」の結果として，非西欧の多様なオブジェは個人のコレクションや公立の博物館に納められ，万博でも紹介された．すでに1851年のロンドン万博においても会場の水晶宮に，他の植民地の展示とともにニュージーランドの資源や産物は展示されており，そこにはマオリの制作した日用品やオブジェなども含まれていた．(17) ジョーンズがあげた図版は，当時大英博物館やユナイテッド・サーヴィス・ミュージアムに収められていたオセアニアや南大西洋諸島などの織物や木彫などである．さらに彼はテキスト部分にチェスター美術館が所蔵するニュージーランドの女性の入れ墨をした頭部の図版をあげている．これらの図版にはごく大ざっぱな地域の記載はあるが，制作時期はなく，非西欧に対して歴史的な発展を想定しない同時代の西欧の見方を，ジョーンズが共有していたことを物語っている．オーウェン・ジョーンズはこうした作例を文明の初期段階にいる種族による自然の本能に基づくものと見做し，それを子どもの制作物と重ね合わせているが，一方でその洗練や巧みな技術を認め，「原初」の文様の方が進んだ文明のものより真実で精神の真摯な跡をとどめていると見做している．ここで彼の視点の基本をなすものは，文明の発展を衰退と見做し，より健全な状態である原初への回帰を求める，ロマン主義的な理想化された「プリミティヴ」なるものへの憧憬である．彼はまた人間の原初の願望が創造することであると述べ，そこにすでに表現の欲求があることを示唆しているだけでなく，文様への欲求が文明の進歩によっていや増すことをも指摘する．ロマン主義的な理想化されたプリミティヴィズムに支えられながら(18)，オーウェン・ジョーンズは，装飾と西欧の他者を結びつけ，それを美学的な言説に包含した．一方でジョーンズは，様式という

図6-1　オーウェン・ジョーンズ「未開部族 No.1」『文様の文法』ロンドン，1856年より．

観点から多様な文化や時代の作例をその社会的歴史的な背景から切り離して平準化し，一様な図（チャート）として示すことで，純粋に造形的な視点からの，西欧による非西欧のモダニズム的な占有の下地を作ったとも言える．

　こうしたロマンティックなプリミティヴィズムは，世紀末から20世紀初頭におけるゴーガン（Paul Gauguin, 1848-1903）からドイツの表現主義者等の非西欧に対する憧憬に至る展開と，これらの芸術家達の装飾や装飾的であることへの関心に結びついて行く．それは世紀末という，芸術の領域において装飾的なるものへの関心がこれまでになく高まった特異な一時期の状況とも密接に絡まりあっている．同時にそれはまた，ゴールドウォーター[19]（Robert Goldwater, 1907-73）が指摘するように，非西欧への好意的な関心が，ヨーロッパにおけるルネサンス以来の古典主義的な主流の伝統と対極的なものを求めるこの時期のモダン・アートの方向性と密接に関係していることと不可分である．19世紀末の多くの若い画家達は装飾に熱狂し，壁画，装飾的な絵画こそ目指すべきものと主張した．装飾はこの時代を代表する関心事となったのである．この時期ゴーガン論を通して絵画における象徴主義を主張した批評家のアルベール・オーリエ（Albert Aurier, 1865-92）は，「装飾的」であることをこの新しい芸術傾向の重要な要素に数えると同時に，彼の考える理念的で象徴的，総合的，主観的，装飾的な新しい芸術の根拠を「エジプト人や，おそらくギリシャ人やプリミティフたちが考えていた本来の意味における装飾的絵画[20]」に帰したことはよく知られている．それはオーリエの考える理念的で装飾的な芸術の起源を，西欧の古典古代とともにエジプトのような非西欧にも求めるものである．さらに彼は同じ文章で，文明の退廃と結びついたタブロー画に対して，「プリミティヴな社会における，最初の絵画の試みは装飾的なものでしかあり得なかった」とも述べている[21]．一方ゴーガン自身は，当時の宗主国フランスの植民地に対する実質的な便宜と楽園幻想を携えてオセアニアに向かい，オセアニアの装飾文様にも深い関心を示した[22]．そしてゴーガンやゴーガンの影響を強く受けていたナビ派の画家たちは装飾芸術の領域に自ら積極的に手を染め，特に後者は，陶器やタピスリー，壁紙やステンドグラス等々さまざまな制作に携わる一方，ブルジョワの私邸のような私的空間のための装飾画の実践に取り組み，装飾的な絵画としての新たな造形を展開した．こうした装飾や装飾芸術，装飾画に対する熱狂の中に身を置いていたナビ派の1人であるモーリス・ドニ（Maurice Denis, 1870-1943）の1890年の言葉は，逸話的なものを脱して2次元的な平面へと展開するモダン・アートの方向をいち早く示したと見做されて，後のモ

ダニズム的な美術史観の中で過度に引き合いに出されることになる[23]．

　ジル・ロイド[24]は，ドイツの表現主義者達における，ゴーガンや世紀末から引き継がれた装飾への関心とプリミティヴィズムの結びつきを詳しく論じている．加えて，リーグルの理論を発展させたヴィルヘルム・ヴォリンガー（Wilhelm Worringer, 1881-1965）の抽象化の理論[25]と，それと結びついたゴシックや「プリミティヴ・アート」の重視が，カンディンスキーを含めたドイツの前衛芸術家たちに直接大きな影響を与えたことは良く知られている．抽象的な文様を，人類の「幼年期」における原始性の現れとみなす観点から，それをむしろ自然主義的な表象の様式化による洗練の結果とみる見方が支配的になることによって，同時代の抽象的な芸術への展開が後押しされたのである[26]．

　19世紀後半のヨーロッパで展開された産業芸術振興運動は，20世紀の前衛的な抽象芸術に直結したわけではなかったにせよ，パリの地下鉄の入り口で有名なエクトール・ギマール（Hector Guimard, 1867-1942）や，アンリ・ヴァン・デ・ヴェルデ（Henry van de Velde, 1863-1957）をはじめとする代表的な装飾家たちによる，いわゆる「ビオモルフィック」な抽象的装飾フォルムを生み出した．一方，この運動の中では，従来の歴史的な様式の反復を打ち破って新たな装飾様式を打ち立てるために，新しい装飾のソースとしてオリエントをはじめとする非西欧の装飾が積極的に収集・参照された．1851年のロンドン万博の中心人物であったヘンリー・コール（Henry Cole, 1808-82）とともに，イギリスにおける産業デザイン改革の立役者の1人であったオーウェン・ジョーンズの活動は，まさにこの文脈において展開されたものである．古今東西の多様な作例は，一時的な展示や図案集の出版に加え，民族学博物館，自然史博物館とともに，19世紀後半にイギリスを皮切りにヨーロッパ各地で建設が始まっていた装飾美術館や産業美術館に収められることになる．オーウェン・ジョーンズがその創設に関わった装飾美術館，後のサウス・ケンジントン美術館（現在のヴィクトリア＆アルバート美術館）や，リーグルが勤めたオーストリア産業美術館は，こうした産業芸術振興運動の文脈において19世紀半ばから後半にかけてヨーロッパ各地で相次いで建設された同種の施設の一部であった．19世紀後半のジャポニスムも，印象派に強く結びつけられる絵画の領域だけでではなく，このような産業芸術の領域においても重要な役割を果たした．エルネスト・シェノー[27]（Ernest Chesneau, 1833-90）は早くから，産業芸術振興運動の一環として，装飾意匠において日本の造形原理を参考にすることを提唱し，ジャポニストとして有名なルイ・ゴンス（Louis Gonse, 1846-1921）[28]は，

「東洋のあらゆる民族と同様に，日本人も装飾に対する生まれながらの感覚を持っている」と論じ，日本人は「世界で第1級の装飾家」である，と述べている．ブラックモン (Félix Bracquemond, 1833-1914) やガレ (Emile Gallé, 1846-1904) の作品を引き合いに出すまでもなく，イスラムや日本をはじめとする多様な民族的な伝統や非西欧の要素が，言説の上でも実践の上でも，新しい装飾の発想源として召喚されたのである．

　この背景には，言うまでもなく19世紀の帝国主義とそれに伴ういわば世界の拡大が存在した．宗主国である西欧諸国は植民地の産業振興の一環としてその工芸に注目し，調査，育成に力をいれた[29]．しかしそこには，ロマン主義的なプリミティヴィズムにおける非西欧への憧憬の陰画を成す形で，ダーウィニズムに基づく進化の時間的過程を地理的な差異に重ね合わせて，非西欧に「野蛮」や「未開」を，西欧に「文明」をあてはめ，文明化された西欧は，「野蛮」な他者に対して「文明の伝道」の使命を負うとの考え方をもとに，その政治的経済的社会的な植民地化を正当化する理念が存在した．植民地主義を理念的に支えるこの文明と非文明，西欧と非西欧，自己と他者の二項対立は，装飾芸術振興運動における装飾と芸術の融合の理念にも関わらず根深く西欧文化に存在した芸術をめぐる諸領域のヒエラルキーと結びつき，容易に芸術と装飾の二項対立に重ね合わされた．文明と非文明は，前者が理性や悟性，精神性による生産と受容を前提とした絵画や彫刻のあり方と，後者がこれとは異なる感覚的で機械的で反復的な手仕事による文様や装飾，手工芸に，それぞれ重ね合わされたのである．

　装飾と非西欧を結びつけることに加え，装飾と女性との重ね合わせもまた，19世紀の装飾芸術振興運動の中で見られたことであった．装飾芸術運動の中で，芸術の領域へと高められてゆく装飾芸術を中心的に担った作り手は，実際にはエミール・ガレやウィリアム・モリス (William Morris, 1834-96) のような男性たちだったが，一方で装飾は，しばしば女性性と結びつけられ，「女性の芸術」とみなされた[30]．フランスでは，1892年に，装飾芸術振興運動を推し進める中心的な組織であった装飾芸術中央連合の主催によって，女性のための，女性による芸術，という視点に立つ，「女性の芸術」と題された装飾芸術の大展覧会が催された．同時にこの組織は同様のコンセプトによって装飾芸術の作り手であり使い手である女性が，装飾芸術を盛んにすることに積極的に協力し，それによって国家に貢献すべきことを強調した．こうした概念の背景には，精神的な力を伴う創造的で知的な芸術は男性に属し，感覚的で反復的な手仕事は女性のものである，と言うジェ

第六章　装飾と「他者」　　97

ンダー観が存在した．こうしたジェンダー観は大芸術の牙城である国立美術学校に実質的にほぼ20世紀に至るまで女性の入学が許されなかった，といった制度的な枠組みと結びついていた．これに先立って女子を対象とした装飾芸術の教育や実践は推進されたが，「家庭の天使」としての女性は，プロの作り手になることよりも，夫や子供のために刺繍や織物などの手仕事に携わり，家の中を心地よく整えるべき趣味の良い装飾を選び消費する役割が求められた．

2. 「装飾と犯罪」

　装飾芸術振興運動はしかし20世紀に入ると，運動の中においてすでに論じられていた機能主義的な美学や大量生産に応じたデザインへの志向，ある種の民主主義的な社会的要求や倫理的な要求から，装飾や装飾芸術といった概念自体を批判し，否定する方向へと向かった．世紀末に流行した花模様に代表されるような付加的な文様(オーナメント)の否定や，機能や用途と結びつかない贅沢で「不誠実」な装飾の否定が声高に叫ばれるようになったのである．

　一方で絵画や彫刻の領域においても，世紀末から1910年代前後のフランスの画壇を席巻した装飾的な傾向に対して，たとえば1912年に20世紀の前衛を代表するキュビスムの理念を表明した書物を出版した画家メッツァンジェ（Jean Metzinger, 1883-1956）とグレイズ（Albert Gleizes, 1881-1953）は，その実践においては同年のサロン・ドートンヌでの「メゾン・キュビスト」のような，室内の装飾的な構成の試みに参加するなどしているものの，理念の上では，その書物の中で装飾的な絵画について「どっちつかずはたくさんだ」[31]と否定的な姿勢を示し，装飾的な用途と切り離された自律的で「純粋な」絵画を目指すことになる．モーリス・レイナル（Maurice Raynal, 1884-1954）も同年，ピュトー派のキュビストを中心に開かれた「セクション・ドール」展に際した文章で，明らかに1891年のオーリエの言い回しを念頭に，そのアンチテーゼとして，「この純粋絵画と言う概念，すなわち叙述的でもなく，逸話的でもなく，心理的でもなく，倫理的でもなく，感傷的でもなく，教育的でもなく，さらに装飾的でもない絵画と言う以上に素晴らしい理念はない」と述べている[32]．これに先立ってアポリネール（Guillaume Apollinaire, 1880-1918）が強調したこの「純粋性」という概念は，「自律性」とともにその後に続くモダニズムの中心的な理念となった[33]．

　この時期，その巧みなレトリックによって20世紀初めのもっとも印象的で影響

力のある装飾否定の言葉として知られることになったのは，言うまでもなく，アドルフ・ロース（Adolf Loos, 1870-1933）の 1908 年の「装飾と犯罪[34]」である．リーグルと同様ウィーンで活躍した建築家ロースは，この文章で，その後も繰り返される近代における装飾否定の論理を，誰よりも典型的な形で展開している．彼の文章はちょうどメッツァンジェとグレイズの『キュビスムについて』が出版された翌年の 1913 年にフランス語にも翻訳されている[35]．その論点の中心は，何よりも装飾が近代的な文明や文化と正反対なものと位置づけられたことにある．ロースは「文化の進化とは日常使用するものから装飾を除くということと同義である」と述べ，装飾が浪費や無駄に他ならないと同時に，文化的遅滞の象徴であると主張する．

　ロースの言う「文化の進化」が実際に意味していたのは，ウィーンの建築家であった彼が生きている西欧の近代文明のことに他ならない．彼にとって充分に進化した近代的な文化を担ったのは西欧の白人達だったのであり，西欧の近代社会の中核を占める主体的な行為者としての中流以上の白人男性以外の人々，すなわち，子どもや，非西欧人，下層の階級の人々，そして女性をこうした近代的な文化や文明という概念から排除されたものとして装飾と重ね合わせた．彼の議論の中ではペルシャ人やパプア人，黒人といった非西欧の，すなわちヨーロッパ人である彼にとっての民族的な他者や，靴職人のような階級的な他者，すなわち下層階級の人々，子ども，そして「スロヴァキアの女たち」といった言葉で表現された，民族的他者と絡み合った女性という性的な他者が，近代的な文明から遅れたものの例としてあげられ，こうした人々に装飾が重ね合わされている．彼の考えでは，女性や非西欧人，下層階級の人や子どもなら装飾を求めたり装飾をしたりしても許されるのであり，彼らにとってそれは自然なことである．しかし彼を含めた文明人には装飾は必要がなく，装飾を求めることは変質者のやることであり，犯罪に他ならないとまで述べている．そして彼は「装飾が無いと言うことは，精神的な強さのしるしである」と述べ，それを近代人の特質と見做すのである．

　ロースの示した構図は，20 世紀における多様な装飾否定の言説の共通の基本をなしている．イタリアの未来派やイギリスのヴォーティシズムといった 20 世紀初頭の芸術における前衛たちは自らの男性性を強調し，装飾的なものを女性的なものとして否定した．20 世紀の画家としては例外的とも言える姿勢で装飾を肯定したアンリ・マティスはキュビストたちに，その装飾性によって女性的と揶揄された[36]．20 世紀初頭の前衛的な芸術運動の多くが純粋性や新たな普遍的世界観[37]

第六章　装飾と「他者」　　99

を標榜したが，その理念を支えた精神性は，ルネサンス以来の西欧の伝統的な人文主義的な大芸術の観念を引き継いでいたと言える．そしてそこで念頭に置かれていた「人間」の概念には，先に挙げた性的，民族的，階級的な他者は含まれていなかった．他者に重ね合わされた装飾は，その表層性において否定された．

　ところでロースは，彼が芸術の起源と見做す装飾の衝動にエロティックなものを見ているが，興味深いことに1933年に，当時廃れていた世紀末芸術を再評価したサルヴァドール・ダリ（Salvador Dali, 1904-89）が，ギマール（Hector Guimard, 1867-1942）やガウディ（Antoni Gaudí, 1852-1926）のモダン・スタイルの装飾の中に見たのも，欲望や，「非合理でエロティックな諸傾向」といった同様の要素だった．[38] 結論は相反するにせよ，両者は共に装飾に近代主義的な理性や悟性，知性では捉えきれない要素を見たのである．ダリの記事が載ったのはシュルレアリスムと深い関わりを持った雑誌『ミノトール』であったが，植民地主義に反対する一方で，非西欧のオブジェや民族学に深い関心を抱いたシュルレアリストは，無意識への関心を軸に，自身の中に「内なる他者」を見る可能性を示した点で，興味深い位置を占めている．

3.「他者」の表象

　一方で，他者性の表象は逆に装飾や文様と結びついた．1920年代のいわゆるアール・デコの時代に特徴的な幾何学的意匠は，しばしば当時の言説において

図6-2　ジャン・デュナン《壺》1931年ごろ，真鍮，漆，錬鉄，各H152×D44cm，パリ市立近代美術館（旧植民地博物館に設置）.

「キュビスム」に結びつけられる一方で,当時関心の高まったアフリカをはじめとする非西欧の特質とも結びつけられた.アール・デコの時代における装飾や意匠には,アフリカをはじめ,エジプト,中国,中米,日本といった,19世紀末にもまして広範でグローバルなソースが指摘され,実際ジャン・デュナン (Jean Dunand, 1877-1942) (図6-2) やアイリーン・グレイ (Eileen Gray, 1879-1976), ピエール・ルグラン (Pierre-Emile Legrain, 1889-1929), ルネ・ビュトー (René Buthaud, 1886-1986) をはじめとするこの時代の装飾家は,意識的にこうした非西欧の技法や意匠,あるいは獣皮や熱帯の木材,象牙といった素材を引用し,組み合わせ,そこに洗練された仕上げや現代性を付与することで,いわば帝国主義時代の新たな意匠を作り上げた.[39] 家具や陶器,ガラス,アクセサリー,あるいはソニア・ドローネ (Sonia Delaunay, 1885-1979) によるものを含めたテキスタイル等の,形態や表面装飾に用いられた幾何学的な意匠は,「キュビスム」に示される現代性と結びつく抽象的な形態であると同時に,アフリカなどの意匠とも結びつく,他者性の喚起でもあった.そうして喚起された他者性は,「エキゾティック」な幻想と結びついて興奮や刺激,官能をかき立てることによって広く西欧において消費された.ルグランやアイリーン・グレイによる,直接アフリカの家具の形態やオリエントの技法を用いたり参照した家具の一部は,実際にオリエントやアフリカをはじめとする非西欧のオブジェを,ピカソやマティスといった最先端の現代アートとともにコレクションしていたジャック・ドゥーセ (Jacques Doucet, 1853-1929) のために制作され,その自邸の室内を,これらのコレクションとともに飾った.[40]

　現代的であると同時に,その意匠や素材によって他者を喚起するアール・デコの装飾は,帝国主義の意匠として,商業的にも個人的も,あるいは国策的にも援用された.それらは,たとえばノルマンディー号やアトランティック号といった

図6-3　アンリ・マティス《グレーのパンタロンのオダリスク》1926-27年,カンヴァス,油彩画,H54×W65cm,パリ,オランジュリー美術館.

第六章　装飾と「他者」　101

当時の豪華客船の内装をはじめ，1925年にアフリカ大陸縦断を行ったジョルジュ・マリー=アーツの邸宅における，アール・デコを代表する装飾家ジャック=エミール・リュールマン（Jacques-Emile Ruhlmann, 1879-1933）による室内や，1931年のパリの植民地博覧会のパヴィリオン，とりわけ植民地博物館において，まさに非西欧の他者を表象するために用いられたのである．

　あるいはまた，同じ1920年代においてアンリ・マティスが繰り返し描いた「オダリスク」の主題において，画面につねに文様のある布がふんだんに用いられていることの意味は，単に初期のマティスの作品から連続する，画家による二次元的な画面構成のためのモダニズム的な造形手段とのみ見るべきだろうか？（図6-3）マティスはニースのアトリエの一角に自ら集めた布で覆われた閉じた空間を作り上げ，そこにモデルを置いて描いている．マティスの場合，彼自身はモロッコ旅行などを通じてオリエントや北アフリカのオブジェや布を実際に収集していたが，しかし画面に描き込まれる布は必ずしもつねに，「本物」のオリエントの布ではない．しばしばその文様自体明らかにオリエント風ですらない．にもかかわらずその過剰とも言える豊かな装飾性を帯びた文様は，「オダリスク」の主題が19世紀以来担う，女性身体に対するエロティシズムと絡み合うオリエント幻想を喚起する，他者性と強く結びつく効果を持っている．こうした豊かな文様と他者性の表象の結びつけはすでにゴーガンのタヒチの女性を描いた作品にも見られることだったが，それはまさしく，過剰とも言える装飾文様自体が，西欧のまなざしにとって他者性を喚起するものだったからではないのだろうか．そしてそのことを少なくともこの時期，マティス自身が自覚してはいなかっただろうか．

　一方で確かにマティスはその初期から，他者性とは必ずしも結びつかない室内画や静物画などにおいて，文様のある布などをモチーフとして描き込むことによって装飾文様に覆われ，二次元化する画面を制作してきた．しかしマティスにおいて，モダニズムの批評家や研究者によって「抽象」化された造形と言い換えられるこうした反ミメーシス的な傾向は，マティス自身による「私の啓示は東洋からやってきた」という言葉とももすびついて，イスラムなど東方の源泉の参照にしばしば帰せられた．そしてこうした批評家や研究者の見方は実際には，画家によって喚起された装飾性を非西欧と重ね合わせることによって，装飾の他者性を強調する，今日における美術史の言説の例と見ることもできるのである．

4. 内なる他者

　こうした装飾や文様と，民族的，性的な他者との重ね合わせの根深さは，それがむしろ装飾や文様の「本質的」な属性の問題ではなく，モダニズムに内在する白人男性中心主義的な視点と，その主体の形成をめぐる概念配置の問題であることを逆に裏付ける．そして同時に，またそれ故にこそ，装飾や文様は，1970年代以降のフェミニズムやポストコロニアリズムの動きと歴史的にも概念的にも密接に結びついたモダニズム批判と，それをふまえた現代芸術において重要な意味を持ったのである．
　クリスティーヌ・ビュシ゠グリュックスマンは近年の論考において[46]，装飾文様と女性性や民族的な他者性との重ね合わせを逆手にとって，むしろ肯定的な可能性をそこに見いだす議論を展開している．

> 「もし装飾文様(オルヌマン)が長らく排除され，タブー視されてきたとするなら，それはそれが『周辺的なエキゾティスム』と結びついていたからであり（……），布や織物，絨毯やその他の手仕事に捧げられた女性的なるものと結びついていたからなのだ．抽象と変容の力として，大きな意味で芸術のカテゴリーとして装飾文様を再評価することは，我々の身近な，あるいは遠い他者の鏡を通して現代性を再発見することである」[47]．

　もちろんこうした論理は，カント（Immanuel Kant, 1724-1804）をもとに「パレルゴン」と「エルゴン」の二項対立を脱構築したデリダ（Jacques Derrida, 1930-2004）のように装飾と芸術の二元論を脱構築する，と言うよりは反転させているにとどまり，根本的な自己と他者の構造を保持していることにおいて不毛な議論に陥る危険を孕んでいると言えるかも知れない．しかし一方でビュシ゠グリュックスマンは，現代思想を駆使しながら装飾文様(オルヌマン)の多彩な相(フィギュール)を縦横無尽に展開することによって，モダンのもう1つのあり方を示している．
　実際，フェミニズムとポストコロニアリズムを踏まえた現代美術の現場において，「装飾的(デコラティブ)」であることや「文様(オルヌマン)」は，歴史的社会的な現実と絡むことで，より複雑な構造を伴いながら効果的な戦略をなしている例を見ることができるだろう．一時期「ポストモダン」の概念でくくられた装飾性や文様の復権の意味は，歴史的社会的な視点から仔細に検討することで，新たな局面を開くことになる[48]．

1970年代以降顕在化したフェミニズム・アートにおいて，布や糸など女性の手仕事と結びついた装飾的な領域や装飾性といった，それまで女性性と重ね合わされることで主流の美術の中で排除されてきた傾向が，積極的に作品に取り上げられていった．1970年代のパターン＆デコレーションのグループの活動やこれに参加したミリアム・シャピロ（Miriam Schapiro, 1923-）の作品に見るように，それはモダニズムに内包され，かつ隠蔽されていた「装飾性」の継承と拡張でもあると同時に，モダニズムによって排除されていた女性作家が，時代の文脈の中で自らのアイデンティティと向きあい，戦略的に選択した手段でもあった．[49]

　フェミニズムの展開とともに，ポストコロニアリズムの高まりと非西欧出身の現代美術家のグローバル・マーケットへの登場は，装飾をめぐるいっそう複雑で同様に意味深い作品をもたらすことになる．

　たとえばロンドン生まれのナイジェリア人であるインカ・ショニバレ（Yinka Shonibare, 1962-）は，装飾的な布を作品にしばしば用いることで民族や植民地主義の複雑な現実を取り上げている．[50]彼は《情事と犯罪的な会話》（図6-4）や《頭部のないアンドリュー夫妻》などの作品で，18世紀イギリスの画家ゲインズボロが描いた領主夫妻の姿や，グランド・ツアー時代の貴族の痴態を，装飾性豊かな「アフリカ的」な布による衣装を使って再現する．ツーリズムとセックスが結びついたかつてのイギリスの上流階級におけるグランド・ツアーや，イギリスの支配階級の肖像を主題としつつ，彼らに「アフリカ風」の豊かな文様を孕んだ布による衣装を纏わせることで，ショニバレは植民地化を推し進めた側と植民地化された側の問題を前景化すると同時に，両者の境を揺るがしてゆく．頭部のない人物像は，貴族階級に対する断頭の暗示であるとともに，バタイユ（Georges Bataille, 1897-1962）的な転覆の可能性の示唆でもある．一方で，彼の使う布はしばしばア

図6-4　インカ・ショニバレ《情事と犯罪的会話（部分）》2002年，等身大のマネキン，布，他，カッセル，ドクメンタ11に出品．

フリカで売っている，あるいはアフリカの布とされるものだが，しかし実際にはインドネシアの技術をもとにその宗主国オランダの企業で大量生産され，アフリカへ輸出されたものであり，あるいは，イギリスでアフリカの布として売られているものである．最近は中国産の布もあるといい，一見アフリカ的に見える布の背景にある植民地主義のハイブリッド（雑種的）な歴史や今日に至る経済的なグローバリズムが示唆される．彼はこのような布を使うことによって，正統な「アフリカ性」や，西欧と非西欧といった二項対立が実は絶対的なものでありえないこともまた示している．ここで用いられている装飾文様は見る者に視覚的に豊かな魅力を振りまきながら，装飾文様と他者性をめぐる重層的な意味を含み込んでいる．

　ブラジル生まれのアドリアナ・ヴァレジョン（Adriana Varejão, 1964-）は[51]，旧宗主国ポルトガルの装飾タイルを使って，滑らかで装飾的な表面が持つすべてを美しく覆い尽くす力とグリッドがなす秩序立った構成によって西欧の文明とその支配を象徴し，そしてその表面をはぎ取った裂け目から溢れる，それに隠蔽される

図6-5　アドリアナ・ヴァレジョン《花模様に舌》1998年，油彩，キャンバス，ポリウレタン，アルミニウム，H200×W170×D57cm，シッド・コレクション．

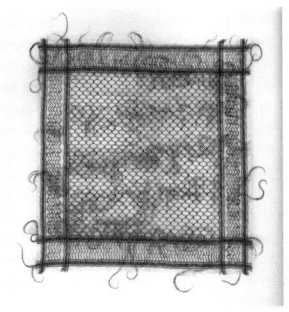

図6-6　モナ・ハトゥム《ケフィ》1993-99年，人毛，木綿，H114.9×W114.9cm，個人蔵．

おぞましきもの（暴力を被るブラジルの肉体）を開示する，力強い作品を展開している（図6-5）．タイルの端正なグリッドや装飾タイルの裂け目から溢れる人間の血にまみれた肉や内臓のようなものは，西欧的で近代的な表面が覆い隠してきた植民地主義がはらむ暴力的な意味を喚起する．実のところこの作品のタイル装飾は「本物」のポルトガルのタイルではなく，ヴァレジョンが描いたものである．ヴァレジョンは西欧の装飾文様を逆に「占有」することでその意味を変容させるのである．

　レバノンで生まれ，ロンドンで制作するモナ・ハトゥム（Mona Hatoum, 1952-）は，ジェンダーと民族の視点をからめた，優れた作品を多く生み出している作家として良く知られている．《ケフィ（Keffieh）》という作品のタイトルは，通常アラブの男性がかぶるスカーフを意味している[52]（図6-6）．しかしそれは女性の髪の毛で織られており，その素材と織ると言う行為の両方によって文化的にも身体的にも女性性が付与されている．この種のスカーフに特有の伝統的な模様が織り出されているが，それはまた金網の格子の無機的な幾何学模様をも思わせる．この繊細で端正な文様を描く髪の毛は，女性の頭部にある時は魅力の源とされるが，このように切り取られ意外な所で目にすると不気味でもある．一方周囲にはみ出した髪の毛の先がなす曲線は，無機的な幾何学文様に不規則な要素をもたらして揺るがし，それが生の髪の毛であることを示しながら，有機的でエレガントな魅力とあやうさを与えている．それは文様とジェンダーを取り巻く政治性と身体性，私的な親密さと社会的な規範の双方を，絡み合わせながら喚起する．

　現代の内外のアートにおいて，装飾や文様と結びつけることのできる要素は多彩な形で数多く見いだされる．記憶や伝統，時代を物語る意匠や文様は，アートの場において，日常的，伝統的な形態や素材，あるいは用途から引き離され，異化されることで解き放たれ，時には日常を揺るがす不気味なものとして視覚と触覚を刺激する．あるいはまた素材と技術を駆使することでもたらされた捉え難いアモルファスな視界は，まなざしを惹きつけ，想像力をかき立てながら，意識のあわいに漂う欲望を解き放つ．いずれにおいても，その表層性は決して垂直的な意味へと帰着することなく，絶え間なく変化し，魅惑を放ちながら浮遊し，空間や社会へと貫入し，あるいは疾走する[53]．フェミニズムやポストコロニアリズムと関わりながら制作されたり受容されたりする作品は，しばしば，現在の視点から，西欧近代の「他者」と装飾の意味深い関わりを改めて戦略的に喚起しつつ，装飾

文様自体の持続的で重層的な力を開示することで既存の構造を問い直す．常に存在しながら主流の言説によって排除され，抑圧されつづけてきた，近代の「内なる他者」としての装飾に注目することによって明らかになるのは，排除と包摂，序列化と結びついた従来の美術をめぐる硬直した制度や言説の構造自体の貧困と限界であり，このような既存の枠組みの機能不全である．もはや排除されていた「他者」をすくい上げることが問題なのではない．むしろ装飾と呼ばれうる，豊かで複雑な現実と結びついた，深い知と想像力に満ちた視界こそが，私たちに新たな語りとまなざしの姿勢を見いだすことを促し，牽引するのである．

注

(1) Clement Greenberg, "Milton Avery (1958)", in *Art and Culture*, Boston, Bacon Press, 1961, pp.197-202. See p.200.

(2) この時期の詳しい状況，及び19世紀後半の装飾 (decoration) とそれに関連する概念の用法や意味，その変化については拙著『装飾／芸術──19-20世紀フランスにおける「芸術」の位相』ブリュッケ，2001年参照．

(3) Joseph Masheck, "The Carpet Paradigm: Critical Prolegomena to a Theory of Flatness", *Arts Magazine*, September. 1976, pp. 82-109;あわせて次も参照．Robert L.Herbert, "The decorative and the natural in Monet's Cathedrals", John Rewald, Frances Weitzenhoffer eds., *Aspects of Monet, A Symposium on the Artist's Life and Times*, New York, Harry N. Abrams, 1984; Steven Z. Levine, "Décor/Decorative/Decoration in Claude Monet's Art", *Arts Magazine*, February 1977, pp.136-39.

(4) Jenny Anger, *Paul Klee and the Decorative in Modern Art*, Cambridge, Cambridge University Press, 2004.

(5) Norma Broude, "Miriam Schapiro and "Femmage": Reflections on the Conflict Between Decoration and Abstraction in Twentieth-Century Art", in Broude and M. D. Garrard eds., *Feminism and Art History: Questioning the Litany*, 1982, pp.314-329. See p.315.（ノーマ・ブルード「ミリアム・シャピロと『フィメージ』」，ブルード／ガラード編（坂上桂子訳）『美術とフェミニズム』パルコ出版，1987年，229-253ページ．231ページ参照．）．

(6) ヴァシリー・カンディンスキー（西田秀穂訳）『カンディンスキー著作集1，抽象芸術論，芸術における精神的なもの』美術出版社，1980年，124ページ．

(7) Le Corbusier, *L'Art décoratif d'Aujourd'hui*, Paris, Edition Crès, 1925/Flammarion, 1996, p.120（ル・コルビュジエ（前川国男訳）『今日の装飾芸術』鹿島出版界，1966年，139ページ）．

(8) Valerie Jaudonand and Joyce Kozloff, "Art Hysterical Notions of Progress and Culture", in *Heresies*, Winter, 1978, pp.38-42. See p.41; Amédée Ozenfant et Charles Edouard Jeanneret, *Après le Cubisme* (1918), Paris, Altamira, 1999, p.92.

(9) アロイス・リーグル(長広敏雄訳)『美術様式論』岩崎美術社, 1978年. 特に本論に関しては次を参照. Joseph Masheck, "The Vital Skin: Riegl, the Maori and Loos" in Richard Woodhead (commentary), *Framing Formalism, Riegl's Work*, Amsterdam, G+B Arts, 2001, pp.151-182; Diana Graham Reynolds, *Alois Riegl and the Politics of Art History : Intellectual Traditions and Austrian Identity in Fin-de-Siècle Vienna* (PhD. Dissertation), Ann Arbor, UMI,1997; Margaret Olin, *Forms of Representation in Alois Riegl's Theory of Art*, University Park, Pennsylvania, The Pennsylvania State University Press, 1992; Margaret Iversen, *Alois Riegl: Art History and Theory*, Cambridge (Massachusetts), London, The MIT Press, 1993.

(10) リーグル, 前掲書, 170ページ.

(11) Joseph Masheck, "The Vital Skin: Riegl, the Maori and Loos", *op.cit.*

(12) Diana Graham Reynolds, *op.cit.*, p.223; リーグル, 前掲書, 43ページ.

(13) リーグル, 前掲書, 106ページ.

(14) Owen Jones, *The Grammar of Ornament*, London, Messers Day and Son, 1856/Studio Edition, 1986. さらにオーウェン・ジョーンズについては次も参照. Carol A.Harvol Flores, *Owen Jones, Design, Ornament, Architecture, and Theory in an Age in Transition*, New York, Rizzoli, 2006; Stuart Durant, *Ornament, A Survey of Decoration since 1830*, London, John Calmann & King Ltd., 1986 (スチュアート・グラント(藤田治彦訳)『近代装飾事典』岩崎美術社, 1990年).

(15) ジョーンズはフレンドリー島(現在のトンガ)の布の文様について語りながら, 「これ以上プリミティヴなものはあり得ないが, しかしパターンのアレンジは最も洗練された趣味と熟練を示している」と語っている (Owen Jones, *op.cit.*, p.14).

(16) Ariane Varela-Braga, "L'Ornementation primitive dans la Grammar of Ornament d'Owen Jones (1856)", in *Histoire de l'Art*, No.53, novembre 2003, pp. 91-101. P. Peltier, "Océanie", in William Rubin ed., *"Primitivism" in 20th Century Art*, 2 vols., New York, The Museum of Modern Art, 1984. Vol.1, pp.98-123 (フィリップ・ペルティエ(内海涼子訳)「オセアニアから」, 吉田憲司監修代表『20世紀美術におけるプリミティヴィズム』全2巻, 淡交社, 1995年. 第1巻, 98-123ページ) にジョーンズの名前がないことが指摘されている. ニューヨーク近代美術館/ウイリアム・ルービンによるこの展覧会自体において装飾の領域はモダニズム的な軽視の対象となっているように思われる.

(17) Ewan Johnston, "'A Valuable and Tolerably Extensive Collection of Native and Other Products': New Zealand at the Crystal Palace" in Jeffrey A. Auerbach and Peter

H.Hoffenberg eds., *Britain, the Empire, and the World at the Great Exhibition of 1851*, Burlington, Ashgate, 2008, pp.77-91. 1851 年の段階では展示物は資源が中心で、マオリの手になる日用品等も「珍品」ではあっても芸術的文化的オブジェとは見做されなかったことが論じられている.

(18) Robert Goldwater, *Primitivism in Modern Art* (1938/1967), Enlarged Edition, Cambridge, Massachusetts, London, England, The Belknap Press of Harvard University Press, 1986.p.42 (ロバート・ゴールドウォーター (日向あき子訳)『二十世紀美術におけるプリミティヴィズム』岩崎美術社, 1971 年, 39 ページ). ゴンブリッチは, 古典古代以来父祖の時代へのノスタルジックな憧憬としてプリミティヴィズムがあったことを指摘した上で, 近代の進化論とともに「プリミティヴ」の概念が人類の文明の起源と結びつけられ, 生物学的進化と多様な地域における文化的な発展の差異とが重ね合わされるという「神話」がもたらされたことを指摘している (E. H. Gombrich, *The Preference for the Primitive*, London, Phaidon, 2002, p.200).

(19) Goldwater, *op.cit.*, p.31. (ゴールドウォーター, 前掲書, 27 ページ).

(20) G.-Albert Aurier, "Le Symbolisme en Peinture, Paul Gauguin", in Remy de Gourmont ed.,*Oeuvres posthumes*, Paris, Mercure de France, 1893. pp.205-219. See p.216.

(21) *Ibid*. オーリエは les Primitifs という概念を, 別の文章で「アッシリアやエジプトや最盛期のギリシャの偉大な神話の絵師達の直系の子孫達, 14 世紀のフィレンツェ派や 11 世紀ドイツ, 中世のゴシックの末裔, そしてささか日本的な者たち」と述べており (G.-Albert Aurier, "Les peintres symbolistes", in *Ibid*., pp.293-209, See p.304.), 従来の西欧におけるプリミティフ派の概念をいささか拡大したものとして提示しているが, ここではさらに, 装飾的な絵画, 壁画と結びつくプリミティヴな社会が, タブロー画と結びついた「衰退した文明」に対置されており, 文明対プリミティフの構図が示されている.

(22) Frances S. Connelly, *The Sleep of Reason, Primitivism in Modern European Art and Aesthetics 1725-1907*, University Park, Pennsylvania, The Pennsylvania State University Press, 1995. See Chap.3. 当時の植民地主義の文脈におけるゴーガンとタヒチの関係については次を参照. Abigail Solomon-Godeau, "Going Native, Paul Gauguin and the Invention of Primitivist Modernism", Norma Broude, Mary D.Garrard eds., *The Expanding Discourse, Feminism and Art History*, New York, Harper Collins, 1992, pp.312-329.

(23) 「一枚のタブローは軍馬や裸婦やあるいは何か逸話的なものである前に, 本質的に一定の秩序で集められた色彩によって覆われた平らな表面であることを思い起こすこと」Maurice Denis, "Définition du néo-traditionnisme", *Art et Critique*, 23 et 30 août 1890, rééd., dans Jean-Paul Bouillon, éd., *Le Ciel et l'Arcadie*, Paris, Hermann, 1993, pp.5-21. See p.5. オーリエとドニの言葉の同時代における意味, 象徴主義とピュヴィの装飾画の

美学との関係，モダニズム的美術史観による誤読については前掲拙著第3部参照．
(24) Jill Lloyd, *German Expressionism, Primitivism and Modernity*, New Haven, London, Yale University Press, 1991. 加えて次を参照．Joseph Mascheck, "Raw Art: "Primitive" Authenticity and German Expressionism", in *Modernities, Art-Matters in the Present*, University Park, The Pennsylvania State University Press, 1993, pp.155-192.
(25) W. ヴォリンゲル（草薙正夫訳）『抽象と感情移入——東洋芸術と西洋芸術』岩波書店（岩波文庫），1979年．
(26) 同上，125ページ「個々のものを純粋に装飾的に取り扱ったり，それを幾何学的な図案としたりする傾向は，有機的なものを無機的＝抽象的なものの圏内へと移し入れる最後の，そして最も外面的な手段であることを意味する」．あるいは134ページ．「（……）有機的なものからの有機性捨象作用は確かに本質的に装飾的な性質を持った様式主義によって実現されるからである．かくしてそれはそれ自身の意味を持ち，またこの意味において美的効果をも持つこととなる．あらゆる造形芸術は与えられた自然原型に対して相対的に依存しない主観主義的な傾向を持つものである．そしてこの傾向は純粋に形式的に，即ち形式一般によって自己を表現しようと欲する」（引用文の旧字は現在の文字に置き換えた）．及び次を参照．Joseph Mascheck, "Raw Art: "Primitive" Authenticity and German Expressionism", *op.cit.*, pp.182-183.
(27) Ernest Chesneau, *L'Art japonais, Conférence faite à l'Union Centrale des Beaux-Arts Appliqués à l'Industrie*, Paris, A.Morel, 1869; Id., *La Décoration circulaire, Conférence de l'Union Centrale des Beaux-Arts Appliqués à l'Industrie*, Paris, Librairie Ch.Delagrave, 1878.
(28) Louis Gonse, "Le Génie des japonais dans le décor", *Le Japon artistique*, No.2, juin, 1888, pp.11-18（ルイ・ゴンス（小林利延訳）「装飾に見る日本人の天分」大島清次他翻訳監修，サミュエル・ビング編『芸術の日本』美術公論社，1981年．25-31ページ）．
(29) たとえばマリウス・ヴァションはアルジェリアの手工芸の育成と振興の必要を論じている．Marius Vachon, "Les Industries d'art indigènes de l'Algérie", *Revue des arts décoratifs*, T.21, 1901, pp.387-394, T.22, 1902, pp. 21-27. 1893年にパリではじめて開かれた，イスラムの手工芸品や装飾芸術が展示されたイスラム美術展に際し，列強の植民地競争の脅威の中で植民地における商業や産業の振興の重要性を説く記事も見られた．Thomas Grimm, "La conquête de l'Orient", *Petit Journal*, 6 novembre 1893, p.1.
(30) 前掲拙著，88ページ以降を参照．加えて次も参照．Thamar Garb, *Sisters of the Brush, Women's Artistic Culture in Late Nineteenth-Century Paris*, New Haven and London, Yale University Press, 1994（タマール・ガーブ（味岡京子訳）『絵筆の姉妹たち——19世紀パリ，女性たちの芸術環境』ブリュッケ，2006年）．
(31) Albert Gleizes, Jean Metzinger, *Du "Cubisme"*, Paris, E.Figuière, 1912, Rééd., Saint-

Vincent-sur-Jabron, Présence, 1980, p.43.「メゾン・キュビスト」については前掲拙著，276ページ以降参照．

(32) Maurice Raynal, "L'Exposition de la Section d'Or", *Section d'Or*, no.1, 9 octobre 1912. (モーリス・レイナル「セクション・ドール展」(1912年)，エドワード・F．フライ（八重樫春樹訳）『キュビスム』美術出版社，1977年，141-146ページ．）．ただし本文の日本語訳はこれによらず拙訳とした．

(33) Guillaume Apollinaire, *Méditations esthétiques, Les Peintres Cubistes*, Paris, Eugène Falguière et Cie., 1913（渡邊一民訳「キュービスムの画家たち」，鈴木信太郎・渡邊一民編『アポリネール全集』紀伊國屋書店，1980年）．アポリネールは1908年の文章（"Les Trois Vertus plastiques" : Préface pour la 3e Exposition du Cercle de l'art moderne, Hôtel de ville du Havre, juin 1908）を元にしたこの本の冒頭部分で，「純粋性」を造形の本質の1つに数えている．加えて次も参照．ゲオルク・ジンメル（斎藤栄治訳）「額縁」(1902年)『芸術哲学』岩波書店（岩波文庫），1987年．56-66ページ．

(34) アドルフ・ロース（伊藤哲夫訳）「装飾と罪悪」，『装飾と罪悪――建築・文化論集――』中央公論美術出版，1987年．70-82ページ．

(35) Adolf Loos, "Ornement et Crime" (1908), traduction française par Marcel Ray, *Cahiers d'Aujourd'hui*, no.5, juin 1913, pp.247-256．仏訳はさらに1920年に創刊されたL'Esprit Nouveau誌の第2号にも掲載された．Adolf Loos, "Ornement et Crime", *L'Esprit Nouveau*, No.2, 1920, pp.159-168.

(36) F. T. Marinetti, R. W. Nevinson, "Contre l'art anglais(1914)", rééd., Giovanni Lista, *Futurisme, Manifestes, documents, proclamations*, Lausanne, L'Age d'Homme, 1973, pp.126-127.

(37) André Salmon, *La Jeune Peinture Française*, Paris, Société des Trente, 1912. p.19.

(38) Salvador Dali, "De la beauté terrifiante et comestible, de l'architecture modern' style", *Minotaure*, No.3-4, 1933, pp.69-76．（サルヴァドール・ダリ「モダン・スタイル建築の可食的な，恐怖させる美について」，『ダリ芸術論集　ナルシスの変貌』（小海永二・佐藤東洋磨訳），土曜美術社，1991年，131-143ページ．）最近このダリによる再評価を含めたアール・ヌーヴォーのリヴァイヴァルに焦点をあてた展覧会がフランスで開かれた．Philippe Thiébaut éd., *Art Nouveau Revival, 1900, 1933, 1966, 1974*, Exh.Cat., Paris, Musée d'Orsay, 2009.

(39) ロザリンド・クラウスはこうした当時の装飾などに見られる意匠やソースの取り入れと組み替えによるアフリカ性の喚起を「ブラック・デコ」と呼んだ．Rosalind Krauss, "Giacometti", in William Rubin ed., *"Primitivism" in 20th Century Art, op.cit.*, Vol.2, pp.502-533（ロザリンド・クラウス（堀切正人訳）「ジャコメッティ」，吉田監修代表前掲書．第2巻，502-533ページ）．この中でクラウスは「ブラック・デコ」の唯美化され

様式化された形態の借用（プリミティヴィズムのソフトな用法）に対して，同じジャコメッティの《匙の女》に見られる特にバタイユの概念と結びついた引喩的な改変や破壊を伴う精神性を深めたプリミティヴィズムの「ハード」な用法を区別している．

(40) André Joubin, "Le Studio de Jacques Doucet", *L'Illustration*, 3 mai 1930, pp.17-20. またドゥーセとこのアトリエについては次を参照．François Chapon, *C'était Jacques Doucet*, Paris, Fayard, 2006.

(41) Bruno Foucart, et.al., *Normandie*, Paris, Herscher, 1985 ; Félix Marcilhac, *Jean Dunand, Vie et Oeuvre*, Paris, Les éditions de l'amateur, 1991.

(42) Jean Gallotti, "Le cabinet de travail d'un grand voyageur", *Vogue*(Paris), Décembre 1927.

(43) アール・デコと他者の関わりについては次を参照．Ghislaine Wood, "Collecting and Constructing Africa", "The Exotic", in Charlotte Benton, Tim Benton and Ghislaine Wood eds., *Art Deco 1910-1939*, Exh.Cat., London, Victoria and Albert Museum, 2003. 加えて，1931年の植民地博覧会，旧植民地博物館についてのより詳細な文献を含めて，次の拙論参照．「『アール・デコ』の位相——装飾芸術／ブラック・デコ／モダン・ガール」，『アール・デコ 1910-1939』展カタログ，東京都美術館他，2005年；「"アール・デコ"と他者の身体」，鈴木杜幾子・馬渕明子・池田忍・金恵信編『美術とジェンダー2．交差する視線』ブリュッケ，2005年．

(44) Dominique Fourcade éd., *Henri Matisse, Ecrits et propos sur l'art*, Paris, Hermann, 1972, p.204（アンリ・マティス（二見史郎訳）『マティス 画家のノート』みすず書房，1978年，237ページ）．この言葉は1998年にローマで開かれた展覧会のテーマともなった．Claude Duthuit et al., *Matisse, "La révélation m'est venue de l'Orient"*, Roma, Musei Capitolini, 1998.

(45) たとえば次を参照．Rémi Labrusse, ""Ce qui reste appartient à Dieu", Matisse, Riegl et les arts de l'Islam", *Matisse et la couleur des tissus*, Exh.Cat., Paris, Gallimard, 2004.

(46) Christine Buci-Glucksmann, *Philosophie de l'ornement, D'Orient en Occident*, Paris, Galilée, 2008.

(47) *Ibid.*, p.14.

(48) たとえば2001年のバーゼルにおける「装飾文様と抽象」展はまさにポストモダンにおける，装飾の観点からのモダニズム芸術の捉え直しであったが，その関心は基本的に形態的なものであるという意味でモダニズム的であり，フェミニズムやポストコロニアリズムの視点は充分に認められなかった．Markus Brüderlin ed., *Ornament and Abstraction, The Dialogue between non-Western, Modern and Contemporary Art*, Basel, Fondation Beyeler, 2001.

(49) ミリアム・シャピロについては注(5)の文献及び次を参照．Thalia Gouma-Peterson,

Miriam Schapiro, New York, Harry N. Abrams, 1999. 彼女の「キモノ・シリーズ」をはじめとする非西欧の参照をどのように捉えるかは今後の課題だろう．

(50) ショニバレについては特に次のカタログを参照．*Yinka Shonibare MBE*, Exh.Cat., Munich, Berlin, London, New York, Prestel, 2008. その他，萩原弘子『ブラック，人種と視線をめぐる闘争』毎日新聞社，2002 年．209-219 ページ．

(51) Cf.『ブラジル：ボディ・ノスタルジア』展カタログ，東京国立近代美術館，2004 年．『カルティエ現代美術財団コレクション』展カタログ，東京都現代美術館，2006 年．『アドリアナ・ヴァレジョン』展カタログ，原美術館，2007 年．

(52) この作品については次を参照：Fereshteh Daftari, et al., *Without Boundary, Seventeen Ways of Looking*, Exh. Cat., New York, The Museum of Modern Art, 2006；Tamar Garb, et al., *Mona Hatoum*, Exh.Cat., Centro de Arte de Salamanca, Centro Galego de Arte Contemporanea, Santiago de Compostela, 2002-2003；Markus Brüderlin, ed., *Ornament and Abstraction,op.cit.*.

(53) 近年相次いで若い現代作家を中心に装飾をテーマにした展覧会が国内でも開かれている．『現代工芸への視点　装飾の力』東京国立近代美術館工芸館，2009-2010 年；『MOT アニュアル 2010：装飾』東京都現代美術館，2010 年．

第七章

「デザイン」前夜
―― 第一次世界大戦前後のドイツにおける Kunstgewerbe ――

池 田 祐 子

はじめに

　自国製品の質の改良と，その流通による人々の生活と社会基盤の改善を目指して，19世紀半ば以降のドイツでは，製品を製造する人々とそれを受容する人々の教育・啓蒙のために，各地に工芸博物館や工芸学校が整備された．この日本語で「工芸」と訳されるドイツ語「Kunstgewerbe（クンストゲヴェルベ）」は，この時期に流通しはじめる言葉で，「Kunst」と「Gewerbe」という2つの単語から成っている．前者の「Kunst（クンスト）」は元来「技術」の意味を持つが，19世紀には広義に「芸術」そして狭義に「美術」を指すようになった．そして「Gewerbe（ゲヴェルベ）」は広義の産業，つまり手工業から機械工業にいたる製造に関わる産業全般を指している．従って「Kunstgewerbe」は，その言葉自体が，「技術／芸術／美術」と「産業全般」の統合という理念を内包しており，19世紀半ばから盛んになる「Kunstgewerbebewegung（工芸運動）」は，まさにその理念を実現するための運動であった．そしてその運動の重要な着地点が，1907年のドイツ工作連盟（Der Deutsche Werkbund）の設立である．設立委員会による建白書には，連盟の目的が次のように記されている．「教育ならびに宣伝，そして関係する諸問題に対する統一的見解の表明を通して，芸術，工業そして手工業の協力のうちに，

産業製品を高めること[2]」.

このように「Kunstgewerbe」という言葉は，もともとは「工業（Industrie）」さらに言えば機械生産を排除するニュアンスを持ってはいない．それにもかかわらず，「Kunstgewerbe」は今日「Design（デザイン）」と称されているもの，つまり「(デザインされた) 日常使われる大量工業生産品」と対極にあるものとして，採り上げられてきた．[3]「デザイン」という言葉自体がドイツで流通するのは第二次世界大戦以降のことだが，1920年代後半になると，「Kunstgewerbe」は，バウハウス初代校長ヴァルター・グロピウス（Walter Gropius, 1883-1969）におぞましい姿だと攻撃されたように[4]，この時期の新しい潮流に与する人々から，つまり後に新たな「デザイン」潮流を生み出したとされる人々から，否定的に見られるだけでなく，用いられることすらなくなってくる．では，1914年に始まり1918年に終わった第一次世界大戦を挟んだこの時期，「Kunstgewerbe」に何が起こったのだろうか？

「Kunstgewerbe」をめぐる見解が分かれ，大きな論争に発展したのは，1914年に開催された工作連盟第7回年次総会における，ヘルマン・ムテジウス（Hermann Muthesius, 1861-1927）とアンリ・ヴァン・デ・ヴェルデ（Henry van de Velde, 1863-1957）の間に生じたいわゆる「タイプ論争（Typenstreit）[5]」であった．転換点となったこの論争を検証する前に，まずは工作連盟の設立建白書の内容と，1911年にドレスデンで開催された工作連盟の年次総会でムテジウスが行った講演の内容を確認しておきたい．

1. 質の向上から統一の標としてのフォルムへ
——ドイツ工作連盟の設立とムテジウスの講演「我々はどこにいるのか？」

ドイツ工作連盟は，1907年10月5・6日にミュンヘンで，12人の芸術家と12の企業体が[6]，「芸術家や産業従事者ならびに専門的知識をもった芸術愛好家」を招聘し，「ドイツの産業，その現在の成果と我々の時代の文化における位置づけについて意見交換」を行った後，決議を経て設立された．連盟の規約によれば[7]，連盟の会員は，芸術家や建築家そして産業従事者（大小製造業者，販売業者など）ならびに専門的知識を持つ者（出版業者や政治家など）からなっており，既に述べたように，芸術と工業・手工業の協力に基づき，教育や宣伝（出版や展覧会など）を通じて，産業製品を高めていくことを目的としていた．建白書では，その目的を実現するために，産業活動を普遍的な文化活動の一部と見なし，産業製品のみならず産業

活動そのものの「質」をも重視し，それを向上させるべく努力することが求められている．そして「質の向上に向けての連携に，ドイツ工作連盟は最も高き目標，つまりドイツ文化の保証」，言い換えれば生活ひいては社会における調和的まとまりを見出す．その努力の成果がまず認められる領域が「Kunstgewerbe」であると建白書は言う．ここに「Kunstgewerbe」は文字通りの単なる理念ではなく，理念を実現する場として明確に意識されることになった．

　工作連盟が設立された背景の1つに，ドイツにおける産業構造の変化がある．工作連盟に参加した企業は，それまでドイツ経済界の中心存在であった重工業産業でもなければ伝統的な手工業企業でもなく，電気機器製造などの新興産業や新しい生産システムの導入に積極的な手工業企業，つまりは不特定多数の消費者を前提とした軽工業産業の企業であった．そしてそれらは，輸出拡大を軸に大きく発展しようとするドイツの対外経済政策の重要な部分を担ってもいた．また，建白書でやり玉に挙げられたユーゲントシュティールのように，流行し大衆化したさまざまな様式の安易なコピーが，技術革新により大量に市場に氾濫するようになったことも，社会を混乱させるものとして問題視された．このような経済的要請と美的要請に応えるため，「Kunst」と「Gewerbe」は手を携えて，「質」の向上に努めなければならなかった．

　しかし工作連盟の建白書は，「Kunstgewerbe」において「質」を高めることで，何に到達すべきか，その最終目標を曖昧にしか記してはいない．そのせいか，設立以降の工作連盟の活動は，対外的にはあまり目立ったものではなく，それを打開するために計画されたのが，年刊誌の刊行である．統一テーマを持つ各号は，会員による関連論文と多数の写真と図版を掲載し，工作連盟の思想や方向性を具体的に示すものとなっていた．『ドイツ製品の精神化』というテーマを持つ第1号つまり1912年の年刊誌には，1911年に工作連盟の年次総会でムテジウスが行った講演の内容が掲載されている．工作連盟再考とも言えるこの論考「我々はどこにいるのか？」で，ムテジウスは次のように述べている．「これまで工作連盟の活動の前線に位置したのは，質の思想であった．今日，技術や素材に関して，ドイツにおける質の意識が急速に高まりをみせていることは確かだろう．しかしこの成功で，ドイツ工作連盟の使命が果たされたわけではない．物質的なものよりはるかに重要なのは精神的なものであり，用途や材質そして技術より高い位置にあるのが，フォルム（Form）である」．

　到達すべき最終目標である「フォルム」を，ムテジウスは「統一的な国の特徴」

第七章　「デザイン」前夜　117

とも言い換え，とりわけ「Kunstgewerbe」の領域での1つの成果を，1906年にドレスデンで開催された第3回ドイツ工芸展に見ている（図7-1）．つまり，その時代その国の特色を統一的に示すもの，統一的精神のしるしが「フォルム」なのであり，「フォルムがないところには文化がなく」，「フォルムが再び権利を獲得することが，我々の時代の基本的課題であり，何よりも今日極めて重要な，あらゆる芸術改革運動の本質的部分でなければならない[13]」．「Kunstgewerbe」さらには「建築」を基盤として，この「フォルム」を獲得するために必要とされるのが，「タイプ的なもの（Typisches）」に向けての努力である[14]．「重要なのは，我々の生活表現に秩序と規律をもたらすことで，その外的メルクマールが良きフォルム（die gute Form）」なのである[15]．

このムテジウスの言う「フォルム」は，以前「（時代）様式」と呼ばれていたものに近い．当時の文化に対する危機意識を背景とした，この一見反資本主義的な主張を展開しながら，彼は次のようにも述べている．「近代の社会的・経済的組織では，主要な原則の下での従属や，各独立要素の厳格な順序，本質的なものに対する非本質的なものの抑圧，といった厳しい傾向」があり，それは「我々の芸術運動のフォルムをめぐる組織の傾向と精神的な類似性がある[16]」．論考の中で，物質的利益の追求を否定し，生活を精神的により豊かにするための芸術の働きを肯定しながらも，「ドイツの世界における将来的立場にとって（中略）フォルムをどのように取り扱うかが，決定的な意味をもっている[17]」．と述べるムテジウスの立場は，実は「Kunst」よりも「Gewerbe」に軸足をおいたものだと言えるだろう．そこには工作連盟設立時に強調されていた「Kunst」と「Gewerbe」の協力における製造者の視点だけではなく，販売者の視点が垣間見える．この論考の中で，それがこれからの工作連盟が取り組むべき具体的な課題であると明言したこと

図7-1 リヒャルト・リーマーシュミット／ドイツ手工芸工房《機械家具プログラムによる食堂Ⅲ》1906年

と，その手段として「タイプ的なもの」という概念を登場させたこと，そのことが，まさに 1914 年の「タイプ論争」の火種となっていった．

2. タイプ論争—— Kunst か Gewerbe かそれが問題，か？

　ドイツ工作連盟は，活動の成果を人々に問うために，年刊誌の刊行のほかに，1914 年 5 月 16 日からケルンで「ドイツ工作連盟展，手工業と商工業における芸術と建築」を開催した．そのケルンで 7 月 5 日に工作連盟第 7 回年次総会が開かれ，総会で予定されていた「将来の工作連盟の活動」と題した自らの講演の資料として，その 10 箇条をムテジウスが事前に会員に配布したことに，この論争は端を発する．このムテジウスの 10 箇条の内容に反対する人々のうち，ヴァン・デ・ヴェルデが代表して直ちに反 10 箇条を取り纏めて会員に配布したため，総会は賛否をめぐる大論争の場となった．

　この論争は通常，「タイプ（Typ : 規格・典型）化推進者」とそれに抗する「芸術支持者・個人主義者」の対立として語られる．しかし実はヴァン・デ・ヴェルデの反 10 箇条は，ムテジウスの 10 箇条に正確に対応しているわけではない．なので，ここでは両者の主張が集約されている第 1 条だけを見てみよう．

　　「建築とそのほか全ての工作連盟の活動領域は，タイプ化（Typisierung）に向かって進んでいく．それによって初めて，それらの領域は，かつての調和的文化に備わっていた普遍的な意義を取り戻すことができる」（ムテジウス）．

　　「工作連盟の中になお芸術家がいる限り，そして彼が工作連盟の運命に影響を持っている限り，彼は，基準やタイプ化（Typsierurng）といったあらゆる提案に抗議するだろう．芸術家というものは，その内なる本質に因れば，燃え立つ個人主義者であり，自由意志をもった創造者なのである．彼は，一定のタイプ（Typ）や基準を押しつけるような原理には，自発的に決して従わないだろう．芸術家は，本質的に，彼らの行動を枯れさせるようなことは，すべて信用しない．また，独自の自由な目標まで考えを突き詰めていくのを妨げるような規則，あるいは，禍を転じて福となすといった，見せかけだけしか見られないような一般的な形式（Form）へと追いやってしまうような規則を主張する人，そういう人すべてを本能的に信用しないのである」（ヴァン・デ・ヴェルデ）．

この2つを比較してわかることは，両者の「タイプ」をめぐる視点にずれがあることである．つまり，ムテジウスは「タイプ」を手段として提示しているのに対して，ヴァン・デ・ヴェルデは「タイプ」が目的であることに反対しているのだ．このような視点のずれに，「Kunstgewerbe」をめぐる両者の考え方の違いとムテジウスが言うところの「誤解」があると思われるが，それをさらに明確にするためには，ムテジウスがこの10箇条提示と同時に行った講演の内容を検討しなければならない．

　ムテジウスは1914年の第7回年次総会で「将来の工作連盟の活動」と題した講演を行った．すでに述べたように，問題の10箇条はそれに付随して作成されたものである[18]．ムテジウスは冒頭で，近代の建築・工芸運動には高みへと向かう上昇傾向と拡がりへと向かう拡大傾向があるとし，工作連盟において前者は純粋に芸術的なものであるが，後者は国民経済的なものであると述べ，工作連盟ケルン展をその運動の拡がりの1つの成果としている．しかし一方で，特別で個人主義的なもの，いわば「工作連盟スペシャリティ（Werkbund-Spezialität）」が所望されていると指摘し，それは単なる新たな流行でしかない，と批判した．そして続けて彼は，「ここで重要なのは，芸術を適用することであり，芸術的な目標を工業そして商業の目的と合致させること，つまり芸術と工業そして販売の力が協力することなのである」と言う[19]．つまり，ムテジウスは，目指すべき調和的文化の実現の場である「Kunstgewerbe」において，より明確に「Gewerbe」に立脚し，「Kunst」に節度を求めたのであった．しかし，1912年の論考でも提示されているこのムテジウスのスタンスは，1911年の講演当時既に，1914年の論争でヴァン・デ・ヴェルデの支持者であった美術収集家でパトロンのカール・エルンスト・オストハウス（Karl Ernst Osthaus, 1874-1921）によって拒絶されていた[20]．おそらく工作連盟結成当時からあったに違いない，「Kunst」と「Gewerbe」をめぐる水面下の意見の対立が表面化したのが，「タイプ論争」なのである．

　ムテジウスは講演の中で，目指すべき重要な目標を「統一のとれた説得力のある様式表現（Stilausdruck）」と呼んでいるが，これは彼が1912年の論考で提示した「フォルム」と同じものだと考えていいだろう．統一性，すなわち文化の調和という目標自体には，反10箇条の中でもヴァン・デ・ヴェルデも賛同の意を表している．しかしムテジウスは，そこに到達するためには，「個人主義的なものからタイプ的なものへの変化」つまり「タイプ化」が必要だ，と説いた[21]．ここで言わ

れている「タイプ」は，製品などのいわゆる「規格」ではない．むしろ，多様性に調和ないし統一性をもたらす「核」のようなものであると言えるだろう．従って，この論争における一見ラディカルに響くムテジウスの主張が，実はゴットフリート・ゼンパー（Gottfried Semper, 1803-79）以来の古典主義的音階を持つものであり，懐古主義的に聞こえるヴァン・デ・ヴェルデの主張が，いわゆるデザイナーとしての新たな芸術家のあり方に言及したものであったことがわかる．この矛盾がよく顕れているのが，工作連盟ケルン展で展示された，過去の様式の調和的変奏のように思われるムテジウスの色彩展示館（図7-2）と，ガラスやコンクリートといった新しい素材の可能性を追求したグロピウスの事務棟（図7-3）における違いなのだと言えるだろう．

　自らの講演に対する誤解ないし反論を予想して，ムテジウスは講演の中で，「私がタイプ的なものへの移行を，そこにあるかのように評価し，その長所を強調したのは，ここで創造的な芸術家にできるだけ単調さと取り組むように要求しているかのように誤解されることを，最初から排除したかったからだ．（中略）芸術家は全くの自由を享受する．なぜなら，芸術家は自由であってこそ影響を与えることが出来るからだ」と釈明している．しかし，この彼の気遣いは功を奏さなかった．何よりも，ムテジウスの講演の中にちりばめられた輸出振興を中心とした経済政策への寄与への言及が，ヴァン・デ・ヴェルデを支援する人々の不信をかき立てたからである．むしろこの論争の問題点は，「Kunst」でも「Gewerbe」でも

図7-2　ムテジウス《色彩展示館》1914年

図7-3　グロピウス《事務棟》1914年

第七章「デザイン」前夜　　121

ない．まさにポゼナーが指摘するように，要請であるべき統一性が，「タイプ」という概念を媒介にして，完成したものであるかのように語られてしまったことに，ムテジウスの 10 箇条の問題点があったのである．[24]

　工作連盟を分裂の危機に追い込んだこの論争のその後を，しかしながら私たちは追うことが出来ない．この論争の約 1 カ月後に第一次世界大戦が勃発したからである．そして「Kunstgewerbe」をめぐる新しい展開の場は，大戦終了後の 1919 年にグロピウスがヴァイマールに開校したバウハウスに移ることになる．

3．バウハウス —— Kunst と Gewerbe の新たな実験の始まり

　第一次世界大戦の敗戦は，ドイツに大きな社会的変革をもたらした．帝政ドイツは崩壊し，過酷な政治的混乱を経て，民主制によるヴァイマール共和国が誕生した．また産業革命以降発展を続けてきた科学技術力が，大量殺戮に荷担した初めての戦争であったがゆえに，それを阻止できなかった大戦前の文化や経済・産業の在り方に，人々は懐疑的眼差しを向けるようになった．1919 年 4 月，ヴァイマールにバウハウスを開校し，その初代校長に就任したグロピウスは，その有名な宣言文の中で次のように述べている．「あらゆる造形活動の最終目標は建築 (Bau) である！　建築を飾ることが，かつては造形芸術の主たる任務であったし，造形芸術は偉大なる建築芸術 (Baukunst) の不可分の構成要素であった．(中略) 建築家，画家，彫刻家は建築の多様な形成を全体と部分にわたり再度認識し把握しなければならない．そうすればおのずから作品に，サロン芸術のうちに喪失していた建築精神が再び満ちるだろう．(中略) 我々はみな，手工業 (Handwerk) に立ち戻らなくてはならない．なぜなら〈職業としての芸術〉は存在しないからである．芸術家と手工業家との間に本質的な区別はない．(中略) 我々はそこで，手工業家と芸術家との間に高慢な壁を築こうとする階級差別的な思い上がりのない，手工業家の新しい同業者組合を組織しよう！　我々はともに建築と彫刻と絵画のすべてがひとつの統一的形態になるような新しい未来の建築を，何百万という手工業家の手から天に向かって，新しい未来の信条の結晶した象徴として，上昇する新しい未来の建築 (Bau) を，希求し，考案し，創造しよう」．[25]　また，彼は，工芸学校の校長職を志願して 1916 年にテューリンゲン州政府に送った手紙の中でも，「工業全体には今日，芸術的な問題と熱心に取り組むべきという課題が与えられている」と述べている．[26]　つまりここでグロピウスは，「Kunst」に軸足をおき

ながら,「Gewerbe」の中でも「Handwerk（ハントヴェルク）」と新たな協力関係を築くことを目指していたことがわかる．彼は，1914年の「タイプ論争」でヴァン・デ・ヴェルデを支持する立場にいた．しかし宣言文での彼のスタンスの背景には，それだけではなく，いくつかの現実的な理由が指摘できる．第1に，バウハウスは，旧ザクセン大公立美術学校と旧ザクセン大公立工芸学校が合併された組織を母体としていたため，美術学校の旧勢力に常に配慮が求められた[27]．また特に「Gewerbe」ではなく「Handwerk」を取り上げた背景には，大戦での体験を鑑み，近代の工業生産に対する反省があったと考えられる．

　グロピウスの依頼で，工作連盟はこの宣言文を会員全員に配布した．ヴァイマール共和国成立前後のこの時期，政府内では美術教育改革が問題になっており，かつてペーター・ベーレンス（Peter Behrens, 1868-1940）が校長を務めたデュッセルドルフ工芸学校が閉鎖されている．そのような状況下で，教育を活動の柱の1つに据えていた工作連盟にとって，新しく誕生したバウハウスは極めて重要な意味を持っていたのである[28]．また常にテューリンゲン州政府との不十分な信頼関係から，設立当初からたびたび存続の危機に立たされていたバウハウスにとっても，著名かつ有力な在野団体である工作連盟からの支援はなくてはならないものであった[29]．

　1922年，イエナの市民大学でバウハウスの活動について講演を行ったグロピウスは，次のように語った．「技術的な問題と経済的な問題，そして芸術的な問題は，互いに関連しており，手工業と工業の間には実際的な区別はない．たとえば，

図7-4　グロピウス《バウハウス校長室》1923年

第七章　「デザイン」前夜　123

切るのに必要なはさみは，機械である織機と等しく1つの機械である．区別は仕事に対する見解にあるだけだ．手工業には全体というものが息づいている．しかし今日では，工業にはもはや全体という概念はなく，手工業は創造的なエネルギーを欠いている」[30]．この言葉から明らかになるのは，グロピウスの軸足がこの時「Kunst」よりも「Gewerbe」に移りつつあることである[31]．つまり，芸術を持ち込むことで手工業に再び創造的エネルギーを取り戻し，工業に全体性を取り戻すことこそが，バウハウスでの目標になったのだ．この主張をグロピウスはさらに推し進め，開校以来の成果を一般に公開する目的で1923年に開催されたバウハウス展の開会記念講演会は「芸術と技術──新たな統一」と題された．そして同じ機会に発表された論文「バウハウスの理念と組織」の中では，次のように宣言している．「バウハウスは手工業学校であることを望まず，意識的に工業との連携を求める．(中略)昔の手工業工房は工業の実験室へと発展するだろう．そして実験から工業生産のための規範が創造されるだろう」．そうすることで，いまだ不明瞭で混乱したままの世界の理念に全体性を取り戻すのだ[32]，と．この主張は，ドイツ工作連盟の設立建白書の内容と軌を一にするだけではなく，1914年のムテジウスの講演内容をも想起させる．そして1919年のバウハウス宣言文で示唆された「建築 (Bau)」は実際の建造物であると同時に，この全体性のメタファーでもあることがわかるだろう．さらに1925年には，「日常に必要な物品のタイプ (Typ) を創ることが社会に不可欠である．大半の人々の生活に関する要望も，まずは同様だ．家と家財道具は多くの人々にとって重要な問題だが，それは情熱で解決するものというより，理性で解決するものだ．」と述べ，「タイプ化」を推奨する発言をグロピウスは行っている[33]．この「タイプ化」による全体性の回復，言い換えれば「Kunst」と「Gewerbe」の統合の，1つの具体的達成例が，バウハウス展の中心的展示の1つと言える，グロピウスの校長室なのであった (図7-4)．

　1919年から1923年にかけてのグロピウスの言説に耳を傾けていると，そこには1907年の工作連盟設立の理念や1911年さらには1914年のムテジウスの講演内容のこだまが聞き取れる．彼がヴァイマールのバウハウスで行ったことは，「タイプ論争」で分裂してしまった工作連盟の理念を設立当初にまでリセットし，第一次世界大戦後という時代の要請に沿うように再構成することであった．その意味で，バウハウスはまさに，工作連盟（理念）の偉大なる実験場だったのだと言えるだろう．

4. Kunstgewerbe から Design へ
──雑誌『フォルム』と「フォルム」展

　1923年に開催されたバウハウス展，とりわけさまざまなイベントが集中して行われたいわゆるバウハウス週間の期間中に，ヴァイマールで工作連盟の年次総会が開かれた．このことは，工作連盟会員にバウハウスひいてはグロピウスの実験の実態を知らしめただけではなく，工作連盟が対外的にそれをいかに重視しているかをアピールする機会となった[34]．第一次世界大戦後，工作連盟がまず取り組んだのは，年刊誌に代わる宣伝媒体，つまり雑誌の刊行であった．『フォルム (Die Form)』と命名されたこの雑誌は，1922年1月から隔月で刊行が始まったものの，経済状況の悪化から10月には休刊になった．しかし1925年に刊行が再開されて1934年に廃刊されるまで，毎月ないし隔月でこの雑誌は，論文と写真図版によって当時最新の造形活動を幅広く伝え続けた[35]．さらに工作連盟の活動で重視された展覧会活動は，1924年に再開される．工作連盟シュトゥットガルト支部が中心となって組織された展覧会，その名も「フォルム展」は，シュトゥットガルトの後，マンハイム，フランクフルト，カイザースラウテルン，ウルムに巡回し，各地で大きな反響を呼び起こした．両者において，当時の工作連盟の理念を最良の形で体現しているものの1つとして，バウハウスとそこで製作された製品は紹介された．まさにそれによって，バウハウスは広く一般に認知されることになったのである．この工作連盟の2つの活動によって，すでにバウハウスで，グロピウスが積極的な意味ではもはや言及しなくなった「Kunstgewerbe」に何が生じたのか？それを明らかにするために，雑誌『フォルム』の創刊号に掲載された，編集担当者で当時シュテッティーン（現ポーランド領シュチェチン）市立博物館長であったヴァルター・リーツラー (Walter Rietzler, 1878-1965) の緒言と[36]，「フォルム展」のカタログであると同時に，1922年に休刊になった雑誌『フォルム』を補完する「フォルム叢書」の1冊として刊行された『装飾のないフォルム (Die Form ohne Ornament)』のリーツラーによる序言ならびにヴォルフガンク・プフライデラー (Wolfgang Pfleiderer, 1877-1971) による序文をみてみよう[37]．

　『フォルム』創刊号の序文で，リーツラーは「フォルム (Form)」を次のように定義している．「我々にとって〈フォルム〉は，芸術つまり何かの〈表現〉の外側ではなく，本質的に重要なものとして，〈本質〉や〈魂〉と対比されるだろう」「〈フォルム〉は，覆いではなく核であり，表現と対立するものではなく，内的生命の表

現そのものである．そう，それはまさに生そのものである」．この言葉からもわかるように，リーツラーの定義する「フォルム」は，ムテジウスの「フォルム」とは逆のベクトルを持っている．ムテジウスの「フォルム」が目指すべき理念であるのに対し，リーツラーの言う「フォルム」は，「内的な力の最も深い表現であり，1つの時代の活気や健康のための最良の試金石であり，絶対不可欠なもの」であった．またプフライデラーは，「フォルム」を「ものの構造的な核」，「飾り(Verzierung)」を「フォルムの遊戯」と呼び，両者の関係を波と波頭のそれに喩えた．そして，「飾りのないフォルム (Form ohne Verzierung)」こそが最も本質的かつ根源的なものとなる．

しかし，とプフライデラーは言う，「今日の手工芸 (Kunsthandwerk) を見ても，そこには統一的なイメージが見いだせない．(中略) そこには明らかに2つのタイプがある．〈技術的フォルム (technische Form)〉と〈原始的フォルム (primitive

図7-5 バウハウス (ヴァイマール) 考案・製作陶器，1924年

図7-6 ドルカス・ヘーリン工房 (シュトゥットガルト) 考案・製作陶器，1924年

Form)〉だ」.

「フォルム展」の出品作品,つまり『装飾のないフォルム』に掲載された作品は,上で述べた2人の「フォルム」をめぐる定義に基づき選ばれているが,それを見る限り,この「Kunsthandwerk（クンストハントヴェルク）」は「Kunstgewerbe」と同義と考えて差し支えない.つまり「Kunstgewerbe」で問題になっているのは,もはや「Kunst」と「Gewerbe」ではなく,「技術」と「自然」なのである.「技術的フォルム」は目的を純粋かつ完璧に表すものとされ,その最もラディカルな例としてバウハウスおよびその製品は紹介された（図7-5）. それに対し,「原始的フォルム」はその反動で,「新しい自然との憧憬から生まれた.」ものである（図7-6）. 但し両者は対立概念ではなく,ともに「飾りを制限し,簡素さ(Einfachheit)」つまり「装飾のないフォルム」に向けて努力する. そしてリーツラーは,工作連盟の使命について,この本質的なるもの,人間と崇高な自然が1つになることを究極目標とする「フォルム」を基盤に,「芸術的領分と経済的-興行的領分の統合の中で,現状にまさに特徴的な時代様式（Zeitstil）を創る」ことだと言う. ここでは,これまでの製造者と販売者の視点に加えて,それを受容する消費者の視点が明確に意識されていると言えるだろう. この時「Kunst」と「Gewerbe」の統合,つまり「Kunstgewerbe」はもはや目指される理念ではなく,新たな様式を創るための前提となった. そうして,19世紀の半ば以降常に問題となってきたこの言葉はアクチュアリティを失い,言及されなくなっていったのである.

このアクチュアリティを失ってしまった「Kunstgewerbe」という言葉の代わりに,プフライデラーは「Werkkunst（工作芸術）」という表現で,次のように述べた. 「今日のWerkkunstにおいては,2つの本質的な立場しかない. 技術的な立場と原始的な立場である. この両者を弁証法的に包括しているものが,本質的に〈モダン（modern）〉なのである」. さらにリーツラーは言う,「新たな経済的そして社会的条件の中で,また技術や機械の常に成長する力の中で時代が要求しているのは,全く新しいとりわけ過去とのあらゆるしがらみから自由になったフォルムの意識的な創造である」. そしてそれらを実現するための場こそが,新たに「Design」と呼ばれることになるのである.

注

(1) 「Kunstgewerbe」の日本語への翻訳とそれをめぐる思想については，次の文献を参照のこと，天貝義教『応用美術思想導入の歴史——ウィーン博参同より意匠条例制定まで——』思文閣出版，2010年．

(2) Der Deutsche Werkbund, Denkschrift des Ausschusses des Deutschen Werkbundes, 1907, in: Wend Fischer (Hg.), Neue Sammlung, München : *Zwischen Kunst und Industrie, der Deutsche Werkbund*, DVA, Stuttgart, 1987, Sonderausgabe für den DWB, S. 50.

(3) 「Design」の対極とされたのは主に「Kunsthandwerk（手工芸）」であるが，広義の「Kunstgewerbe」は「Kunsthandwerk」を包含する．両者の対極性については，次の論文とその注1を参照のこと，Magdalena Droste, Vision und Konflikt, Bauhaus-Design und Kunsthandwerk, in : Zentralinstitut für Kunstgeschichte und dem Bayerischen Kunstgewerbe Verein e.V. (hrsg.), *schön und gut. Positionen des Gestaltens seit 1850*, Deutscher Kunstverlag, München/Berlin, 2002, S. 190-199.

(4) Walter Gropius, Grundsätze der Bauhausproduktion, in: Hans Maria Wingler (hrsg.), *Neue Arbeiten der Bauhauswerkstätten*(Neue Bauhausbücher), Mainz/Berlin 1981, S. 8.

(5) ここでいう「タイプ論争（Typenstreit）」は，これまで通常「規格論争」と訳されてきた．しかし，後で論じるようにムテジウスのいう「タイプ（Typ）」は，いわゆる狭義の「規格」のみを意味するものではない．彼の1914年の講演内容を考えると「典型」と訳すことも一案であるが，この言葉のもつ重層性を留保するためにここでは，あえて「タイプ」としておく．

(6) 設立メンバーである12人の芸術家（主に建築家）は次の通り，ペーター・ベーレンス，テオドール・フィッシャー，ヨーゼフ・ホフマン，ヴィルヘルム・クライス，マックス・ロイガー，アーデルベルト・ニーマイヤー，ヨーゼフ・マリア・オルブリヒ，ブルーノ・パウル，リヒャルト・リーマーシュミット，ヤーコプ・ユリウス・シャーフォーゲル，パウル・シュルツェ＝ナウムブルク，フリッツ・シューマッハー．また12人の企業体のうち代表的なものは，ペーター・ブルックマン父子銀製品製作所，ドイツ手工芸工房・ドレスデン，オイゲン・ディーデリヒス出版，手工芸連合工房（ミュンヘン），ウィーン工房．AEGやBosch さらにはクルップといった大企業は，後日会員となった．ドイツ工作連盟に関する基本的文献として，注2の他に，次の4点を挙げておく．Joan Campbell, *The German Werkbund. The Politics of Reform in the Applied Arts*, Princeton University Press, New Jersey, 1978; Frederic J. Schwartz, *The Werkbund, Design Theory and Mass Culture before the First World War*, Yale University Press, New Haven and London, 1996; 池田祐子編『[クッションから都市計画まで] ヘルマン・ムテジウスとドイツ工作連盟：ドイツ近代デザインの諸相 1900-1927』京都国立近代美術

館，2002年；Winfried Nerdinger (Hg.), *100 Jahre Deutscher Werkbund 1907 / 2007*, Ausst. Kat., Architekturmuseum der TU München, 2007.

(7)　注(2)に同じ，S. 50.
(8)　注(2)に同じ，S. 55.
(9)　ムテジウスは，1907年のベルリン商科大学の開校式で，旧来の，とりわけ手工業における生産システムとその製品を痛烈に批判した．それは，工芸経済同業者専門組合のような在来の組織から猛反発を浴びて，ムテジウスの商務省解雇問題にまで発展し，ドイツ工作連盟が設立される契機となった．このいわゆる「ムテジウス問題」については，注(5)で挙げた文献のほかに次に詳しい，John V. Maciuika, *Before the Bauhaus, Architecture, Politics, and The German State*, 1890-1920, Cambridge University Press, New York, 2005, S. 161-167.
(10)　注(2)に同じ，S. 52.
(11)　年刊誌は，1912年を第1号として，1920年まで合計6号刊行された．
(12)　Hermann Muthesius, Wo stehen wir?, in: *Die Durchgeistigung der Deutschen Arbeit, Jahrbuch des Deutschen Werkbundes 1912*, Eugen Diedrichs Verlag, Jena, 1912 (Reprint : Gebr. Mann Verlag Berlin, 1999), S. 19.
(13)　Ebd., S. 18.
(14)　Ebd., S. 24.
(15)　Ebd., S. 25.
(16)　Ebd., S. 25.
(17)　Ebd., S. 26.
(18)　Hermann Muthesius, Die Werkbundarbeit der Zukunft, in : *Zwischen Kunst und Industrie, der Deutsche Werkbund*, 1987, S. 85-115. ここには，講演内容と10箇条ならびに反10箇条の全文，その時の質疑応答が収録されている．
(19)　Ebd., S. 87.
(20)　ムテジウスの講演に対して，オストハウスは次のように質問している．「タイプ（Typ）か個性（Individualität）か？　この問いに対して，ご説明いただいた美学の観点から，どちらの立場をとることができるのか？　私は次のように答えることができると思う．タイプは，需要を育成することでのみ何かをなすのであって，芸術の育成とは関係ない．（中略）タイプは芸術的造形にとって必ずしも阻害要因ではないが，重要なのはただ，タイプが芸術的に克服されることである」．*Zwischen Kunst und Industrie, der Deutsche Werkbund*, 1987, S. 64. 「タイプ論争」はただ単に工作連盟の理念を巡る論争であっただけではない．その背後には，オストハウスを新たな工作連盟会長に推したグロピウスやブルーノ・タウトら工作連盟の第2世代と，ムテジウスに代表される第1世代との間のヘゲモニー争いがあった．たとえば，次を参照のこと．Angekila

Thiekötter, 7 Jahre Deutscher Werkbund: Von der Gründung zum Krach, in: Werkbund-Archiv（hrsg.）, *Packeis und Pressglass. Von der Kunstgewerbebewegung zum Deutschen Werkbund*, Anabas, Gießen, 1982, S. 345-350.

(21) 注(17)に同じ，S. 92.

(22) 同様の指摘は次でもなされている．フレデリック・J. シュワルツ「ヘルマン／ムテジウスと初期ドイツ工作連盟」，池田祐子編『[クッションから都市計画まで] ヘルマン・ムテジウスとドイツ工作連盟：ドイツ近代デザインの諸相 1900 - 1927』京都国立近代美術館，2002 年，25 ページ．

(23) 注(16)に同じ，S. 93.

(24) ユリウス・ポゼナー（田村都志夫訳，多木浩二監修）『近代建築への招待』，青土社，1992 年，86-87，269 ページ．

(25) Walter Gropius, Programm des Staatlichen Bauhauses in Weimar, 1919, in: Hans Maria Wingler, *Das Bauhaus 1919-1933, Weimar-Dessau-Berlin und die Nachfolge in Chicago seit 1937*, Koln, 2005, S. 39f.

(26) Walter Gropius, Vorschläge zur Gründung einer Lehranstalt als künstlerische Beratungsstelle für Industrie, Gewerbe und Handwerk, Januar 1916, in：Hartmut Probst und Christian Schädlich（hrsg.）, *Walter Gropius, Ausgewählte Schriften*, Bd. 3., Berlin 1987, S. 60-62.

(27) Ulrike Pennewitz, Kunst und Handwek oder Kunst und Industrie? Zur Konzeption des Bauhauses, in: Kerrin Klinger（Hg.）, *Kunst und Handwerk in Weimar, Von der Fürstlichen Freyen Zeichenschule zum Bauhaus*, böhlau, Köln／Weimar／Wien, 2009, S. 146f.

(28) 1919 年 7 月にプロイセン文化省で開かれた教育会議に工作連盟代表として出席したオットー・バルトニングは，デュッセルドルフ工芸学校の閉鎖に抗議し，実験的なバウハウスを支援すると公に表明した．Joan Campbell, *Der Deutsche Werkbund, 1907-1934*, Aus dem Englischen übersetzt von Toni Stopler, Klett-Cotta, Stuttgart, 1981, S. 151. また美術学校と工芸学校を統合した新たな造形学校の例としてほかに，ベルリンの工芸博物館付属学校と造形芸術大学を統合して 1924 年に設立された国立自由・応用芸術総合学校（校長はブルーノ・パウル）がある．また同時期，各地で工芸博物館の閉鎖を含む再編成が進められた．

(29) 1920 年 1 月 20 日には，工作連盟会長ハンス・ペルツィッヒと事務局長テオドール・ホイスの名前で，バウハウス支持の声明が各所に送付された．また 1920 年 7 月には，グロピウスの要請で，テューリンゲン州議会に工作連盟会員のリーマーシュミット，テオドール・フィッシャーそしてバルトニングが出席し，バウハウスの存続正当性を主張した．同上，S. 152，ならびに Marc Etzold, Walter Gropius als Kommuikator, Netzwerke

und Initiativen, in: Patrick Rössler (Hg.), *bauhauskommunikation, Innovative Strategien im Umgang mit Medien, interner und externer Öffentlichkeit*, Gebr. Mann Verlag, Berlin, 2009, S. 64.

(30) Walter Gropius, Die Arbeit des Staatlichen Bauhauses, Vortrag in der Jenaer Volkshochschule, 24. Mai 1922, veröffentlicht in: *Jenaische Zeitung*, 26. Mai, 1922, zit. in: Ulrike Pennewitz, 2009, S. 139.

(31) このグロピウスの方向転換によって，芸術寄りの立場をとる旧美術学校出身の教師陣やヨハネス・イッテンらは，バウハウスを去ることになった．

(32) Walter Gropius, Idee und Aufbau des Staatlichen Bauhauses, in: Staatliches Bauhaus in Weimar und Karl Nierendorf (hrsg.), *Staatliches Bauhaus 1919-1923*, Weimar / München 1923 (Reprint: München 1980), S. 7-18.

(33) 注(4)に同じ，S. 7.

(34) 注(27)に同じ，S. 184.

(35) 雑誌『フォルム』に掲載された論文の抜粋が，次の文献に収録されている．Felix Schwarz und Frank Gloor (hrsg.), 〉*Die Form*〈, *Stimme des Deutschen Werkbundes 1925-1934*, Bertelsmann Fachverlag, Gütersloh, 1969.

(36) Walter Riezler, Zum Geleit, in: Die Form, 1/1922, in: *Zwischen Kunst und Industrie, der Deutsche Werkbund*, 1987, S. 179-181.

(37) Walter Rietzler (hrsg.), *Die Form ohne Ornament*, Deutsche Verlags-Anstalt, Stuttgart / Berlin / Leipzig, 1924.

(38) 注(35)に同じ，S. 179.

(39) 注(36)に同じ，S. VI

(40) Ebd., S. 3-5. 「装飾」を意味する言葉として，書名では「Ornament」が用いられているが，序言にも序文にもこの語ではなく「Verzierung」が使われている理由として，「フォルム展」での装飾の否定に対する厳格さを和らげようする狙いがあったとされる．次を参照のこと，Sandra Wagner-Conzelmann, Die Ausstellung >Die Form< 1924 – ein Feldzug gegen das Ornament?, in： *100 Jahre Deutscher Werkbund 1907 / 2007*, 2007, S. 140.

(41) Ebd., S. 6.

(42) Ebd., S. 17.

(43) Ebd., S. 7.

(44) Ebd., S. 8. ここでムテジウスの「Sachlichkeit (ザッハリヒカイト)」という概念を思い起こすことは，あながち無駄ではない．特にこの問題を取り扱ったものとして，Fedor Roth, *Hermann Muthesius und die Idee der Harmonischen Kultur*, Gebr. Mann Verlag, Berlin, 2001, S. 105-173；フェドール・ロート「ヘルマン・ムテジウス，調和的文化，近

代的様式，ザッハリヒカイト」『[クッションから都市計画まで] ヘルマン・ムテジウスとドイツ工作連盟：ドイツ近代デザインの諸相 1900-1927』2002 年，28-41 ページ．

(45) 注(35)に同じ，S. 180.
(46) 注(36)に同じ，S. VIII.
(47) Ebd., S. 10.
(48) Ebd., S. VI.

第八章
アメリカにおける「デザイン」のリフレーミング

櫛　勝彦

1. アメリカン・デザインへの認識

はじめに

　デザイナーにとっても，また一般の生活者にとっても「デザイン」という言葉を想うとき，そのイメージはヨーロッパにあるのではないだろうか．パリ，ミラノ，ロンドンなどのファッション・デザイン，イタリアやドイツの優雅なスポーツカー，自然をモチーフとした家具や日用品のスカンジナビアン・デザインなどが想い浮かぶ．それらの色や形，手触り，その仕上がりへのこだわり，伝統の織りこみと現代生活への新たなアイデアなど，まさにヨーロッパから発せられるデザインは伝統に基づく「文化」という言葉が相応しい．一方，現代社会におけるわれわれの生活基盤を支える技術や制度を想うとき，すなわち現代の「文明」とは何か問いかけるならば，アメリカという巨大な力が世界を駆動していることを認めざるを得ない．

　フレンチ・レストランやブティックを夢見ながらも，日々お世話になるファストフード，あるいはスーパーマーケットやコンビニエンスストアの存在抜きにし

て現代の生活は立ちゆかない．われわれは，ともするとデザインを非日常的な文化の範囲で語る傾向はあるが，現在の日常生活にデザインの存在を否定することは出来ない．日常生活を形作るさまざまなシステム，モノ，サービスも人の思考と行動の賜物であり，自然発生的に生まれ出てきたものではない．その意味で，現代社会とデザインの関係を探ろうとするならば，アメリカという世界の一地域を背景としたデザインをここで振り返る必要があるのではないか．本章では，アメリカに生まれたデザイン的現象を拾いつつ，現在の生活におけるその影響を検証し，アメリカが提示し続ける「デザイン」の意味を再考してみたい．

アメリカン・デザインへの違和感

近代以前の工芸に顕著であるが，人工物のモノとしての特質は，それが作られた地域によって違いが生まれる．そこで産出される原材料，そしてその原材料の加工によって生まれるさまざまな素材が，人工物の物理的な成り立ちを決定づける．さらに，気候や地理的特質と宗教や文化や政治などの風土的特質が大きな影響を与える．なぜなら，それらはその地域に住む人たちの生活におけるニーズを満たすゆえに存在するからであり，それら人工物の作者の技術，意図もその目的に適ったものに収斂される．

しかし，伝統工芸と異なり，現代のデザインには，風土特性を超えたインターナショナルな価値を前提として理解される傾向がある．デザインという言葉は，おそらく建築物などの「設計」という一般的意味合いでは，古くから使われていたと思われる．産業革命以降，デザインは新たな意味を持つようになる．モノの機械生産が始まることで，等質なモノが大量に生み出され，国境を越えて消費されるという従来にない物質環境が生まれ，それら人の手に依らないモノが大量に存在することへの違和感，あるいは暴力性を感じ取った人々によって，技術と芸術の接点を探る試みが多くなされた．たとえば，ウィリアム・モリスが美的上質さを生活に取り戻すことを訴えたり，バウハウスでの，建築，絵画，演劇，家具・日用品などでの，新たな素材と工法を生かした総合芸術としての共通原則を見いだそうとする姿勢に，われわれは単なる「設計」とは異なる「デザイン」という概念を与えるようになった．つまり，一点ものではなく，一定のルールに則り計画され，システマチックに生産され，多くの人に用いられる，あるいは楽しまれることを前提とした設計行為，あるいはその行為によって生まれた人工物の見映えをはじめとする感覚的価値をデザインと呼ぶようになった．さらに最近では，

サービスやビジネスといった直接触ることの出来ないものにまで，デザインという概念は適用されるようになってきている．確かに，不特定多数の人たちへの価値提供を前提としたとき，工芸とは異なるより広い一般性が求められる．ドイツ語では，造形＝デザインであり，〈gestaltung〉が当てられる．これは，まさに「ゲシュタルト心理学」のゲシュタルトであり，部分の集合体としての意味・構造・形態である．つまり，バウハウスを生み出したドイツでは，知覚的意味構造の設計をデザインと捉えた訳で，単純化，抽象化，構造化による人の知覚認知ルールの生成こそがデザインなのである．バウハウス教員の作品，たとえば，ミース・ファンデル・ローエの建築やイスのデザインなどはその典型であるし，第二次世界大戦後においても，ディーター・ラムス（Dieter Rams, 1932-）が実践したブラウン社での製品デザインは，ゲシュタルト的デザインの特徴をよく表している（図8-1）．

　われわれ，すなわち，デザインを学ぶ者は，デザインという言葉が単なる「設計」という意味を超え，量産による多くの人への一般解という，新たな「デザイン」概念を20世紀初頭に得てからは，この教義に強く引きつけられてきた．そのゆえに，地域の風土特性とデザインの関係は，デザイン的議論の中心から外されてきたのではないだろうか．

　その意味で，アメリカのデザイン，あるいは「アメリカン・デザイン」という言葉をイメージするとき，日本にいるわれわれは，本来のデザイン原理から外れたもう1つのデザインの位置づけ，つまり亜流的レッテルを与えてしまう．同様に，アメリカから「インダストリアル・デザイン」（Industrial Design）を輸入した日本のデザイン自体にも，われわれは，自嘲的な態度を取ってしまう．日本人が誇らしげにデザインを語るには，ドイツ人建築家ブルーノ・タウトに見いだされ

図8-1　ディーター・ラムス《ブラウン社におけるラムスが関わった製品群》．

第八章　アメリカにおける「デザイン」のリフレーミング

た桂離宮を持ち出さなくてはならない.[(2)]

　しかし，インダストリアル・デザインという職業分野がはじめて成立したのは，アメリカである．この事実は紛れもないが，なぜかインダストリアル・デザインの傍流としてのイメージもアメリカのデザインにはつきまとう．このねじれた認識は，巨大産業と一体となったアメリカ・インダストリアル・デザインの商業主義的側面，つまり，消費誘発機能としてのデザインと，純粋芸術，あるいは工芸から発展してきたヨーロッパ的デザイン原理，すなわち，gestaltungとの間の違和感に他ならない．

　デザインの原理や理論を語る場合，傍流扱いを受けがちなアメリカのデザインであるが，現実の世界経済や，われわれの身の回りに存在するモノのデザインを見回した時，このアメリカという特殊な地域によって生まれた亜流デザインが世界のルールを定めている事実を無視することは出来ない．

アメリカという国土とデザイン

　アメリカという国家は，言うまでもなくヨーロッパ諸国からのアメリカ大陸東海岸への移民による植民地化に始まり，先住民族を駆逐しながらの西部への開拓，そしてイギリスからの独立によって起こった．このあまりに広大で豊かな国土が，今日のアメリカ合衆国の繁栄の背景であることはもちろんであるが，この広大さゆえに成立する各地での独自性を持った州政府と，強大な権限を持った大統領（中央政府）による組合せ，そして，建国時にすでに保証された個人の自由がこの国のダイナミクスを生んだ．さらに，南北戦争という国土を二分する対立の経験から，国民は，広い国土に分散しながら，アメリカという新たな国家理念の元に強く結束した．この地理的，政治的背景は，地方で生まれたビジネス・アイ

図8-2　《T型フォードの組み立てライン》1913年.

デアを広くアメリカ国民の間で共有しようとする傾向を生んできた．かつ，一国の国内市場とはいえ，アメリカで成功しようとするならば，大西洋に面した東海岸から太平洋に面した西海岸までの広大な面積をカバーする必要がある．この広さこそが，アメリカの特質であり，アメリカの発明，製品，サービスは，この広さをカバーするという命題を内包しながら生まれてくる．

　たとえば，自動車の発明は，ヨーロッパで行われたが，当初，あくまでそれは，裕福な家庭の贅沢品であり，一家に一台の車保有という強いニーズは，アメリカという国土においてこそ生成された．ヘンリー・フォードは，このニーズを汲み取り，その実現のために部品の徹底的規格化とベルトコンベア方式の組み立てラインの導入による大量生産を実現し，アメリカ全土に販売網を整えた．この包括的な生産販売システムにより，初めて富裕層でない一般中間層の家庭での自動車保有が可能となった．ヘンリー・フォードへの高い評価は，T型フォードという製品設計の優秀性よりも，自動車のアメリカ全土への普及という，まさに社会変革への貢献にあるのは言うまでもない（図8-2）．また，スコットランド人であったグラハム・ベルがアメリカに移住後に電話を発明したが，それだけに留まるのでなく，日本がまだ明治維新の最中，AT&Tという世界初の長距離電話会社を組織し，電話機端末とインフラストラクチャーを保持することによる利用料金の取得という新たなビジネスモデルを打ち立てた．

　19世紀末から20世紀初頭のアメリカ産業萌芽期においてすでに，後の現代のグローバリゼーションに発展する，ニーズからの発想・発明，製品としての実体化，そして流通・アフターケアといったアメリカ式ビジネスのパッケージが明らかな形となって現れたのである．

2. アメリカの「デザイン」

インダストリアル・デザインの誕生

　前述したとおり，インダストリアル・デザインという言葉は，アメリカにおいて作られた．もちろん，デザインあるいはデザイナーという概念は，ヨーロッパにおいて産業革命以前にも存在したが，ともすると無骨になりがちな当時の工業製品を，モノ本来の機能をより引き出し，より生活に即した美しさとの融合を図るという新たな設計行為を，インダストリアル・デザインという名称で新たな職業と定義したのは，そして，少なくとも自らをインダストリアル・デザイナーと

自覚したのは，レイモンド・ローウィ (Raymond Loewy, 1893-1986) ら1920年代のアメリカで活躍を始めたデザイナーたちが最初であろう．

　1920年代初頭，第一次世界大戦後，戦火で疲弊したヨーロッパを尻目にアメリカの工業生産は膨張を続け，作れば売れるという超売り手市場の時代であった．ゆえに，1929年のニューヨーク・ウォール街で起こった株暴落とそれに引き続く世界恐慌を迎えるまでは，製造業の企業経営者が，デザイナーを重要なビジネスパートナーとして受け入れることはなかった．

　アメリカのデザインは，フランスで技術教育を受け，職を求めて移住してきたローウィ，元舞台美術を職業としていたヘンリー・ドレフュス (Henry Dreyfuss, 1904-72)，ノーマン・ベル・ゲッデス (Norman Bel Geddes, 1893-1958) らによって起こった．彼らは，もちろんデザイン教育というものを受けてはいない．しかし，彼らの持つ美的価値観とそれに起因するモノに対する批判精神，さらに舞台芸術や広告の仕事で育まれた消費者を魅了する表現能力は，当時のアメリカの巨大で粗野な生産能力と貪欲な市場の間で，徐々にその両者の仲介者としての役割を主張するようになっていった．

　世界恐慌後は，この「インダストリアル・デザイン」という機能は，企業経営者にとって，極めて魅惑的なものとなる．つまり，基本的な製品仕様は変えずに，つまり，巨大な投資を伴わずに，インダストリアル・デザインというフィルターを通すことにより，新たな製品として消費者に訴えかけることが出来ることに気づくのである．この典型的な現象としては，1930年代の流線型デザインのブームである．流線型，つまり「ストリーム・ライン」(Stream Line) は，元来，移動体の速度を上げるために，空気や水といった媒質との抵抗を低減させるために用いられた造形処理である．飛行機等の設計では，純粋に技術的・科学的な理由で採用された形状であったが，上記インダストリアル・デザイナーらによって，まず機関車に応用されることになる．さらには，自動車へのデザインへと自然な成り行きとして展開されていくが，徐々に，このストリーム・ラインは最先端を表す視覚的象徴として人々に，あるいはむしろ経営者に捉えられるようになり，移動体のみならず，屋内に収まる電化製品，あるいは建築にまで影響が及んでいく（図8-3, 8-4）．

　一方，企業競争が高まる中，広大な国土での成功を収めるために，消費者の嗜好，消費動向などの分析手法も開発され，マーケティングという概念もアメリカにおいて生まれてくる．このマーケティングとインダストリアル・デザインが

1920年代以降,さらには第二次世界大戦以後においても,企業経営のための強力な戦略的ツールとなっていく.新興であったゼネラル・モータース (GM) が,短いインターバルで新たなスタイルを纏った車を次々と発表し,消費を喚起し,廉価で質実剛健のT型フォードを生産中止に追い込み,とうとうフォードの企業戦略も計画的なモデル・チェンジ路線に変更していったことは,このことの象徴的出来事といえよう.[3]

インダストリアル・デザインの創り出す価値

　結果として,インダストリアル・デザインのパイオニアたちは,1920年代において,工業製品の外観美化の重要性を経営者に気づかせ,あらゆる工業製品にデザインが必要であることを啓蒙することに成功したが,一旦,巨大な生産販売システムに組み込まれた後は,エンジニアリングとマーケティングという企業システムの2大勢力との調整役と販売促進の即効薬としての役割を担っていくように

図8-3 《クライスラー・エアフローとユニオン・パシフィック・ストリームライナー》1934年.

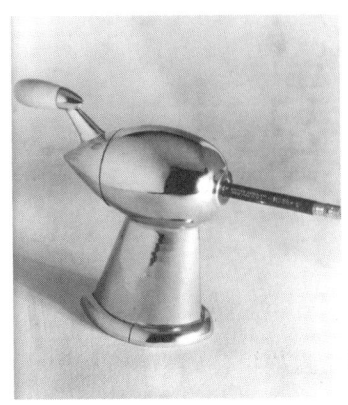

図8-4 レイモンド・ローウィ《ストリームラインの鉛筆削り》1934年(特許手得).

第八章 アメリカにおける「デザイン」のリフレーミング　139

なる．これは，今日のグローバルな製品展開を行う世界の大企業においても，典型的かつ強力なビジネス・メカニズムとして引き継がれている．特に，日本企業においては，インダストリアル・デザイナーを企業の社員として採用するという方式により，独立デザイン事務所と企業との契約が一般的なアメリカよりもさらにこのシステムを強固なものとしてきた．

　現代の世界経済は，人々の消費を基礎として成り立っている．アメリカが生み出したインダストリアル・デザインは，機能（パフォーマンス）と価格といった従来のモノの価値基準に，「イメージ」という消費に直接訴える新たな価値基準を導入した．「イメージ」は単なる美や希少性といった，工芸品的価値ではなく，あるいは，アーツ＆クラフト，アール・ヌーヴォーやデ・スティル，バウハウスに見る新たな芸術的価値でもなく，大量消費社会における，人々のより豊かな生活をという上昇指向心理を投影した新たな価値である．

　この価値により，アメリカでは特に，人々が機械である製品を偏愛する事も生まれ得るのである（スポーツカーのコルベットや，ハーレー・ダビッドソンのバイク，最近ではナイキのスポーツ・シューズなどに見る熱狂的な支持は典型である（図8-5））．

　デル・コーツが，「あなたの腕時計は（それを見る人に向けて），時間以上の何かを常に告げているのである．事実，時間のみを伝える腕時計をデザインすることは不可能である．もっとも標準的な腕時計ですら，盤面のいつもの数字，針，グラフィック・シンボルなどからだけでなく，腕時計自体の形，色，表面仕上げなどのすべての視覚的要素を通して，そのことを証明している」と述べたが，ローウィら，第1世代のインダストリアル・デザイナーは，当初は醜い工業製品を美しく見せるという素朴な動機の仕事をこなす中で，製品のイメージが消費者に与える意味の大きさに気づき，この意味を与える職業を「インダストリアル・デザ

図8-5　Greg Cook《EL DIABLO SWINGARM》
（ハーレー・ダビッドソンの改造車チョッパー）．

イン」と定義づけ，製造業にとって，欠くことの出来ないビジネス・フレームを世界に先がけて確立したといえる(4)．つまり，アメリカ・インダストリアル・デザインは，イメージの力で，巨大な資本と生産システムを背景に，広大な国土に拡散したアメリカ人に共通価値観を与え，ヨーロッパ文化の亜流としてのコンプレックスから解放し，ヨーロッパとは異なるアメリカ独特の生活スタイル確立に貢献したのであり，さらに，第二次世界大戦後は，それらがグローバルな価値として世界のあらゆる地域に浸食していったのである．

アメリカのデザイン教育とプロダクト・セマンティクス

　アメリカにおいてインダストリアル・デザインが，確立されようとしている1930年代，ヨーロッパにおいてファシズムと社会主義の台頭により弾圧を受けた芸術家，建築家，そしてデザイナーがアメリカに移り住んできた．インダストリアル・デザイナーの需要が社会的に高まり，デザイン教育の必要性が認識されつつあったこの時，彼らの多くは実践家としてよりはむしろ，アメリカでのデザインの教育カリキュラム設計と教師としての活動を行った．アメリカでの最初のデザイン教育機関は，1935年の雇用促進管理局の資金によりニューヨークに設立されたデザイン・ラボラトリーとされるが，カリキュラムはバウハウスを基本としながら，製造と販売の実際的側面が強調されたものであった(5)．

　ほぼ同時期，カーネギー大学やプラット・インスティテュートなどで工業デザインの教育カリキュラムが提供されるようになる．プラット・インスティテュートでは，ヨーロッパからの移住者であるアレクサンダー・コステローが造形基礎課題において，バウハウス的な素材とプロセス，抽象的概念形成に力点を置いた教育を行ったが，実践面を担当したドナルド・ドーナーは，「広告と同じように，工業デザインは大量生産から生まれてきた．（中略）ぬけ目ない製造業者と販売業者は，良いデザインが販売で演じている役割に気がついている．つまり，利便だけでは充分でないのである．今日，商取引と生産の要求のなかで仕事ができるよう訓練されたデザイナーが必要である，と認められている」と同校のカタログで述べ，アメリカにおけるデザイナーの役割を強調した．プラット・インスティテュートの卒業生は，後に，アメリカ各地の大学のデザイン教育立ち上げに多大な貢献をすることになる(6)（シカゴのインスティテュート・オブ・デザインのジェイ・ダブリンや，スタンフォード大学のロバート・マッキムなど）．

　バウハウスの主要なメンバー，ワルター・グロピウス，モホリ＝ナギ，ミース・

第八章　アメリカにおける「デザイン」のリフレーミング　　141

ファン・デル・ローエらも同様に，1930年代後半にアメリカに亡命してきた．教育面においては，モホリ=ナギの1937年に設立されたニュー・バウハウスの校長としての指導が顕著であるが，バウハウス教育が結局の所，アメリカに根づいたとは言い難い．それは，ニュー・バウハウスは，同じシカゴにおいて，スクール・オブ・デザイン，次に，インスティテュート・オブ・デザイン，さらには，イリノイ工科大学への併合という歴史の中で，バウハウス的な造形教育は影を潜め，人間工学，マーケティング理論，社会学的調査手法などを，時代の要請に鋭敏に反応する形で取り入れ，より拡張したデザイン方法論化に向かっていったことからも分かる．[7]

このバウハウスから解放されたアメリカ的なデザイン教育の変遷，あるいはデザイン理論の発展は，やはり，アメリカ風土に強く根ざしたものであったことは言うまでもない．視覚的表現の側面にそれがもっとも強く表れたのは，クランブルック・アカデミー・オブ・アートにおける，1980年代の，「プロダクト・セマンティクス」(製品意味論 Product Semantics) の実験的展開であろう．80年代は，世界的にポスト・モダンの旋風が吹き荒れた時代であったが，ヨーロッパにおけるそれは，たとえば，メンフィスの活動に見るように，モダニズムに対する痛烈な批判としての思想的背景を強く伺わせるものであったが，クランブルックでのプロダクト・デザインにおける意味論は，アメリカで特に顕著であったデジタル・テクノロジーの急速な発展を迎え，そういったデジタル製品の本来的に持つ分かりにくさと，複雑さを増す生活文脈の中で，製品が抱える重層的な「意味」を真剣に造形としての有用性を与えようとしたものであった[8](図8-6)．今日，ポスト・モダン・デザインに対して，一時の流行であり，社会に本質的インパクトを与えることを出来なかった，という批判が一般的であるが，クランブルックの取り組みは，より洗練される形で，たとえば，アップル・コンピュータ，IBMのパー

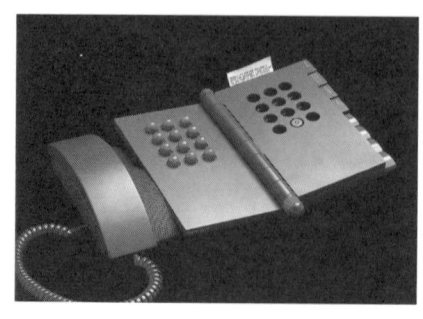

図8-6　Lisa Krohn with Tucker Viemiester 《*Phonebook* Telephone Answering Machine Model》1987年，クランブルックの学生によるデザインモデル．

ソナルコンピュータ，オランダのフィリップスの家電製品，または，スチールケース社のオフィス家具等のデザインに強い影響を与えた．

　1930年代のインダストリアル・デザイン黎明期，「イメージ」の力をデザイナーは強く認識し，流線型や，第二次世界大戦後の自動車のテール・フィンという時代のイコンを次々と生み出し，時にはそれらを乱用しつつ，消費を喚起するメカニズムを確立したが，半世紀を過ぎた80年代に，人の持つ記憶をメタファーとして利用した新たな「イメージ」デザインの方法論をクランブルックが示したことは，アメリカならではの風土が生んだアメリカン・デザインの1つの系譜と見ることが出来よう．

3. デザイン機能の発見

問題解決としてのデザイン——インダストリアル・デザイン・プロセスの底流

　レイモンド・ローウィの流線型の機関車はよく知られるところであるが，鉄道会社からの機関車デザインの発注の前に，テストとして，駅のゴミ箱のデザインを受注している．彼は，このゴミ箱のデザインを行うに当たり，駅におけるゴミ箱の現状をつぶさに観察し，問題点を洗い出している[9]．また，同じ流線型デザインで有名なノーマン・ベル・ゲッデスは，技術者よりも先に空気や水の抵抗を減少するための流線型の実験を繰り返す中で見つけ出した[10]．この2人に限らず，アメリカの第1世代のインダストリル・デザイナーの今日のイメージは，スタイリストとしての側面に偏っているが，彼らが，製品の目的に対する最適な解決を求めるプロセスを地道に行っていたことはあまり注目されていない．

　第二次世界大戦の後，戦前にもまして世界におけるアメリカの経済的地位は揺るぎないものとなり，多くのアメリカ初の技術や製品が海外に輸出され，功罪含めて，今日のグローバルな現代文明を形成していった．これは，主要な戦争当事国として唯一本国の戦災を免れたことも大きいが，戦前，戦中における，アメリカ人の問題解決に対する柔軟な姿勢，ビジネスで鍛えられた戦略性，つまりはアメリカ流のデザイン的思考によるところも無視できない．

　事実，戦争中におけるデザイナーの軍関係の仕事は多彩であった．人間工学や，心理学の知識を応用した兵器開発への協力や，兵器や備品の取扱説明書，防空壕や司令室の効率的なレイアウトや，配線等のカラーコーディング，医療用備品まで，アメリカ軍はインダストリアル・デザインの力を活用した．

第八章　アメリカにおける「デザイン」のリフレーミング　143

中でも，インダストリアル・デザイナー第2世代とも言えるチャールズ・イームズ（Charles Eames, 1907-78）は，妻のレイ・イームズとともに，独自に開発した積層合板成形により，足を骨折した兵隊のための固定具（添え木）を考案し，従来の金属製のものに比べ，軽量であったため，高い評価を得た（図8-7）．イームズの積層合板成形のアイデアは，もともとニューヨーク近代美術館（MOMA）が1940年に主催した家具デザイン・コンペティションに応募し，1等賞を得た案でのものであった．この画期的なコンセプトと造形は，高い評価を受けたが，量産を検討する企業が現れなかった．その後，イームズ夫妻は，カリフォルニアに移り，自ら成型方法を，実験を繰り返しながら確立していくのである．彼らの芸術家的創造能力と，技術者的開発能力，さらには，時代のニーズを捉えて，アイデアを具体的に展開する実業家的経営能力は，第1世代のデザイナーの資質の延長線上にあり，それらを強固なものにしたとも考えられるが，大戦直後，イームズは，この技術をイームズ・チェアに結実させることにより，デザイナーに対する一般市民からの，「デザイナー＝スタイリスト」的認識をより包括的な創造者へと引き上

図8-7　Evans Products《Leg Splint》（イームズの固定具のデモンストレーション）1943年．

図8-8　チャールズ＆レイ・イームズ《合板金属足チェア》1946年．

げた(図8-8).

　イームズ夫妻ほどの個人的名声は勝ち得てはいないが，戦争に起因するアメリカ・デザインの成果として，コーニング社の耐熱ガラス製調理鍋類の「パイレックス」(PYREX) があげられる．これは，戦時下において，金属がアメリカにおいても全て軍需向けに使用されるため，生活必需品も代用素材で製造する必要があった．イームズの合板も，金属の代用素材であるが，ガラス，陶器，紙などを利用した再デザインが必要であった．コーニング社は，すでにガラスの耐熱衝撃ガラス・パイレックスを化学実験器具用などで生産していたが，この時期に家庭用調理器具として転用し，成功を収めた．

　戦時中のアメリカの住宅不足は，軍需工場のために各地から大量に移動してきた労働者家族のために発生したが，解消のためにプレハブ住宅の開発が急務であった．これには，建築家よりはむしろ工業デザイナーが，大量生産システムを活用した問題解決能力を活かした．中でも，バックミンスター・フラー (Richard Buckminster Fuller, 1895-1983) は，安価な波板鋼を使用したダイマキシオン・ハウスを開発し，注目を集めた(図8-9).

拡張するアメリカのデザイン概念

　これまで見てきたように，2つの大戦の間に，アメリカにおいて，インダストリアル・デザインが生まれた．この大量生産と大量消費をつなぐ新たな社会・経済機能は，現在においても世界の製造業において有効に働いている．しかし，アメリカのデザインは，「インダストリアル・デザイン」という機能に留まらず，その方法論を社会的問題の解決のためにも効果的に使われた．それは，戦中の，謂わば，非常時における技術革新にも繋がった．

図8-9　バックミンスタ・フラー《ダイマキシオン開発ユニット》

デザイン教育を見ても，当初のバウハウスを基礎としたヨーロッパ流の教育から，徐々に，産業と密接に関わる中で，より広い技術領域，学問領域を取り入れる形で進化し，それぞれの大学における特徴も現れるようになった．同じカリフォルニア州においても，アートセンター・オブ・カレッジにおいては，もっとも典型的なインダストリアル・デザイナー，つまり徹底したスタイリスト養成に重きを置いた教育を行う一方，スタンフォード大学では，社会のための創造思考に主眼を置き，問題発見からの解決をデザインと位置づけている．

　現在，アメリカのデザインを一般的に語ろうとするとき，ローウィに始まるインダストリアル・デザイン，そして，視覚的イコンを商業的に活用したスタイリング・デザインだけで定義づけることは出来ない．日本のグッド・デザイン審査において，テレビ番組や，デザイナーの関与していないロボット・スーツなどが選ばれる今日，セブン・イレブンなどのコンビニエンスストア，マクドナルドなどのファストフードのシステムなど，インターネットでのヤフーやグーグルでの検索システムなどもアメリカ発の代表的デザインといってよいであろう．遡れば，T型フォードの生産・販売システム，それを打ち破ったGMのモデル・チェンジ戦略自体も，インダストリアル・デザインという社会・経済機能としての確立とともに，メタ・デザインとしてエポック・メーキングなデザイン現象であったと言える．

　コーニングのパイレックスと同様，われわれの日常生活に変革をもたらしたものでは，3Mのポストイットや使い捨てサージカル・マスク，P＆Gの使い捨ておむつ，キンバリー・クラークのクリネックス・ティシューなどは，代表的なものであるし，これらの製品は，個人のデザイナーの名前がクレジットされることはないが，開発過程においては，技術発想だけでは不可能であり，デザイン・プロセスの取り込みが積極的に行われた[12]．

　コンピュータ技術の発達も主に，アメリカが主導しているのは否定できない事実であるが，テキストベースの入出力を，「グラフィカル・ユーザー・インタフェース」(Graphical User Interface) により，多くの一般的消費者に使えるようにしたのも，ゼロックス・パロアルト研究所のコンピュータ科学者を始めとするさまざまな分野の専門家の共同作業によるものであった．そして，このチームには，インダストリアル・デザイン教育を受けたビル・バープランクも主要なメンバーとして参加していた．以後，パロアルト周辺（シリコンバレー）は，世界のコンピュータ産業をリードしていくが，コンピュータ・システムとユーザーの相互的やりと

りのデザイン，すなわち「インタラクション・デザイン」(Interaction Design) という新たな概念も，この地でビル・モグリッジらによって確立される．ビル・モグリッジは，スタンフォード大学でプロダクト・デザインを学んだデビッド・ケリーらと IDEO を設立し，デザインとエンジニアリングを融合した新たなデザイン・ビジネスのモデルを打ち立てた．

まとめ——リフレーミングの繰り返し

　広く豊かな国土，ヨーロッパ伝統文化から独立した自由な発想，そして，アメリカ人としてのアイデンティティを常に意識する国民性，このような風土を背景に，アメリカは，ヨーロッパで生まれた工業生産システムやデザイン概念を独自に発展させた．19世紀，20世紀初頭においてヨーロッパが工業生産の原材料の供給地，そして製品の消費地として植民地を必要としたが，アメリカは，その国内においてこのサイクルが完結した．

　つまり，この自由で民主的な国において，当初から作り手と売り手が市民として一致していた．彼らは彼ら自身が欲するものを，考案し，これを同胞たちに共有した．工業生産システムは，さらには，商業の新たなシステムがこの広い国土への普及を後押しした．

　その中でデザインは，まず生産の合理化と消費者ニーズの顕在化，そして購買意欲喚起に貢献し，巨大なアメリカ製造業ビジネスにおいて，不可欠な存在となった．しかし，美しいスタイリングを製品に与えるという，所謂「デザイン」的行為に留まらず，それ以外のデザイン的機能，つまり，問題解決能力は，戦時の困難な社会状況の中で注目され，活用された．

　戦後も，デザインは，人間工学，経済理論，社会学，心理学，といったさまざまな学問分野，そして先端テクノロジーとの深い関わりの中で，その枠組み（フレーム）が拡張され，適用され続けている．

　モノづくりとは，常に新たなアイデアで，世の中の既存フレームを変更することに他ならないが，アメリカにおけるこれまでのデザインの流れは，自らの「デザイン」フレームを常にリフレーミングしてきた歴史であったし，またこのフラクタル的ダイナミズムがこの国のデザインの特徴と言えるであろう．

注

(1) 向井周太郎「外界環境形成 マックス・ビル」, 勝見勝『現代デザイン理論のエッセンス』ぺりかん社, 1966年.

(2) 宮本健次『桂離宮:ブルーノ・タウトは証言する』鹿島出版会, 1995年.

(3) 出原栄一「アメリカの工業デザイン グリノーとゲデス」, 勝見勝『現代デザイン理論のエッセンス』ぺりかん社, 1966年.

(4) Del Cotes, *Watches Tell More than Time*, McGraw-Hill, U.S.A., 2003.

(5) Arthur J. Pulos, *The American Design Adventure 1940-1970*, Massachusetts Institute of Technology, 1988 (A.J. プーロス (永田喬訳)『現代アメリカ・デザイン史』岩崎美術社, 1991年).

(6) *Ibid.*

(7) *Ibid.*

(8) Hugh Aldersey et al., *Cranbrook design: the new design discourse*, Rizzoli International Publications, U.S.A., 1990.

(9) Raymond Loewy, *Never leave well enough alone*, Simon And Schuster, 1951 (レイモンド・ローウィ (藤山愛一郎訳)『口紅から機関車まで』鹿島出版界, 1981年).

(10) 出原栄一「アメリカの工業デザイン グリノーとゲデス」, 勝見勝『現代デザイン理論のエッセンス』ぺりかん社, 1966年.

(11) Johon and Marilyn Neuhart with Ray Eames, *Eames design: the work of the office of Charles and Ray eames*, Harry N. Abrams, U.S.A., 1989.

(12) Susan Squire, *Doing the Work : Customer Research in the Product Development and Design Industry*; Susan Squire and Bryan Byrne, *Creating Breakthrough Ideas*, Bergin & Garvey, U.S.A., 2002.

(13) Bill Moggridge, *Designing Interactions*, The MIT Press, U.S.A., 2007.

第九章
グラフィックデザインにおける日本的表現

中野仁人

はじめに

　毎年発刊されるデザイン年鑑のグラフィック作品を見渡すと，日本的という形容に値する作品群が必ず目に入る．日本人であるわれわれには違和感なく馴染み深い感覚をともなう和の表現．そして今や海外の人にも定着したジャパングラフィック．振り返れば日本のデザイナーたちは，ひたすら近代化，欧米化を目指した明治から大正にかけて，そして第二次世界大戦後から現在までの間に国際的なデザインを生み出すことを実現させながら，日本のアイデンティティのあり方と葛藤してきた．

　本章では，グラフィックデザインの表現様式あるいは表現技術との関連のもとで，日本的イメージについて概観し，その意味を見ていくこととする．

　ところで，グラフィックデザインにおける日本的表現とはどのようなものであろうか．日本的モチーフ，日本的色彩，日本的空間，平面性，余韻，情緒，豪華，粋，わび，さび，質素，見立て，奥ゆかしさ，にじみ，ぼかし，土俗，混沌……など，和の表現は数え上げればきりがない．

　しかしここではそれぞれの概念を分析するのではなく具体的な作品の中で，和の表現を追いかけてみようと思う．日本のデザイナーが新しい技術の導入，西洋

的表現の導入を行いながら，日本的伝統的イメージと対峙し，新たな表現を作り出して来たという事実を確認することで，伝統が新しさを生み，ナショナリズムがインターナショナルを実現するということを再認識してみよう．

1. 日本的表現の継承

石版技法の流入と引札

　引札は明治から大正にかけて量産された現在のチラシあるいは折り込み広告である．明治末期の大阪では，1000万枚を超える引札が発行されていた．引札の起源は江戸中期に遡るが，明治中期以後に非常に色鮮やかな図像が刷られ，受容者の意識を視覚的に誘導し，現代の広告デザインの源となった．

　しかし，西洋化，近代化が声高に叫ばれた世相であったにもかかわらず，引札に見られる図像は，非常に日本的あるいは江戸時代に形成されたイメージの延長といった内容である．すなわち恵比須・大黒に代表される，多分に土着的，民俗的モチーフが中心であった．これらのめでたい図像は一般大衆の心に自然に浸透し，引札は当時の室内の壁を彩る装飾の一部になっていた（図9-1）．

　引札は当初，浮世絵錦絵で高水準に達した木版技法で刷られていたが，やがてヨーロッパから取り入れられた石版印刷に移項し，用紙も和紙から洋紙への転換が計られていった[1]．

　ところで浮世絵の大きな特徴の1つにぼかし表現がある．これは版木と水性絵具の特質を活かして滑らかにグラデーションを実現する浮世絵の代表的な技法であるが，木版で印刷されていた引札においてもこのぼかしが多用された．それは，ぼかしが明治の一般大衆には親しみやすい色彩表現として定着していたと同

図9-1　《引札・桝を抱える福助と子供》明治，H26.0×W37.5cm，石版．

時に，引札の機能面を考慮したからでもある．

　引札は，特注の場合を除いてあらかじめ図柄を印刷しておき，広告主に応じて，その店舗名やキャッチフレーズを墨で後刷りするというシステムである．広告主は見本の中から気に入った図柄を選ぶわけだが，その際に後刷りする部分を白い空白として残しておくことは，図柄を選ぶ際に魅力に欠けるものとなりかねない．つまり印刷会社にとって引札の図柄は最終的にそれを手にする消費者と同時に広告主をも惹き付ける魅力を持たなければならないのである．その点，余白部分の美しいぼかしは充分に魅力的であった．

　しかし石版技術は合理的な量産を可能にしたものの，木版のように滑らかな色面でのぼかし表現は困難を極めるものであった．写真製版により網点が一般的になるのはもう少しあとである．そこで考えられたのが，平行線の疎密によるぼかしの再現である．ちょうど西洋の銅版画でクロスハッチングや平行線によって陰影を表現したように，石版刷りの引札においても線によってぼかしが表現されたのである．

　そして一般の人々にとっては，木版の面によるぼかしであろうと石版の線によるぼかしであろうと何ら問題はなく，引札は受入れられた．ぼかしの持つ，優しい色彩の滑らかな変化が日本人の心に響いていた．ここに，新しい技術と日本的表現が手を取り合ったのである．

ウィーン分離派と三越のポスター／杉浦非水

　明治末になるとやがて引札も終わりを告げ，大判のポスターが多く制作されるようになる．しかしそこでひたすら作られたのは，宣伝する内容とは乖離した図柄の美人画ポスターであった．

　日本で初めての石版印刷のポスターは1881年に制作された．そしてデザイナーではなく画家が油彩で描いた西洋的陰影をともなった美人画を精密に再現するために石版印刷は飛躍的に発展し，製版技術者はその高度な技術を磨いた．1900年頃の三越呉服店のポスターなど，36度刷りという贅沢なものも少なくなかった．それらは美術品の域にまで達し，ポスターを飾ることがステータスとなり，コレクターも登場した．

　しかし，ポスターの訴求内容と描かれる美人画との距離はなかなか縮まらず，そこに一石を投じたのが杉浦非水 (1876-1965) であった．非水は1908年から三越呉服店宣伝部のデザイナーとして日本画にアール・ヌーヴォー的感覚を加える表

現を模索していた.

　非水のデザインした1914年の三越呉服店のポスターは（図9-2），ポスターのためにデザイナーが描いた女性像であり，元禄時代や天平時代の装束を身につけた女性ではなく，同時代つまり明治の新しい風俗に身を包んだ女性が描かれていた．着物の図柄は日本の古典柄ではなく大柄の蝶が散らされ，腰掛けているのは着物柄に呼応するようなソファ，背後にはウィーン分離派的な方形の家具がある．それは三越が時代に則した商品を販売しているという本来の広告の機能を果たすものでもあった．人物の表現には油絵的な陰影はなく，細い輪郭線と鮮やか色面で描かれ，浮世絵に影響を受けた非写実的描写が展開されている．

　ここに和と洋，古典と現代が混ざり合っている．つまり，19世紀後半にヨーロッパでおこったジャポニスムを昇華させたアール・ヌーヴォーあるいはウィーン分離派の影響を受け，日本のデザインは日本的表現を逆輸入し日本的感覚を再認識したのである．

琳派の復権／浅井忠，神坂雪佳

　浅井忠（1856-1907）は1900年，文部省の命でヨーロッパに遊学した後，1902年に京都高等工芸学校（現・京都工芸繊維大学）の教員となった．油絵を教えるのではなく図案つまりデザインを学生達に教えるためである．そして京都の図案研究を行い，アール・ヌーヴォー風図案と新しい琳派の提案に力を注ぎ始めた．浅井がヨーロッパに滞在している間にアール・ヌーヴォーそしてジャポニスムの大きな力を目の当たりにし，工芸図案つまりデザインの必要性を強く感じたのである．

図9-2　杉浦非水《三越呉服店》1914年, H106.0 × W77.0cm, 描画平版.

浅井は多くの陶器や漆器，蒔絵のために工芸図案を残している．それは浅井が油絵で表現したような精緻な描写ではなく，大らかで柔らかみのある表現であり，琳派のもつ特質とアールのヌーヴォーの空間性を見事に融合させている（図9-3）．

　そして神坂雪佳（1866-1942）もまた京琳派を継承する日本画家・工芸デザイナーとして京都で活動した．1890年から工芸図案の研究に着手し，すぐに琳派の研究も始めた．1901年に工芸図案調査のため渡欧した後，京都市立美術工芸学校（現・京都市立芸術大学）で教鞭をとった．また，数多くの図案集や雑誌の執筆・編集に携わり，新しいデザインの普及に努めたのである．その雪佳の残した多くの図案集では琳派の翻案とみられるモチーフを大胆な構図で展開し，日本の伝統色を用いながら動きのあるパターンを作り上げている．

　この2人に共通するのは，ヨーロッパのデザインを学ぶことによってかえって日本のデザインの価値を再認識したということである．2人ともが琳派の可能性に注目し，西洋と和を融合させたモダンなデザインによって，時代に則した工芸品への展開を計っていったのである．

日本のアール・デコ／竹久夢二，山名文夫

　竹久夢二（1884-1934）は雑誌『婦人グラフ』(2)に木版画の女性像を作成し貼付している．木版という技法を使ってはいるがすでに浮世絵的描写からは脱し，雑誌自体のコンセプトに合ったイメージを構築している．1926年5月号の『婦人グラフ』表紙絵は着物姿に洋髪の女性像で，限られた画面の中に女性の座す空間の雰

図9-3　浅井忠《花木》1901年，H32.3×W22.8cm，水彩，千葉県立美術館．

囲気が描き込まれている (図9-4).

　折しもパリでは1912年頃から Gazette du Bon Ton や Modes et Manières d'Aujord'Hui などのファッション雑誌が相次いで創刊され，ポール・イリブ (Paul Iribe, 1883-1935) やジョルジュ・バルビエ (George Barbier, 1882-1932) らがジャポニスムやシノワズリの空気を孕んだアール・デコ様式のイラストレーションを展開した．単にファッションを見せる女性像ではなく，カフェやパーティー，ドライブなど，風俗を物語る風景が描かれていた．

　夢二は，油彩，水彩，日本画，版画を学びながら，最終的には応用美術としてのデザインの重要性を認識し，装幀や雑貨などのデザインを手がけていったのであるが，自身の絵を単に挿絵という位置づけではなく，モノに即したデザインの役割を担ったイラストレーションとして展開させた．当然，フランスの雑誌を意識しながらイメージを構築していったのである．

　その夢二に憧れてデザイナーを目指した山名文夫 (1897-1980) が資生堂の宣伝のために創造した女性像もまた，アールヌーヴォー期のビアズリーの描線を消化し，アール・デコのファッションイラストレーターたちのファッションプレートを参考にした流麗な線で描かれている．

　資生堂は，アール・デコの様式を取り入れながらも日本の美意識に合致し，新しい日本の女性美を目指す企業理念にもとづいて商品開発および宣伝を繰り広げていた．現在も使われている花椿マークと資生堂書体もそのベースはこの頃にデザインされたものである．そして山名も1929年に資生堂に入社し，日本製モダンガールの創造を目指していった．繊細な線描は，充分な余白があるが故に緊張感を持ち，それによって余白に余韻や空気感が漂っている．

図9-4　竹久夢二《婦人グラフ》1926年，木版．

山名の場合は表面上はあくまでも洋装の女性を描きながら，しかし画面の空間性は空白ではない間や，寡黙でありながら饒舌な意味合いを感じさせる日本的感覚に富んでいたのである．

手書き文字とキネマポスター／河野鷹思

　明治以後，日本においても活字は一般化し，タイポグラフィもモダンデザインの流れの中で発展していった．とはいえ，欧文に比べて限りなく文字の多い和文では，選べる書体の種類はなかなか広がらなかった．そんな中，松竹宣伝部所属の河野鷹思（1906-1999）は映画ポスターで，数々の手書きタイポグラフィを展開した．読ませる文字から見せる文字としての認識で造形している．

　もともと日本の文字は平安時代から読むだけではなく見るものとして造形されてきた．文字単体の形態に加え，連綿(3)，散らし(4)などの構成と，図絵との融合が行われ，文字はその意味内容以上のものを表現していた．この文字感覚はその後の日本のさまざまな造形に見られ，たとえば浮世絵における文字と図柄の自然な融合はヨーロッパのポスターにおいて図柄と文字が同値に扱われるようになるよりもずっと早くからごく普通の認識であった．

　河野も既成書体を使うことに甘んじず，映画の内容に合致する文字をデザインしていった．たとえば，小津安二郎監督の1931年の映画『淑女と髯』のポスター（図9-5）では，手書きの味を活かした稚拙にさえ見えるいわゆるヘタうま文字で，映画タイトルの響きを印象づける文字を作り上げている．切り絵のような平

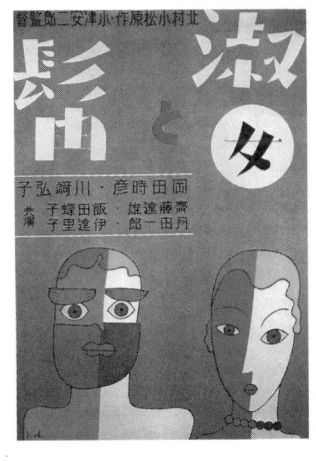

図9-5　河野鷹思《髯と淑女》1931年，H106.0×W73.0cm，オフセット．

第九章　グラフィックデザインにおける日本的表現　155

面性を持つその文字は同じく平面的なイラストと同値に扱われることによって，均質な画面づくりに成功している．

河野はその後日本工房に参加し，対外宣伝誌『NIPPON』[5]のデザインに携わって，日本の美を海外に積極的に伝える役割を果たしていく．

カッサンドルと戦時中のポスター

1930年代の半ばには，日本の広告ポスターはカッサンドル（Adolphe Mouron Cassandre, 1901-68）調が多勢を占めるようになる．カッサンドルは立体派，未来派，構成主義などの影響を受け，単純化された大胆な幾何学的構成の中にエアブラシによるグラデーションを用いた作風が特徴であるが[6]，日本のデザイナーたちがこぞってその表現を模倣したのである．

たとえば，1935年の第3回商業美術協会展の入選作はその約8割がエアブラシ[7]を用いたカッサンドル調であった．その様式は新しい時代を捉えた表現として，一大ブームとなり，実際の広告や若手デザイナーたちのコンペ出品作で数多く展開されたのである．

しかしやがて第二次世界大戦が近づき商業ポスターが姿を消し，プロパガンダや国力アピールとしてのポスターがほとんどとなる．そんな中，1937年の中山文孝作『紀元二千六百年記念日本万国博覧会』のポスター（図9-6）は，黒から赤に変化する諧調のバックの中に富士山が赤から白へと変化する諧調で浮かび上がり，金色の鳥が飛翔する象徴的な作品である．この万国博覧会は，政府が1940年を我国の紀元2600年と定め，これを機に国体と国土を見直そうと計画した催し

図9-6　中山文孝《紀元二千六百年記念日本万国博覧会》1937年，H105.0×W77.2cm，オフセット，京都工芸繊維大学美術工芸資料館．

で，戦争に向けて国民の気持ちを高揚させる目的があった．このポスターには，説明的な要素はなく，富士山の形は極端に抽象化されている．しかしそこに諧調表現を用いることにより，画面が単調なものにならず，奥行きや透明感，情緒的な雰囲気を醸し出している．構成主義的な画面構成に日本的なぼかしを融合させた表現の代表的なポスターである．

また，京都市の『軍事援護』や『陸軍記念日』のポスターに見られるバック全体に施された諧調表現は，空間の奥行き，広がり，そして透明感を感じさせる．この画面の上部または下部の水平な諧調は，浮世絵風景画における一文字ぼかしの応用であり，江戸時代から日本人の視覚要素の1つとして定着していた表現である．水平方向の諧調は見えない大気の移ろいを画面に定着させる1つの方法でもあり，また日本人が創りだした1つの型でもある．さらにその根底には日本における自然観があり，自然の諸相を平面に置き換える際の手法の特質がうかがえる．

1930年代から40年代前半の日本のデザインにおいては，国家の打ち出した政策もあって，グラフィックに限らず全体的に〈日本的なるもの〉というテーマが叫ばれた．スピード感や力強さと日本的イメージの融合にカッサンドルの様式が大きな役割を果たしたのである．

2．モダニズムと日本的表現

日本の家紋のモダニズム／亀倉雄策

戦後の第1世代のデザイナーの1人である亀倉雄策(1915-1997)は生涯を通じて多くのシンボルマークをデザインした．NTTやGマークは今でもよく目にする代表作であるが，最も彼の考え方をよく表しているのは1964年の東京オリンピックのシンボルマークであろう．亀倉はこの五輪に日の丸を組み合わせただけの造形で見事に日本のシンボリズムへのモダニズム的アプローチを具現化してみせた．そしてそのマークを核にして，写真を使った一連のオリンピックのシリーズポスターを展開させていったのである．

亀倉は戦前には新建築工芸学院[8]で，バウハウス・システムによる構成理論，方法論などを学んでいた．そして戦後の彼のポスターには写真を効果的に用いたものと，幾何学的なデザインによるものが多い．彼の中では，日本のデザインが欧米のモダンデザインに大きく遅れをとっているという意識が強かった．そのために

情緒的な表現よりは端的に要点を表現する明快なモダニズムを目指したのである．
　その点，日本の家紋は具体的モチーフの高度な幾何学的抽象化によって造形されている．不特定多数の紋職人によって整理されてきた家紋は，型染めや金工，石工などの技法的制約があったからこそ合理的に便化が進み，その象徴性が高まった．余分なものを排除し集約された造形，それこそが亀倉のモダニズムに合致していたものと思われる．数多くの亀倉のシンボルマークデザインあるいは幾何学的抽象表現のポスターは欧米のモダニズムを目指しながらも，日本の造形思考の上に成り立っていたのである．

現代の琳派，そしてグリッドシステム／田中一光

　田中一光（1930-2002）は欧米の戦後のモダンデザインをいち早く吸収しながら，その中に日本の伝統的な造形感覚を取り入れ，新しい和の表現を追求したが，彼がその範としたのは，自らも語るように琳派である．モダンデザインにおける1つの方向性である単純化，抽象化，象徴化の日本的解決を琳派に見出し，生活をトータルにデザインするという思想面からも琳派の影響を色濃く反映させていく．
　琳派の丸み，柔らかさ，たらし込みで得られる滲みの味わいは，繊細なものではなく，ざっくりとした膨らみをもっている．田中はその表現を数多くのポスターに展開していく．『JAPAN』の鹿は，俵屋宗達の『平家納経願文見返し』を引用しながらオフセット印刷によって得られる色面の特性を考慮に入れた色彩の選択，要素の構成であり，田中独自の現代の琳派を作り上げている．

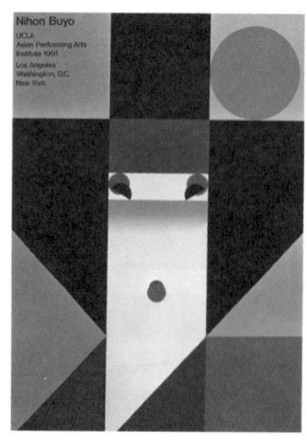

図9-7　田中一光《UCLA日本舞踊》1981年，H103.0×W72.8cm，オフセット．

一方,『第5回サンケイ観世能』や『UCLA 日本舞踊』(図9-7) では, グリッドシステム[9]に則る構成法で作られている.『観世能』の箔を貼った障壁画のイメージを想起させるバックは正方形の格子状に区切られているし,『日本舞踊』も横に3, 縦に4の矩形で正確に区切られている. そしてその色面の中にほんのわずかな桜色の諧調が施されているが, それが画面全体を優しくし, 他の平滑な面に表情をつけている.
　田中は, 単に和風の表現を追求したわけではない. 彼自身, ノイエ・タイポグラフィやアメリカン・タイポグラフィに強く惹かれ, 研究し, 影響を受けたことを認めている. しかし彼は, それらを翻訳した表現を目指したのではなく, 良いところを学びつつ, 日本の美意識に根ざした日本独自の表現を追求しようとしたのである. そして, 田中は, 琳派の持つふくらみ, 豊かさを消化し, 幾何学的形態と調和させることにより, 日本のモダンデザインを構築していったのである.

アングラポスター／粟津潔, 横尾忠則

　ここでいうアングラポスターとは, 1960年代に日本で多数生み出されたアングラ演劇やアングラ舞踏等の公演告知ポスターのことを指す.
　寺山修司 (1935-83) や唐十郎 (1940-) らは, 現代の商業演劇に異議を唱え意欲的な演劇を次々に発表した. それはあたかも造形の世界でモダニズムが主流であり, その反発としてのナショナリズムの再考, そしてポストモダンという流れが生まれたことに類似している. このアングラ演劇や舞踏の公演告知のために作られたポスターもまた, モダニズムからの脱皮, そして前衛精神が色濃く反映された造形を呈している.
　横尾忠則 (1936-) は前近代的な図像のコラージュを感覚的に組み立てることによって, アングラ演劇の思想を具現化させた. 彼の作品は自己の表出を目指し, さまざまな日本の土着的なイメージを切り貼りした表現を辿り続ける.
　状況劇場のポスター『ジョン・シルバー』(図9-8) には日本髪の女性の影絵や花札を描き, 背景の藍と赤の諧調は浮世絵のぼかしの引用である. 広い色面によるぼかしは画面に奥行きを与え, 前面のモチーフを際立たせている. 具象的な風景とは異なり, 抽象的で鮮やかな色面のぼかしは多分に装飾的である.
　横尾は, 浮世絵や引札に見られる表現を自身の描くイラストレーションや写真と組み合わせることにより, 戦後のモダンデザインがもたらした明快さ, 合理性に対するアンチテーゼとし, 日本の祝祭や慣習, 民俗性をグラフィックデザイン

における現代的な要素として昇華させたのである．

　天井桟敷の舞台美術や寺山修司の映画美術も精力的に手掛けた粟津潔（1929-2009）もまた，独自の視点で土着的表現を展開している．易学や印鑑，花札，指紋など日本の風習や因習に根ざしたイメージと自身のイラストレーションをポスター上で融合させ，日本人としての民俗性の再認識を仕掛けている．粟津も，横尾と同じく，戦後の日本が信奉し続けてきたヨーロッパ的なモダニズムの表現や合理的な造形の方向に対して異議を唱え，デザインにおける日本的感性の復権を目指す．

　1960年代は日本においても，第二次世界大戦後の体制に対する反抗の時代であった．学生運動，日米安保闘争，ヒッピー，ロック，などがアメリカ，イギリスと違わず多様に渦巻いていた[10]．そして特に，アメリカがもたらした物質文明を中心にした近代化のために，前近代的なものを否定してきた戦後の日本の価値観に対した疑い，批判が高まり，新しい価値や思想，文化を築いていこうという動きが表われた．受動的な文化ではなく自国の文化を再考し，自ら能動的自立的に文化を創造しようという意識が高まったのである．

　アングラポスターにおいて，なかば回顧主義的なナショナリズムが，自己の主張を表出する造形の手助けとなり，回復した自己をグラフィックに落し込む際に有効な手段となったのである．

図9-8　横尾忠則《状況劇場・ジョン・シルバー》
1967年，H103.0×W72.8cm，シルクスクリーン．

3. 現代のグラフィックデザインと日本的表現

諧調の空気感／佐藤晃一

　佐藤晃一（1944-）は印刷特性と向き合いながら諧調表現を用いてデザインを進めている．佐藤はポスターの意図するところに合わせて，自らの手でエアブラシ作業を進めることが多い．『第1回国民文化祭文芸大会』や『ユーロパリア・ジャパン』では緻密なブラシワークが冴えている．『音楽座　シャボン玉とんだ宇宙までとんだ』や『利休』に見られる諧調はモチーフに空間的な奥行きと広がりを与え，現実世界からの快い乖離が感じられる．

　佐藤は，モチーフのまわりに諧調を使用することに関して，モチーフを小さくまとまった形で扱いがちな自分の欠点を補い，モチーフを大きく柔らかく目立たせるためであると語っている．

　『豪姫』では炎あるいは光のイメージの原画がエアブラシで描かれており，その鮮やかな諧調を再現するために特色の赤とマゼンタが重ねられ，より一層深みが増している．背景の深い黒とこの赤は極端な対比を為しながら諧調があるが故に微妙に馴染み合い，決して強烈なイメージを感じさせない．

　佐藤は，諧調の持つあいまいさを決してあいまいに表してはいけないと語る．あいまいさを明確に表してこそぼかしの美しさが引き立つということであろう．諧調を施すことによってそこに空気が生まれ，余韻が生まれ，空間の存在が明らかになる．そして見えないものが表現される．語り過ぎない表現，抑制された主題の描写，余白のもつ余韻を大切にし，少ない色彩の一色毎に重要な役割を担わせる．そしてそこから自然と人間との緩やかな融合，婉曲の奥ゆかしさ，連続する永遠性が感じ取れるのである．

写真のディレクション／中村誠，葛西薫

　中村誠（1926-）は資生堂の広告で山口小夜子をモデルにして現代の日本的女性美を表現して見せた．西洋人が憧れる東洋のイメージをあえて西洋向けに構築している．しかし，単なるエキゾチシズムに終わってはいない．『練香水・舞』（図9-9）を見ると，大和絵における類型的描写の引目鉤鼻を想起させる目元のメイクは，まるで一筆の墨で描かれたようで，ちょうど感情表現を抑制した源氏物語絵巻の人物描写のようである．その瞼に散らされた金粉は料紙の上の砂子を連想

させる．また口と鼻を覆い隠す扇は，恥じらいを見せる日本女性の奥ゆかしさを感じさせる．つまりここではすでにパリコレのモデルとして活躍していた山口小夜子を使いながら，時代を遡った日本的感情表現を実現しているのである．

葛西薫（1949-）は抑制の利いた表現で静謐な画面を築き上げる．『サントリーオールド』の広告では写真を使いながらも水墨画のような空気感を生み出している（図9-10）．手を広げて飛んでいる男性の浮遊感が無背景であるにもかかわらず，奥行きと広がりを感じさせる．それは背景のわずかなセピア色の滲みが微かな質感をともなって空気の動きを表現しているからである．

葛西は1982年からサントリー烏龍茶の広告を担当しているが，毎回中国ロケで撮影している．それはスタジオ内では決して撮影出来ない空気までも取り込もうとしているからだという．

写真は即物的に対象を写し取ることが可能な媒体である．だからこそ隅々まで神経を行き渡らせたディレクションが必要となる．中村や葛西は，カメラを使い

図9-9　中村誠《資生堂 練香水・舞》1978年．H103.0×W72.8cm，オフセット．

図9-10　葛西薫《サントリーオールド 夏の愛》1989年．H103.0×H145.6cm，オフセット．

ながらもまるで日本人の心に訴える絵画を描くように写真を作り上げる．

コンピュータの利用／勝井三雄，奥村靫正

　勝井三雄（1931-）は早い時期からコンピュータを用いてイメージを導きだし，〈デジタルテクスチャー〉と名付けて光と動きによる宇宙を追求している．ものの形が出現する根元とは何かを自問し，「光と影」にたどり着いたという．また彼の興味は「形の出現」というテーマから「形の変化」に移り，コンピュータが生成する形態の追求が始まった．それは彼のめざすイメージが情緒に流されるのではなく，あくまでも科学や知能といったものが基盤にあるからである．

　そして勝井は『I'm here 空気清浄装置』（図9-11）や『モリサワ／文字からのイマジネーション』でその光のデジタル世界に障壁画の花の絵を持ち込む．デジタルでしか実現出来ない色光で宇宙的な広がりを作り上げ，それが古い障壁画の低い彩度の描写を引き立てている．勝井は日本の古典絵画と宇宙をデジタル処理によりポスター上で同値に置くことによって，大きな歴史の流れを問うている．

　奥村靫正（1947-）は自ら日本画を描き，それを素材にしてデジタルワークを繰り広げる．スキャニングしてデジタル処理を施すことを前提に日本画絵具で描いているために，色彩が対峙しあうのではなく，それぞれが調和を生み出している．また3Dのデジタルイメージを配置することによって，かえって日本画絵具や和紙，金箔などの素材感が強調されている．つまり奥村は日本的図像を用いる際には，日本的質感をともなうという姿勢を示している．

　1980年代から1990年代にかけて，コンピュータによって生み出されたイメー

図9-11　勝井三雄《I'm here 空気清浄装置》1993年，H103.0×W72.8cm，オフセット．

ジはそのデジタルっぽい表現が人々の目に新しく，グラフィックデザインの世界でもてはやされた．しかしそれが新しいが故にインターナショナル，言い換えれば，無国籍なイメージになりやすいものであった．勝井や奥村はいち早くそのデジタル世界に日本的イメージを取り込むことによって，日本におけるデジタルデザインのアイデンティティの確立を図ったのだとも言える．

新しい日本の文字——現代の連綿，ちらし／ワビサビ

1961年の年鑑広告美術の序文において原弘(1903-1986)は『日本におけるエディトリアルデザイン』と題して，日本のタイポグラフィに関して以下のように述べている．

　——日本の活字を使って，"マッコール誌"[11]のようなタイポグラフィは，どんなに才能のあるデザイナーによっても，実現不可能である．バウハウス以来の"ニュー・タイポグラフィ"は紹介され，またアメリカン・タイポグラフィも，スイス風のタイポグラフィも知ってはいても，それは全く"外国語の話"でしかなく，日本のタイポグラフィへの影響は，日本字を使っている限りでは，あらわれようもないのである．——

その原因として原は，日本の活字のバリエーションの少なさをあげている．すなわち，我が国には明朝とゴシック，つまり1種類のローマンと1種類のサンセリフしかないというのである．確かにそれは事実で，明治初期に金属活字を作る際に明朝体が採用され，続いてゴシック体が開発されて以来，日本の活字は明朝体とゴシック体が中心となった．写植時代が到来して大幅に書体の種類が増えたものの，ボディタイプ[12]に使用するための可読性重視の書体が基本であり，ディスプレイタイプ[13]はデザイナーによる手書きのレタリングで仕上げられていた．

しかしそれはかつての話である．今ではデジタルフォントが百花繚乱の状態である．写植時代からDTPに移行した当初は欧文フォントに比して文字数の多い和文では選べるだけの書体バリエーションが展開されるのはかなり先のことのように思われていた．しかし今や，特別に文字デザインを学んでいない人までもオリジナルフォントを作ってそれを使える時代である．だからこそ現在は一文字ずつの造形のみが大切なのではなく，その文字を使用することによって生み出される世界観を重視していかなければならない．

ワビサビ(1999年結成)は文字単体のデザインではなく文字どうしのつながりを

考え，文字の連綿による空間構成を展開している（図9-12）．ベジェ曲線で描きだされる線は人工的に制御された滑らかさを持っている．しかし文字と文字が有機的に繋がっている造形はまさに本来の日本の文字が持っていた優れた特徴である連綿と散らしの復活である．明治以後の活字技術によって正方形を連ねていく組み方が当たり前になってしまった現代において，グリッドや字間を気にせずに感情の表出として字を並べていく方法は，平安時代から江戸時代まで日本人が大切にしてきた文字表現であり，かつ非常に新鮮である．ワビサビは伝達手段としての日本の文字のもう1つの役割である見る文字，感じる文字を展開し続けている．

おわりに

　ヨーロッパそしてアメリカでは今また日本ブームである．日本の漫画，アニメが多くの若者に熱狂的な支持を得ている．そして彼らはアニメへの興味から，日本語を学び，日本の音楽を聴き，日本の文化を深く知ろうとしている．そしてまたデザインにも関心を示している．

　しかし，日本における日本的表現を海外の日本ブームのような一過性のものと捉えてはいけない．これまで概観したように，日本人のデザイナーが日本人のためにデザインをする際に，日本的イメージを用いることはごく当たり前のことであった．それどころか日本的感覚を伴わないデザインは，核をなくした日本のデザインということになる．昨今，家紋や着物の文様などがさかんにベジェ曲線で描かれ，日本的モチーフの幾何学的平面図形としての表現が増加している．もと

図9-12　ワビサビ《青山フラワーマーケット '03》2003年，H103.0×W72.8cm.

もと日本の文様の持つ平面性はトレース作業を容易に導く．それを利用して日本的デザインを作り上げることは簡単に出来る．しかし，そのモチーフの背景，空間性，意味を考慮せずに安易に使用しては，決して本当のデザインを生み出すことは出来ない．日本のデザイナーは日本とは何かという根源的な命題を追求してこそ，世界に通用するデザインを生み出せるのである．

注

(1) 1894-95（明治27-28）年頃になると，手摺り木版が姿を消し，石版印刷が主流となる．大阪で引札の図案家として活躍していた国貞系の二代目長谷川貞信（1848-1941）はこの印刷技術の過渡期にあたって，木版，石版，銅版技法を積極的に自分の作品に取り入れている．

(2) 婦人グラフ……1924（大正13）年から1928（昭和3）年まで国際情報社から発行された女性向き高級雑誌で，最新のファッションや美容情報，有名人の写真などを掲載し，少部数の発行ながら人気を博した．夢二の絵は機械刷り木版で15度刷りなど手の込んだ印刷であった．

(3) 連綿……平仮名を書く時，文字と文字の間の本来見えない線を書いて，字を続けること．2文字または3文字を続けることによって，文章にめりはりとリズムが生まれる．

(4) 散らし……色紙や短冊などに文を書く際に，行を整えず自由に，線の太さを変えたり，墨の濃さを変えるなどさまざまに散らして書くこと．

(5) 雑誌 NIPPON……1934年10月から1944年9月まで日本工房から発刊された対外文化宣伝グラフ雑誌．英・仏・独・スペイン語で刊行された．日本工房は1933にフォトジャーナリストである名取洋之助を中心に設立されたグループで，報道写真の理念を打ち立てるとともに，写真エージェンシーを兼ねていた．写真の大胆なレイアウト，洗練されたグラフィックはその後の日本のエディトリアルデザインに大きな影響を与えた．土門拳，木村伊兵衛などの写真家や原弘，山名文夫，河野鷹思，亀倉雄策らデザイナーが参加．

(6) 未来派の作りだしたイメージは，躍動感，ダイナミズム，スピード，光，未来といったキーワードで語ることができるが，そのそれぞれに諧調イメージが摘要される．ジャコモ・バッラの描いた自動車の絵も，カルロ・カッラの馬の絵も，諧調を用いて軌跡を描くことにより，速度とダイナミズムが表現されている．カッサンドルは1923年に制作した家具店のポスター『オ・ビュシュロン』で国際装飾美術博覧会（アールデコ博）のグランプリを獲得するが，このポスターですでにエアブラシによる諧調を用いている．

(7) 商業美術協会展……1926年に，濱田増治，多田北烏らが，商業美術協会を結成し，『商業美術』を刊行しはじめた．展覧会は1928年9月に大阪三越で第1回展が開かれた．出品点数は100点ほどで，日本最初の商業美術の公募展覧会であった．

⑻　新建築工芸学院……1932 年に建築家の川喜田煉七郎によって東京銀座に設立された建築，工芸，デザインの学校．実際にバウハウスで学んだ山脇巌・道子らも講師として参加し，日本のバウハウスと呼ばれた．

⑼　グリッドシステム……スイスのノイエタイポグラフィのデザイナー，ヨゼフ・ミューラー・ブロックマン（Josef Müller-Brockmann, 1914-1996）らが提唱した手法で，縦横のグリッドを基本として，そこに図版や文字を配置し，デザインを行うこと．情報の構造化が図られ，合理的なデザインが出来る．

⑽　アメリカ，イギリスでは若者を中心にしたカウンターカルチャーがひろがり，音楽，薬物と結びついてサイケデリックイメージが蔓延した．合理的な考え方や既成概念にとらわれないという反抗精神を示しながら，アールヌーヴォーやウィーン分離派のイメージを引用し再構築するサイケデリックポスターのデザイン手法は日本のアングラポスターに類似している．印刷も同じシルクスクリーンが多用された．

⑾　マッコールズ誌……『McCall's』アメリカの型紙会社が発行した家庭情報誌．1954 年から 67 年までオットー・ストーチ（Otto Storch, 1913-）がアートディレクションをつとめ，写真とタイポグラフィで画期的なレイアウトを展開した．

⑿　ボディタイプ……本文を組むのに適した書体．

⒀　ディスプレイタイプ……広告等のためにデザインされた書体で，ボディタイプよりもコントラストを強くするなどして個性をもたせたもの．

第十章
ファッション・デザインは死んだ？
――ファッションにおけるデザインの力――

深井晃子

1. ファッション・デザインは死んだ？

　デザインの力は，21世紀最初の10年が過ぎた今，ファッションにとってどのような有効性を持っているのだろうか？
　この点について，改めて考えてみたいと思うのは，デザインという語がますます声高に叫ばれている昨今であるにもかかわらず，むしろファッションでは，それがほとんど問題にもされていない，さらにいえば「死んでしまった」とさえ言うべき現状に直面しているように思えるからであり，しかも，そこから抜け出す方向を誰も見出せないでいるからでもある．
　また次に――このことはデザインとファッションの関係性においてより本質的な問題なのだが――ファッション，すなわち服という〈物〉ではなく〈服飾流行〉という抽象的な概念の中で，デザインはいずれにしても常に極めて相対化されたものであり，とすれば冒頭の問いに対して，どのような解答が得られるのだろうか，という点からでもある．
　先へ進む前にまず，ファッションの現状について概観しておく必要がある．

ファッションにおいてもまた，デザインの世紀だったといえる 20 世紀は，世紀末以来，デザインとは無縁の服とコピー服の専横が広がるばかりの無残な情況に陥っている．具体的に言えば，2008 年の金融危機が追い討ちをかける中で，ユニクロのような超低価格のベーシックな服と，パリコレなどから新しい流行情報を極めて短期間のうちに製品化し世界的な規模で提供するファスト・ファッション(1)と呼ばれる，これもまた低価格のコピー・デザインの服ばかりに注目が集まっているのである．デザインはファッションにおいては，ほとんど死にかかっているのである．

　次に，ファッションとデザインを考えるとき，「ファッションとは服飾の流行である」とすれば〈服〉としてのデザインがいかに優れていたとしても，流行が過ぎればそれは評価の対象からは外れていくという厳然たる事実がある以上，流行という評価軸のやっかいなぶれを無視して議論することはできないのである．

　「絵画にも帽子と同じように流行がある」と言ったのはフィリップ・ジュリアン(2)だったが，ファッションではとりわけ，準拠すべき正統性なり尺度なりが，それが生み出された時代によって変化する，すなわち常に相対的なのである．もしそれが，確かにファッションだけの問題ではないとしても，ファッションにおいては絶対的尺度が極めて短期間で移り変わっていく，このことこそがファッション・デザインを大きく特徴付けていることを否定することはできない．

　社会的背景を含めた総体として，ツァイトガイストが具体的に衣服デザインとして形にあらわれたものであるファッションを，社会背景と切り離すことはできない．というのも機能性，美的造形性などデザインの要素は，ファッションにおいては，身体・空間・時代などのデザイン要件のなかで，何よりもその時代と社会の価値観に絶対服従するからである．言い換えれば，ファッション・デザインの基準は常に相対的なものであり，絶対的デザインとでもいうべき，完璧なデザインは存在しないということになる．

　しかし，そうではあっても，20 世紀以降のファッション・デザインに限ってみても，ある時期に創り出され，そこに最も適応しながら 1 つのスタイルとして確立し，時代が過ぎた後それを元の文脈から切り離しても独立した固有性をもつ，つまり，私が絶対性を獲得したデザインと呼ぶものが存在することを否定するわけには行かない．

　ファッション・デザインはこうした矛盾を孕んでいる．このことを前提としながら，改めてデザインの力について考えてみたいが，先に進む前に，ファッショ

ン・デザインと言う語について共通の認識を持っておく必要がある．デザインとは，生活のために必要な物，本章では服を作るに当たり，服の材料や構造，機能はもとより，美しさや調和を考えて，服としての形へとまとめ上げる総合的な計画，設計という一般的な定義を，改めて議論する必要はない．しかし，本章で使用されるファッションという用語については，規定しておかなくてはならない．ファッションは，第1義として服飾の流行という抽象的概念なのだが，一般的には，服飾流行の構成要因としての服それ自体，すなわち物としての意味として使われることも少なくない．ここでは，ファッションを服飾流行として，物としての服は，服と言う用語を充てて語りたい．とはいえ，その服もまた多かれ少なかれ流行の影響を受けるのだから，両者を明快に切り離して考えることはできない，という関係性はいかにも悩ましくはあるのだが．

2. デザイン without デザイン――ファッションの現状

1990年代末以来，世界的に無敵のような強さを見せていた高級ブランド・ファッションは，2008年秋以降，世界を襲った大不況の影響により急激に退潮した．

それにとって代わったのは，冒頭で述べたような超低価格ブランドだった．だが，こうした状況は，決して突如として起こった経済恐慌によるものとばかりとはいえない．高級ブランドがとった彼ら自身の戦略，グローバル化とマス・マーケット化による，デザインの均質化，平準化に自らが行き着いた結果だったといえよう．

現在よく知られる高級ファッション・ブランドは，いわゆるオートクチュールと呼ばれる最高級ブランドの多くが1960年代までに，そして既製服のデザイナー・ブランドは1970年代に発展したものが多い．それらは1990年代になってフランスのLVMH（Moët Hennessy Louis Vuitton S.A.），ピノー（Pinault Printemps Redoute-PPR）などを代表とする大資本グループの傘下に取り込まれ，系列化されていく．グループ化された高級ファッション・ブランドは，会社のマーケティング方針として規模拡大を図りグローバル市場に照準を定めるが，それはマス・マーケット化へと向うことでもあった．この時至上命令となったグローバル化は，必然的にデザインの均質化を招くことになり，高級ブランドとしての希少性は急速に薄れていった．

さらに1990年代には，テレビ放映されるようになったパリコレの番組が人気を集め，もともとプロ向けだったパリコレ情報は，世界中の一般の人々のためのショーとしてエンターテインメント化していく．パリコレのファッション・モデルたちはスーパー・モデルとしてもてはやされ，ファッションは情報の上でも，マス・マーケットへ浸透したのである．

　こうした背景のもとに急激な発展を見せたのが，ファスト・ファッションと呼ばれるザラ (Zara)，H&M (Hennes & Mauritz)，またベーシックな服を超・低価格で販売するユニクロなど，素材調達，企画開発生産，物流，在庫管理，販売までの工程を一貫して行う，SPA (Specialty store retailer of Private label Apparel) と呼ばれるアパレル製造小売企業だった．「早くて安い」ファスト・フードに倣って，ファスト・ファッションと呼ばれるザラやH&Mは，最新の流行を採り入れながら低価格に抑えた衣料品を短いサイクルで世界的に大量生産・販売する．彼らはパリコレなどの魅力的なファッション情報を徹底収拾し，先取りし，超低価格で商品を世界に提供して大きな成功を収めた．ファスト・ファッションはマス・マーケットのファッションへの願望を超低価格で現実のものにしたが，それはSPAと呼ばれる生産体制の工夫により徹底的にコストダウンを図ったからであり，また，それが徹底したデザインのコピーの上に成り立っていることは明らかである．

　コピーとはいえ，ファスト・ファッションが扱うものは極めてファッション性が高いのに比べ，ユニクロやGAPは，Tシャツやジーンズなどデザイン的にはファッション性の低いベーシック衣料を扱う．したがってファスト・ファッションより，さらに年齢層，性別，地域性において広範な客層を対象とすることができる．この点において，両者は厳密には異なるが，マス・マーケットをターゲットとした超低価格品を扱うと言う点においては共通している．

　ベーシックな超低価格服は，流行のデザイン＝ファッション性，の欠落という点において，ファッションの感性が高い層にとって無視領域であったはずだった．しかし，1990年代になると，先述のようにファッションは，より大衆化，日常化し，ファッションに対する憧れは薄れ，結果として特別に個性のある形や表現はもはや必要とされなくなるという状況が鮮明になってくる．このとき，かつてファッションが持っていた特権性は，薄らぎ，むしろ，それが邪魔にさえなったのである．高級ブランドのグローバル化，ファスト・ファッションによるファッション情報の大量消費，そしてそれらによるファッション情報への倦怠感が，むしろベーシックな服へのさらなる共感を引き起こしたのは，当然の帰結

だったといえよう．

　Tシャツとジーンズが世界の標準服として定着し，ユニクロはそこに低価格とベージックなデザインを武器に切り込み，多くの人を惹き付けた．ファッションの平準化は起こるべくして起こったのである．

　しかしこのことは，「衣生活の成熟」を意味しているともいえよう．つまり世界中で，貧困な国を除いて，服を着られない人はいないのである．資本主義社会が始まった19世紀以来つい最近まで，服や持ち物は社会における上昇志向を示す記号として機能してきたが，今，このことの有効性が薄らいでいることを否定することはできない．その背景にあるのは，大多数を占める大衆層にとって，社会的な上昇自体が現実性を失ったという状況があることも見逃せない．

　こうした現状におけるファッションを，私は「デザインのないデザイン」のファッションと呼ぶ．そしてこのようなデザインを語れないような状況もまた，ファッションにおいてはデザイン的な特徴を示しているとみている．

　しかし一方で，ほとんど同じ時期1990年代半ばから，少数のエキセントリックな日本の若者たちによる独特のファッションとして東京のストリート・スタイルが世界的に注目されるようになっていた．マンガ・アニメなどと視覚的に強い関連性を持ち，先述のデザインのないデザインとは対照的ともいえるこのスタイルについて次に見ていこう．

3. マンガとデザイン

　東京のストリート・ファッションは1960年代ごろから，小数の若者のグループによるローカルなサブ・カルチャーとして国内でジャーナリスティックに取り上げられることがたびたびあったが，世界からの熱い視線を集めるようになったのは，1990年代後半のことだった．これは，日本のマンガ・アニメ・ゲームが世界の興味を引くようになった時期とほとんど同時期であった．かつて1970年代末のロンドンにはパンクの存在があり，80年代にはニューヨークにはヒップ・ホップが世界的な広がりを見せた．これらが当初社会的，あるいは人種的なメッセージを託してファッションを使ったのに対して，東京ストリート・スタイルにはそうしたメッセージはほとんど込められてはいなかった．そこから伝わってきたのは，純粋に着ることの楽しさを徹底追求しているという点，そして着ることによる熱い変身願望が，何よりも印象的だったのである．

こうした状況を,『インターナショナル・ヘラルド・トリビューン』紙の記者スジー・メンキスは, 2000年11月14日の同紙の記事で, 東京の渋谷, 原宿に見られるストリート・スタイルとして分析し, 東京を「世界のストリート・スタイルの首都」と書いた. また, 彼らのファッションは, 写真集などにより海外にも広く紹介された.
　東京ストリート・スタイルと呼ばれるのは, 渋谷・原宿へ「ロリータ・スタイル」「ゴスロリ・スタイル」など, 独特のファッションを見せるために集まる10代の若者たちのファッションだった. それらは細分化していったが, 共通しているのは, 誇張と人工性, 少女っぽい装飾性, 猥雑さといった視覚的イメージであり, これらが, 物語的な少女趣味を体現する少女マンガあるいはアニメ, ゲームのヒロインのイメージにぴたりと重なり合う視覚的な強い類似関係を示していることは明らかである. それは, 短絡的であることを承知でいえば, マンガやアニメによって美的（？）感性を育てられた彼らの理想のイメージとするものが, その影響を色濃く受けていることによるのではないだろうか.
　1990年代には, マンガ, アニメ, コンピューター・ゲームのキャラクター, たとえばハロー・キティ, 鉄腕アトム, ピカチューなどは, ファッションのデザインとしてたびたびTシャツ等に登場し, パリコレのデザイナーたちの服にも頻繁に登場していた. また, それらキャラクター, たとえば「セーラームーン」や「Final Fantasy」の主人公に扮装して興じるコスプレは, 日本はもちろんだが, 広く世界中の人々の心を捉えてもいる.
　こうした日本独自の新しいサブ・カルチャーを端的に示す用語として, 海外で使われるようになっているのが,〈Kawaii〉(〈Kawaï〉とも綴られる) である.〈Kawaii〉は, 他者の眼から見る日本のサブ・カルチャーの総体的な特質を要約するものであり, この感性はファッション・デザインにとっても近年その存在感を強めている.
　本来, 日本語の〈かわいい〉とは,『大辞林』によれば「若さや幼さをもつもの, または小さいものなどが大事に扱ってやりたくなるような気持ちを起こさせるさま」である. そこからこの語は, 若い女性たちに属する「クール」な感性を示す特有な形容詞として使われるようになり, さらにより広い層にまで及んでファッション用語として使われている. すなわち現代語の〈かわいい〉は, 元来の意味から急速に変容しており, その現代的意味論の研究が国内でも盛んである.〈Kawaii〉は, 海外では一連の日本の新しいエッジな文化を表象する形容詞と

して使われることが多い．いずれにしても，かわいいという感性は少女マンガ，アニメ，ゲームの重要な通奏低音であり，未熟，キッチュさに溢れた大衆性とヴァーチャルさにおいて現代のファッション・デザインにおいて注目されるキーワードである．しかし，マンガ，アニメとの相関性を示すファッション・デザインが，日本的なものとして興味をもたれたとしても，それを具体化した物である服として，言い換えれば産業としての力を持つこととは，全く別の次元であることを強調しておかねばならない．

4. ジャパニーズ・ファッションのデザイン性

ファッションにおいてデザインの力を考えるとき，改めて強調しておかなくてはならないのは，既に四半世紀も前のことになってしまったが，絶対的なヘゲモニーを握っていたパリ・モードの支配下で，文化的にも地理的にも周縁の，それまでほとんど見向きもされなかった日本のファッション・デザイナーたちが，1970年代初め世界から注目され，現在も高い評価を保ち続けているのは，偏に彼らのデザインの力だった．もちろん，それが日本のファッション産業の力によって可能となったことを見逃すわけにはいかないとしても，デザインの力によるところは大きい．また，ここで強調しておきしたいのは，彼らがファッションをビジュアルなイメージの総合体としてはっきりと把握し，そのメディアとして写真の重要性とDM，カタログ等々の紙媒体を徹底的に制御したことである．これについては，機会を改めて書きたい．

1980年代，眼を見張るような経済発展により世界から注目を集めた日本は，芸術文化という側面，とりわけファッションにおける日本人の活躍によっても，世界の強い関心を惹くことになる．日本の経済力への羨望にも似た関心は，時としてパリで活躍しようとする日本人デザイナーに対する強烈なバッシングともなったが，日本の経済力が彼らを強く援護したこともまた，確かだったといえよう．

1981年にパリにデビューした2人の日本人デザイナー，川久保玲[8]と山本耀司[9]の服は，当時の西欧ファッションを支配していた美の概念とは対極的な「みすぼらしさ」を是認するような衝撃的なイメージを持ち，欧米に大きな議論をまき起こした[10]．しかし，前衛的と評された彼らのデザインこそ，その後のファッションに極めて大きな影響をもたらすことになる．また，そのイメージは極めて斬新な写真によって，増幅されていった（図10-1，10-2）．

第十章 ファッション・デザインは死んだ？　　175

川久保，山本がデザインした服の表面には穴があき，布がだらだらと垂れ下がって，美しい形もシルエットも持っていなかった．その服を着ると，女性らしい体の線も消えてしまった．それは多くの人々の眼には理解し難いものだったが，19世紀後半ジャポニスムが，西洋に新しい美の概念を見出すきっかけを与えた時のように，この"ジャパニーズ・ファッション"が提示したものに新しい美を読み取り，それまでの服の一元的な価値観に大きな疑問を投げかけていることに気づいた人たちも少なくなかった．

　"ジャパニーズ・ファッション"は，常套的な'女性らしさ'を葬り去っていた．フリルや刺繍で飾るのではなく，服に穴をあけ，切り裂いた．多彩な色を捨てて禁欲的に黒白のみしか使わなかったが，それは墨絵のように陰影によって色彩を暗示させた．生地本来の美しさを尊重するために，生地はそれ自体が持つ性

図10-1　コムデギャルソン（川久保玲）1983年．
Photo by Hans Feuer

図10-2　山本耀司 88AW photo by Nick Knight

質を吟味しつくした上で選択されていた．また，川久保の服が示している平面から立体になるときのドラマティックな変容は，精緻な構成のプロセスと製作過程を経なければ決して実現されるものではなかった．山本の裁断線は最小限にとどめられながら最大限の効果を発揮した．

　「貧乏ルック」とあだ名されたものの，彼らの提示した服は質的な高さ，すなわち内に秘めたデザイン的洗練とでもいうべき贅沢さを内在させていた．顕示的な贅沢ではなく，顕示を超えたところにある対極的な贅沢，いわば，〈わびさび〉のような日本的美意識にも通じる，現代的ファッションの表現だった．それは西欧的概念の埒外に置かれていた美意識に気づかせるものだった．また，何よりも着ることの新たな意味＝服と女性性，身体性の関係の再検討という極めて重要な問題を提起したのである．

　"ジャパニーズ・ファッション"は，やがてポスト・モダンを背景とした90年代にベルギー出身のデザイナー，マルタン・マルジェラ（Martin Margiela, 1957-）らに忠実に受け継がれ，〈脱構築ファッション⑪〉として，その後のファッションの流れに大きな影響を与えている．

　"ジャパニーズ・ファッション"が前衛的と表現されたのは，何よりも，それまでにない独自のデザイン，後に脱構築的と呼ばれることになる創造的なデザインによるものだった故に他ならない．と同時にそれは，精神性においてもそれまでの西欧衣服が囚われていた象徴作用から，解き放っていたからである．

　この意味において，上述した日本のファッション・デザイナーには，後述するココ・シャネル，そして1920年代，革新的な裁断法によってファッション・デザインを過去のそれと切り離したマドレーヌ・ヴィオネ（Madeleine Vionnet, 1876-1975），1960年代にファッション・デザインを彫刻的にも比する造形物へと昇華させたクリストバル・バレンシアガ（Cristóbal Balenciaga, 1895-1972）ら，デザインの絶対性を示したデザイナー達にも劣らないポジションが与えられるのである．

5.'プリーツ・プリーズ'

　さらには，その独自のデザインによって世界的な評価を得ているのは三宅一生⑫である．彼は，ファッションが拘束される流行とは必ずしも歩調をあわせず，純粋にデザインという問題に対峙しようとするデザイナーだといえよう．1970年代から活躍を始めるが，1976年に発表した「一枚の布」という服作りに対する明

快なデザイン・コンセプトをその後も一貫して追及していく．このことは彼自身が繰り返し言っている「自分はファッション・デザイナーではない．服を創る人なんです」という言葉からも覗える．

　デビュー当時は日本の伝統的な素材を使って，一枚の布が立体としての形を表わす服「一枚の布」を発表して世界的な注目を集める．やがて 1990 年代初めからは，天然素材による伝統的なテキスタイル技法で作り出された布だけにとどまらず，今日的な化学素材と技法を駆使したテキスタイルへとシフトさせ，現代服としてきわめて優れた創造的なデザインを発表している．時代とともに発展を続ける日本独自の技術である先端技術を駆使することにより生まれた化学的な素材やテキスタイル産業を視野に入れた彼の服のデザインは，これまでの服のデザイン，ファッション・デザインという枠を超えるダイナミックなスケールを示している．

　すでに多くのところで語られているが，とりわけ 1993 年に発表された'プリーツ・プリーズ'は，さまざまな視点において改めてその優れたデザイン力を評価しなければならない（図10-3）．服は，通常出来上がった布を裁断して，縫い合わせて作られるが，'プリーツ・プリーズ'は，全く新しい服作りのシステムから生まれた．プリーツ自体は，古くから知られる技法である．だが'プリーツ・プリーズ'において，三宅は，先にプリーツの布を作ってからそれを服にするので

図10-3　三宅一生　プリーツプリーズパンフレット　1999-2000 用

はなく，逆に前もってプリーツで縮まる分量を計算済みの服を作った後にプリーツをかけるというプロセスの逆転によって，これを創り上げた．現代の技術により可能となったこのプリーツの服が作り出す質感とフォルムは，驚異的な新しさと魅力を持っていた．それは，多くの人の共感と賞賛を勝ち得る，優れたデザインの服だった．発表からすでに20年近くになるが，国境・人種・階級・時を超えて国内外で多くの人々に着られている．このことは，それがいわば衣服デザインとしてある種の理想形の一例であり，またユニバーサル・デザインとしても優れた作品であることを証明しているといえよう．さらには，量産できる良質なプロダクツとして，服の製法を新しいステップへと踏み込ませたデザインとしても大きな意味がある．三宅一生はまた，1999年に裁断縫製を一体化させた新しい服の製法から生まれる服'A-POC'（A piece of Clothの短縮形だが，エポックとも感じ取れる命名）を創り出した．これもまたデザインの力による画期的な服だといえよう．これらの彼の服が，ポンピドゥー・センター，MOMAといった世界的な現代美術館において，早々と永久保存となっているのを見ても，現代におけるアートとは何か，服における「デザインの力」とは何かという意味が再確認されるのである．

6. 匿名性を絶対化したシャネル

　と言いながらも，それが置かれた背景の影響を強く受けるファッションとしてみれば，三宅のデザインした服がいかに優れたデザインであっても，一時的に，色褪せて見えるかもしれないことを否定するわけにはいかない．しかし，冒頭でも記したが，ファッションは，本質的にその時代と切り離しては考えられないものの，時により広範な社会背景に適応できる服のデザインがあることも事実である．20世紀末に創り出された'プリーツ・プリーズ'は，21世紀以降も多くの人が着る服の，ベーシック・デザインの1つとして生き続けていくことになるのではないだろうか．
　20世紀以降の服において，ベーシック・デザインといえば，20世紀を驚異的に生き抜いた'シャネル・スーツ'を挙げなければならない．ココ・シャネル（Coco Chanel, Gabrielle Chanel, 1883-1971）によってデザインされたこの服は，1910年代にその原型となるデザインが登場している．以来既に1世紀近くを経てもその汎用性は広がるばかりである．

第十章　ファッション・デザインは死んだ？　　179

帽子デザイナーとして出発したシャネルは，1910年代にファッション・デザイナーへと転身し，第一次世界大戦後女性の社会進出が始まった1920年代に，時代の要請に応えて，'リトル・ブラック・ドレス''シャネル・スーツ'など，シャネル・スタイルと呼ばれる独自のデザインを確立していく．それらは新しい社会のなかで自立して生きる女性に相応しいスタイルだった．'シャネル・スーツ'は，もともと紳士用のカーディガンに着想を得たといわれ，ほぼ現在のデザインが確立されたのは，1954年以降のことである（図10-4）．彼女の死後，1983年からこのブランドのデザインを担当するカール・ラガーフェルト（Karl Lagerfeld, 1938-）により付加的な流行の要素が注入しつづけられ，21世紀になった今も，基本的には当時のデザインが受け継がれている．このデザインは，純正なものとその影響を受けたものも含めて，現在まで，計り知れないほど多くの女性たちに受け入れられ，それでもなお，新鮮さを失わないのは驚異的だといわなくてはならない．彼女が自分のデザインとして取り込んで，シャネル・スタイルとして構成したものは，すでに存在していた，カーディガン，シンプルなドレス，プリーツ・スカートとブラウスといった既存の服の要素であり，そのデザインだった．ここで興味深いのは彼女が抽出したのは，ベーシックな衣服デザイン，言い換えればアノニマスな衣服デザインだったことである．簡潔な衣服構成は，後の既製服時代にも容易に適応することになり，さらなる広がりを見せた．

　彼女は匿名性を自己へ引き寄せ，時代背景という強力な後押しで手なずけ，彼女自身の個性で強化させて'シャネル・スタイル'という絶対的デザインへと昇華させていく．つまり'シャネル・スタイル'の強さは，その匿名性を絶対性へ

図10-4　ココ・シャネル
「パリマッチ誌」1971年1月23日号

と転換させたことにあるといっていい．時代や文化という文脈においてさまざまに解釈され，表現されることはあったとしても，決して変化することはない普遍性に，シャネルという特権性を刻印して絶対のものとしたのであり，それこそがシャネルのデザインの力だったといえよう．

7．ファッション・デザインの力

　明確な低価格路線を敷いてきたユニクロが，2009年10月，ジル・サンダーとのコラボレーションによる高級ブランド品'＋J'（プラスJ）の発売を開始した．ドイツ人デザイナー，ジル・サンダー[13](Jil Sander, 1943-)は，自身のブランド'ジル・サンダー'を今は手放したが，その製品はピュアな現代的デザインを武器とする高品質な高級品として世界的に定評を勝ち得ていた．そのデザイナーとユニクロとの協働によって「誰にでも手の届く贅沢な服」が出現した．

　ここで明らかなのは，超ベーシックなデザイン，しかも低価格である服に照準を絞ってきたユニクロが，より明確な差異化＝ジル・サンダーによる高品質というイメージを重視しようとしている点である．高品質を担保するのは，素材の厳選とともに，厳密なデザイン感性によって定評のあったジル・サンダーによるデザインの力に他ならない．

　ファッションにおける差異化は，その上位領域である社会のありようにより変化する．18世紀の宮廷社会では権力と地位の顕示記号，19世紀以来20世紀までの資本主義社会においては上昇記号として機能した．今，大きく社会が変容しようとしているとすれば，差異化は別の方向へと向かうはずである．その1つは，より個人的な記号性としてのファッションである．すなわち手作り，1点ものやアート性，物づくりにおける熟練の手わざへの尊敬，あるいはエコに関わる姿勢等々．畢竟，自分にとっての意味を持つファッションであり，そこではデザインの力が持つ意味の深さが，改めて浮き彫りにされるのである．

　以上，「ファッションにおけるデザインの力」とは，これまでにもいくつかの例を挙げたように，社会的な価値観とともに変化するファッション自体の価値変化により，デザインの評価は相対的に語られるということを断りながら，ファッションが本来持つ多様な相貌の中のある面に適合するという意味における，創造的なデザインだと結論したい．それを私は絶対的デザインと言うのであり，その意味においてシャネル，ヴィオネ，バレンシアガらとともに，とりわけ20世紀末

第十章　ファッション・デザインは死んだ？　181

に登場する川久保, 三宅, 山本ら日本人デザイナーたちの果たした役割の大きさについては, もう一度繰り返す必要はないだろう.

　しかし, それだけではなくファッション・デザインは時代と迎合するデザイン, たとえば, 今日のようなデザインのないデザイン, あるいはマンガの影響を受けたファッション・デザインもまた, 決して埒外に放っておくことはできない.

　と同時に, デザインという語が本来持っているより広義の意味が示しているように, 三宅が'プリーツ・プリーツ'で具体化したような服作りのシステムの新たな構築, あるいはまたファスト・ファッションやユニクロが実現した生産における改善などにおける位相において, 21世紀のファッション・デザインの力はその重要性を増すだろう.

　ところで, これまで見てきたファッションとデザインの関係は, 服が着られるのは実際の生活の中であるという暗黙の前提条件をもとにしていた. であれば, ファッションは, 私たちが生きる時代・社会におけるモデル (型) に自分をはめこませるための1つの手立てに他ならなかった. しかし, マンガの'かわいい'キャラクターへの変貌のための手立てとして現れたとも見える東京ストリート・スタイルが, 少数だとは言え21世紀の東京に確かに存在し, コスプレが世界の若者たちの共感を呼ぶという, 見逃しておくわけにはいかない事実があり, またそれが, ファッションにおける現代的感性として大きな広がりを持とうとしている.

　彼らにとって服を着ることとは, これまでとは違って現実の自分とかけ離れた架空の存在, アバター化への手段となっている (図10-5). これはすでに原始社会には見られたことであり, 現代にも仮装という特別なオケージョンが確かにある. だが, すでに彼らの世界は, 現実世界とヴァーチャルなそれが交錯しながら作り出す多元的な'現代の日常'なのである. そこには私たちに服を着る意味を

図10-5　2004年の東京ゲームショーより.

もたらしてきたものとは明らかに異なる環境があり，そうであれば，これまでの解釈では計ることができない服のデザインが生まれる可能性が潜んでいる．しかし，社会は未だ変容し続けている．彼らの「着る」意味を正確に読み解くには，まだもう少し，時間がかかる．そして，ここでもまた頭をよぎるのは，なぜ人は服を着るのか，というアポリアである．

注

(1) ファスト・ファッションとは，最新の流行を採り入れながら低価格に抑えた衣料品を短いサイクルで世界的に大量生産・販売するファッションブランドやその業態をさす．「早くて安い」ファスト・フードに準えて数年前からこう呼ばれる．スペインを本拠地とするザラ，スウェーデンのH&Mがその代表．会社自体は50年以上の歴史を持つものもあるが，業態への呼び名「ファスト・ファッション」は近年になって登場した．ザラ ZARA（http://www.zara.com/）は1975年にスペインに第1号店をオープンし，スペインのアパレル・メーカー「インディテックスグループ」のブランド．子ども服から婦人・紳士服までを幅広く扱う．世界的に店舗を展開しており，2009年現在で世界中に約4000店舗を持つ．ザラの商品の特徴は高いファッション性と，極めてリーズナブルな価格である．このことを可能にしたのは，通常，ファッション業界では，流行の服を大量供給するための準備期間がおおよそ9カ月はかかるが，ザラでは新商品が2週間，あるいはわずか1週間で開発され，全世界の店舗に送られるという驚異的なシステムを構築したことによる．これは「サプライチェーン方式」によって可能になった．さらには商品1種類あたりの在庫点数を極力少なくするという点も見逃せない．デッドストックによって発生するリスクを避けるためであり，従って商品の追加発注はしない．だが，このことは消費者の「今買わねば」という購買意欲をそそることにもなる．常に新しいファッション情報が盛り込まれており，このポリシーのために数百人規模のデザイン・チームが世界中からの情報を入手し，製品化する．生産は，かつてはスペイン国内の安い労働力だったが，現在は東欧・北アフリカ，アジア・中国など世界各地に広がる．

H&Mは，スウェーデンのアパレル・メーカー，ヘネス・アンド・マウリッツ（Hennes & Mauritz）が展開する．女性服メーカーのHennesは1948年の創業，1968年以後紳士服を加えも現在のHennes & Mauritzとなる．ブランド名はH&M．

(2) フィリップ・ジュリアン（杉本秀太郎訳）『世紀末の夢』白水社，1982年，9ページ．

(3) Suzy Menkes, Tokyo Is Now World Capital of Street, *International Herald Tribune*, 2000, Nov.14.

(4) *Kokeshi Dolls*, United Colors of Benetton catalogue, 1999; AOKI, Shoichi, *FRUITS*, Phaidon, London, 2001; P.Keet, *The Tokyo Look Book: Stylish to Spectacular, Goth to*

Gyaru, Sidewalk to Catwalk, Kodansha International, 2007; M.Yoshinaga, *Gothic and Lolita*, Phaidon Press, 2007; T.Godoy, I.Vartanian, *Japanese Goth*, Universe, 2009, 他.

(5) ロリータ・ファッションは，かわいい幼女趣味を特徴とする．名称はアメリカの小説家ウラジミール・ナボコフの小説『ロリータ』に由来するが，1990年代半ば原宿から広がった日本生まれの独自のスタイル．嶽本野ばらの小説『下妻物語』の主人公の1人の服装として取り上げられ，この小説がコミック・ブックになり，映画化された（中島哲也監督，2004年公開）ことにより，広く知られるようになった．後に *Kamikaze Girls* として欧米7カ国で公開され，海外でも知られるようになった．

(6) 「ゴスロリ」と呼ばれるスタイルはロリータから発展した．フリルやリボンを多用した少女性を強調するようなかわいいデザインと，過去の耽美的，猟奇的趣味を混在させた黒ずくめの「ゴス」特有の服装とが同居する．「ゴス」とは，ロックバンドの衣装，及びそのファンの服装に起源をもち，日本独自のものというわけではない．「ゴスロリ」は，90年代末から流行し始めた日本独自のストリート・ファッションで，名称も Goth & Lolita を合成した新しい日本語．

(7) 2004年ごろから渋谷などで広がった「アゲ」と呼ばれるスタイルなど．アゲはキャバクラ（キャバレークラブ）に勤務する女性たちとの関連が強い．特徴は濃いメイク，特にアイライン，付けまつげで極端に大きな眼を強調し，カラーコンタクトで眼の色も変え，ヘアスタイルは巻き毛でトップ部分は逆毛にして膨らませる．装飾的なネイルは必需．名称はインフォレストが発行している雑誌『小悪魔 ageha』に由来する．この雑誌はマンガではないが，少女マンガのヒロインの影響が強い．

(8) 1942年東京都生まれ．1965年慶應義塾大学文学部卒業後，1969年に，ファッション・ブランド "Comme des Garçons" を設立．1975年東京で初のショーを開催し，南青山にブティックを開店する．1981年，パリ・プレタポルテ・コレクションに参加して以来，パリで現在まで独創的な作品を発表し続けている．

  彼女が世界的に注目されるのは，パリでの1983年春夏のショー．黒を中心とした無彩色の非構築的なだぶだぶで，切り裂かれたような破壊的な服は，山本耀司の作品とともに「ぼろルック」「黒の衝撃」と評され，大きな反響を呼んだ．「爆弾に当たって切れ切れになった服」「西欧服の冒涜」と評される一方，既成の美しさから離れた「新しい女性の生き方，新しい美しさを提案」するものとして，高く評価された．この賛否両論は，誰も見たことのない新しさを見出し続けようとする彼女の創造性に対する確固とした姿勢のためであり，その後もショーのたびに繰り返されている．

(9) 1943年東京生まれ．慶應義塾大学卒業，文化服装学院卒業．株式会社ワイズ設立．母親が経営する洋装店で女性服の仕立てを身近に見ていた彼が，新しいファッションを求めていた日本で，ファッション・デザイナーの道に進んだのは自然の成り行きだったといえるかもしれない．1977年に東京で初めてのコレクションを発表．1981年からパリ

でコレクションを発表. 83年春夏のパリ・コレクションで発表した, 黒や白の無彩色, だぼだぼでぼろぼろの服は, 西欧の伝統的な服作りと真っ向から対立するものと捉えられ, 同時期にパリで活動を始めた川久保玲と共に, 山本の服は欧米に大きな衝撃を与え, 世界に日本人デザイナーの存在を知らしめた.

(10) 主要なものとして, *Le Figaro*, 1982 Oct.21; *Washington Post*, Oct 16, 1982; *Libération*, 17-18 Oct.1981, n. 442. などに評論されている.

(11) マルタン・マルジェラ (1957-) はベルギー生まれのデザイナーで, アントワープ王立アカデミー卒業後, 1984年からJ.=P. ゴルティエのアシスタントを経て, 89年パリ・コレクションにデビュー. 絶え間なく新しいものを生み出すファッション・システムに異議を申し立てるべく, 古着の再生や新しい服の古着風加工など, 独自の視点からの服作りを行い, 90年代初めグランジ・ルックを牽引した. 川久保らの影響を受け, 独自のアヴァンギャルドな方向を貫き, 川久保, 山本らとともに「脱構築ファッション」の担い手と呼ばれる.

(12) 1938年広島生まれ. 多摩美術大学卒業. パリでオートクチュール組合学校 (Ecole de Chambre Syndical de la Couture Parisienne) を終了後, ジバンシーのアトリエに入るが, 1968年の「5月革命」を体験した後, プレタポルテのデザイナーとして活動を始める. 1971年にニューヨーク, 72年にパリで初コレクションを発表したのに続き, 76年に東京で「一枚の布」のコレクションを発表. 平面の服と立体の体との関係を独自の眼で捉え, その後も一貫してこの関係性を重視した服づくりを追求している.

(13) 1943年ドイツ生まれ. 1968年にハンブルグでブティック開店. 以来, 妥協のないミニマルでピュアなラインやカットを追求した, 誇張のない洗練されたプロポーションのモダンな, しかも着心地の良い服で世界的な評価を得た. それは常に素材や職人の仕事への厳しい目から生み出された. 現代的な意味で高級な〈投資に値する〉服を求める世界中の女性たちから熱い支持を受けたが, 2000年にブランドをプラダ社に売却. 2009年10月ユニクロから, 新たなブランド '+J' を発表.

第十一章
写真の到来を人々はどのように受けとめたのだろうか
―― アラゴーからボードレールまで ――

青山　勝

はじめに

　1839年，写真が到来する．より正確に言うなら，ルイ・ジャック・マンデ・ダゲール（Louis Jacques Mandé Daguerre, 1787-1851）が発見し，ダゲレオタイプと名づけられた写真製法の秘密が公開される．それは人々に大きな驚きと衝撃を与えるであろう（図11-1）．

　テオドール・モーリセが1839年に描いた有名な風刺画を見てみよう（図11-2）．画面全体を支配しているのは，技術の「進歩」への盲目的な熱狂だ．そこには，

図11-1　ルイ・ジャック・マンデ・ダゲール《タンプル通り》1838-39年，ダゲレオタイプ，H12.9×W16.3cm，ミュンヘン市立博物館・写真美術館．

蒸気機関車，蒸気船，気球といった当時の産業革命，交通革命の進行を示すさまざまなアイコンが散りばめられ，それを背景に，ダゲレオタイプというやはり革命的な新技術に殺到する老若男女の姿がいささかシニカルなタッチで描きだされている．他方，画面右側に目をやると，写真のせいで仕事を失う羽目に陥った版画家のために「首吊り台貸します」の看板が立っているのが見える（図11-2部分図1）．ここに暗示されている写真と旧来の芸術とのあいだの軋轢は，1839年の時点ではさほど大きなものではなかった．だがその20年後には，写真ははやくも産業として大きく成長し，「芸術」にとって無視しがたい存在となり，それがさまざまな反発を生み出すことにもなったのである．

　私たちがこれから眼を向けるのはもっぱら，1839年から59年にいたる20年間における写真をめぐる言説である．いくつかの重要なポイントにスポットライトを当てるようにしながら，写真の到来を人々がどのように受けとめたのか，その複雑な諸相を少しずつ手繰り寄せていくことにしよう．

1.　1839年——写真はまず「理念(イデー)」として到来した

　図11-2（部分図2）で，雲の上から人々を見下ろしているのは，フランス科学アカデミーの常任書記官を務めていた物理学者で，また有力な政治家でもあったフランソワ・アラゴー（François Arago, 1786-1853）である．彼こそ，ダゲレオタイプを世に送り出した1839年の一連の出来事の立役者にほかならない．写真の理念を確立し，写真を公的なものとして制度化したその過程は，フランソワ・ブリュネが強調するように，「見せる」ことではなく，むしろ「語る」ことを通じて進行した．その意味で，写真はイメージとして経験される以前に，まず「理念」として到来した，といえるだろう．[1]

　そもそもダゲールはおよそ1837年にはほぼその写真術を完成させていた．つまり，技術的なレベルでいえば，その時点ですでに写真は産声を上げようとしていたのである．しかしダゲールはその秘密を保持するため，すぐに公衆に「見せる」ことはできない．写真製法は「ひとたびその秘密が明かされたならば」，それがたとえ少数であったとしてもすぐに「万人が自由とするところになってしまう」からである．[2]そうなってしまえば，彼が発明のために注ぎ込んだ多大な時間と労苦，そして資金を回収することはついに不可能になってしまうであろう．

　ダゲールがアラゴーと接触するのは1838年末のことである．そしてそこから

部分図2　　　　　　　　　　　部分図1

図11-2　テオドール・モーリセ《ダゲレオタイプ狂》，1839年，リトグラフィ，フランス国立図書館

写真の到来というあの出来事が軌道に乗りはじめる．早くも1839年1月7日にアラゴーは科学アカデミーの例会の席で写真術の存在を告知する．それに対して，イギリスのウィリアム・ヘンリー・フォックス・トルボット（William Henry Fox Talbot, 1800-77）からはただちにプライオリティの主張がなされる．だが，同年5月以降，いわゆる「ダゲール法案」（写真製法を公開する代償としてダゲールにフランス政府から年金を支給することを骨子とする法案）が議会に提出，審議，議決され，8月19日にはようやくダゲレオタイプの製法の秘密が科学アカデミーと芸術ア

図11-3　制作者不明《パリのフランス科学・芸術アカデミーでの合同会議　1839年8月19日》，エングレーヴィング，テキサス大学

第十一章　写真の到来を人々はどのように受けとめたのだろうか

カデミーの合同会議の席で，やはりアラゴーの口から公表される（図11-3）．こうして，発明家のアトリエの暗闇に隠されていた一個の私的な発明品が，一連の法的手続きを経てフランス政府に譲り渡され，さらに世界に向かって「気前よく」公開されるに至ったのである．

では，そのとき写真はどのような言葉で「語られ」，また，芸術との関係でどのように捉えられていたのであろうか．

「自発的な再現＝複製」

ダゲール法案に関連するいくつかのテクスト[3]において，ダゲールの写真術は「カメラ・オブスキュラの映像を定着させる技法」と定義されている．それは「光の力によって4，5分のあいだに対象がその形態をごく微細な細部に至るまで数学的に保存する画像（デッサン），線遠近法の効果や空気遠近法から生じる色の階調がかつてない繊細さで際だつ画像を生み出す」[4]．このようにダゲレオタイプは画像（デッサン）を生み出すものとして，自然を描き出す芸術家の行為と類比的に捉えられている．

だがそれと同時に，そのプロセスの本質は「カメラ・オブスキュラに受容される自然の映像」の「自発的な再現＝複製 reproduction spontanée」という表現で定義されてもいる[5]．これは，写真術という1個の「技術」の本質が——逆説的にも——むしろ「自然」のプロセスに属するものであることを強調する．

「再現＝複製」という表現は，アンリ・ゼルネールによれば[6]，「模倣」「表象」「模写」といった芸術の世界における伝統的な語彙には属さないものであり，比較的新しい言葉として，写真，および版画等に関連するテクストにおいてとくに繰り返し現れるものであった．興味深いのは，この言葉には当時，生物学的なコノテーションが含まれていたという指摘である．そもそも「再現＝複製」とは，生物学において，なんらかの生物が失った身体の一部を再生する能力を意味していたのであり（たとえばザリガニはその失った足を「再現＝複製」する），その言葉が芸術の分野，とりわけ写真や版画の分野の用語として流用されるようになったというのである．このようなコノテーションを念頭において「自然の映像の自発的な再現＝複製」という表現を読んでみると，写真が，自然の画像を得るための道具である以上に，人間の手の介入を要しない，自然そのものに含まれるイメージの自己生成的なプロセスとして浮かび上がってくる．おそらく，このような観点からダゲールによる次の写真の定義も読まれるべきであろう．「要するに〈ダゲレオタイプ〉は，自然を描くのに役立つ道具ではなく，自然に自ら自身を再現＝複製す

る手段を与える化学的＝物理的な方法である」.ダゲレオタイプは,芸術というよりむしろ科学に,技術というよりむしろ自然に属すのである.

「どれほど器用な画家の作品よりも……」

　アラゴーは下院議会へ「報告」の中で,写真の有用性についてさまざまな観点から悉に検証しているが,そのなかでも考古学への貢献について語った一節はとりわけ有名である.「もしこれほど正確で迅速な再現＝複製の手段がエジプト遠征のときに存在していたならば,どれほど絶大な役割を果たしたことであろうか」,「もし写真が1798年に知られていたならば,私たちは今日,数多くの象形文字板──アラブ人の貪欲さと一部の旅行者の野蛮な破壊行為によっていまや永久に学者の手から失われてしまった──の忠実なイメージを手にしていたにちがいない」.そしてこう続ける.「テーベ,メンフィス,カルナックなどの大遺跡をその外壁にいたるまで覆っている何百万という象形文字を複写しようとすれば,何十年にもわたって数多くの画工が働かねばならないでしょう.しかし,ダゲレオタイプを用いるなら,たった1人でもこの膨大な作業を首尾よく成し遂げられるでしょう.エジプト研究所にダゲール氏のカメラを二,三台配備し,それをあの不朽の遠征の成果である有名な大石板に向ければ,本物の象形文字が広範に広まり,偽物の象形文字や単に慣例的に用いられている象形文字は駆逐されることでしょう.それらの画像は,その忠実さや地方色という点において,どれほど器用な画家の作品をもつねに凌ぐのです」(以上傍点は引用者).

　アラゴーは写真を「画工」や「器用な画家」の仕事と比較し,写真のほうが正確さ・忠実さ・迅速さ(さらには容易さ・経済性)の点で圧倒的に優れていることを指摘する.両者のあいだにあるのは,単なる程度の差ではなく,本性の差である.写真が「正確」で「忠実」な映像を「迅速」かつ「容易」に,また「経済的」に生み出すことができるのは,それが,人の手の介入を要しない「自発的な再現＝複製」という本性＝自然を持つからにほかならない.

「芸術に対してなされた大いなる貢献」

　このような写真は,当然,「画家」にとって脅威の対象ともなりえよう.だがアラゴーは,画家ポール・ドラロッシュの言葉を引きながらそうした危惧を退け,もっぱら写真の芸術に対する有用性についてのみ語る.ダゲールの写真術は,「芸術の本質的な諸条件のいくつかについて,きわめて深い完璧さに到達してお

り」,「どれほど器用な画家にとっても」それは有益である.写真術のうちに「画家は数多くの下絵(エチュード)を迅速に収集するための方法を見出すことであろう」.写真を使わず収集しようとすれば「膨大な時間と労苦が必要になるし,出来映えもそうとう不完全なものになる――ちなみにこれは画家の才能の如何には関係のないことである」.このようにその論法は一貫している.アラゴーやドラロッシュは,写真によって「芸術家」や「器用な版画家」の仕事が脅かされるとは考えない.そもそもその議論の関心は,もっぱら写真が芸術に対してどのような利益をもたらすかという観点に絞られており,両者の競合関係は最初から問題になっていないというべきであろう.写真は画家や版画家にとって代わる存在ではない.画家こそがそれを有益な道具として利用する.写真は,奴隷や召使いがその主人に仕える(servir)ように,芸術に「仕える」という役割と地位をあてがわれている.「要するに,ダゲール氏のこの素晴らしい発見は芸術に対してなされた大いなる貢献(un immense service rendu aux arts)」なのである.これが1839年における言説の論理であった.[10]

2. 1851年――写真は科学か芸術か?

　1851年5月,ロンドンの水晶宮で世界初の万国博覧会が開幕する.その万博会場には数多くの写真作品も各国から出展され,世界の人々の耳目を集めた.他方,この時期,写真に関連するさまざまな社会的制度の整備も徐々に進む.フランスの場合でいえば,1851年1月,写真協会(ソシエテ・エリオグラフィーク)が設立され,その機関誌としてヨーロッパ初の写真専門誌『ラ・リュミエール』が創刊された.

　その2月9日付の創刊号に,美術批評家フランシス・ウェイ(Francis Wey, 1812-82)による「写真が美術に及ぼす影響について」という論考が掲載される.その冒頭で紹介される次の逸話を読むと,写真が産業として大きく発展を遂げようとしていたまさにこの時期,写真と美術(制度)との関係がそれまでにない,複雑で葛藤を孕んだ様相を呈し始めていたことがありありと伝わってくる.[11]

　　2カ月前のこと,紙写真(フォトグラフィ)という新技法を最も器用に使いこなす名手の1人ル・グレ氏が,1850年の展覧会[サロン]の審査員たちに9枚の紙焼の作品(デッサン)を送付した.風景や肖像であるが,直接自然を撮影したものと,絵画を撮影したものとが含まれていた.審査員たちは,達成された作品の驚くべき完璧

さに心を奪われたが，しかし，これらの作品をどう分類すべきかを考える段になって，はたと困ってしまった．それらの作品はたしかに，最も完成された芸術作品に匹敵する．しかしそれは純粋に理論的な技法によって作り上げられたもので，作品制作の実践に直接的な仕方ではまったく関わりがない．結局，この器用な写真家の作品は石版画に分類されることになり，現在開催中の展覧会の冊子では石版画の欄に記載されている．

　ところが，この審査委員会には下部組織があり，その委員会が別の観点から問題を検討し，ル・グレ氏の作品を引き上げてしまったのだ．

　最初の委員会はル・グレ氏の作品を芸術作品であると考えた．それに対して第二の委員会は科学の産物と分類した．いったいどちらが正しいのか，それを決するのはたいへん難しい．

　ギュスターヴ・ル・グレ（Gustave Le Gray, 1820-84）は，1842 年，画家ポール・ドラロッシュの門下生となり，その後 1848 年には画家としてサロンに出品した経験ももつ「画家にして写真家（peintre et photographiste）」である．1850 年当時，もちろんサロンに写真部門は存在していない．ル・グレの行為は，写真に「芸術」としての地位を与えようとする先駆的な挑戦であった．

　ウェイによれば，写真は「純粋に理論的な技法」，すなわち「化学と物理学に由来する」ものであるから，「作品制作の実践に直接的な仕方ではまったく関わりがない」．にもかかわらず写真は，ル・グレのような「器用な」写真家の手に掛かると，「最も完成された芸術作品に匹敵する」作品を生み出すことがある．このようないわば変幻自在な写真の有り様を前にして，人々はいささか戸惑いや不安を覚えはじめていたようである．写真を「どう分類するか」という問いは些細な技術的問いにも見える．だが，マーガレット・デントンがいうように，「分類が秩序を維持し，管理し，不安を和らげる方法である」とすれば，科学でも芸術でもありうる「異種混交」な存在としての写真，「本質的に規定される二つのカテゴリーのつねに中間にある（in between）」写真は，「それを明確に位置づけることができないがゆえに不安を呼び覚ます」とでもいえるだろうか．

「写真の未来はすべて紙の中にある」

　こうした写真をめぐる論争や混乱の背景には，40 年代後半から進んできた，紙を媒体とする写真技術の革新とその普及がある．1839 年以来のおよそ 10 年間は，

ダゲレオタイプ，すなわち金属板を用いた一点限りの写真が圧倒的に支配的な時代であった．しかし，1840年代後半にはネガとポジの両面でさまざまな技術改良が進んでくる．ル・グレがサロンに送りつけた写真も9枚の紙焼作品であった．

紙を媒体とする写真製法の歴史は，いうまでもなく，トルボットの「フォトジェニック・ドローイング」にまで遡る．だがそれは，ダゲレオタイプと比較すると，紙の繊維の存在などのために，細部の精密さ・鮮鋭さの点で著しい格差があった．トルボットと親交のあった科学者ジョン・ハーシェルでさえ，1839年5月にパリに渡ってダゲレオタイプを実見した際，フォトジェニック・ドローイングは「児戯に等しく」[14]，両者のあいだには「太陽と月ほどの差がある」[15]と述べたと言われる．

だが，軽量でガラスのように割れる心配のない「紙」という媒体が旅行者や考古学者にとって実用面できわめて優れていることは，1839年のアラゴーもすでに指摘していた[16]．フランスでは1840年代後半以来，ルイ＝デジレ・ブランカール＝エヴラールなどがトルボットのカロタイプの改良を行い，紙写真への関心が高まっていた[17]（図11-4）．

そうした気運のなかで，ル・グレは，1850年に出版した写真の手引書の序論において「写真（フォトグラフィ）の未来はすべて紙の中にある」と述べている[18]．さらに，翌51年にこの手引書を増補・改訂した際には，ガラス・ネガの欠点に触れながら「その道に進むのは間違いである」と述べ，「紙」の優位の理由として芸術性をいっそう強調するようになる．「写真の未来はすべて紙の中にある．愛好家の皆さんには，ぜひともその関心や研究の方向をすべて紙へと向けていただきたい．間違いなく，もうすぐ紙は，ガラス写真に匹敵する繊細さとガラス写真以上の芸術的効果を獲得することだろう」[19]．

こうした芸術性への志向は，翌年の増補・改訂版においてますます深まってい

図11-4　ウィリアム・ヘンリー・フォックス・トルボット《開いた扉》，1844年，カロタイプ・ネガからのソルト・プリント，H14.4×W19.4cm（イメージ部分）．

く．「私が願うのは，写真が産業と商業の領域に陥るのでなく，芸術の領域に立ち戻ることである．そこが写真の唯一の，そして真の居場所なのであり，私はこれからずっとこの道筋に沿って写真を進化させていきたい」[20]．

　ル・グレは，「顕微鏡」的細部をもつダゲレオタイプやガラス写真に「紙写真」を対置し，そこに写真が「芸術のもつ崇高さ」へと至るうる道筋を見出そうとする[21]．といって彼は細密な再現＝複製を「芸術」に無縁なものとしてそのまま単純に否定・排除しようとしているわけではない．数度にわたって増補・改訂を繰り返したその手引書の存在を見れば，「ガラス写真に匹敵する繊細さ」を獲得するために彼がどれほど多大な努力や研究を積み重ねてきたかは明らかだ．ル・グレにとって紙写真は，いわば「ダゲレオタイプ」と「芸術」とを媒介する中間的存在，実体としては容易に捉えがたい両義的な存在である．「自発的な再現＝複製」という写真の本性がそのまま肯定されつつ，しかもそこに「芸術のもつ崇高さ」が宿される可能性，彼は「紙」の中にそうした写真の可能性を遠望していたのだ．

「ダゲレオタイプと狭義の芸術とを繋ぐハイフン」

　フランシス・ウェイも，写真（フォトグラフィ）をダゲレオタイプと狭義における芸術との間に位置づけた．「写真は，いわば，ダゲレオタイプと狭義の芸術とを繋ぐハイフン（trait d'union）のようなものである．紙へ移行すると，機械仕掛が生命を得て動き出したかのように見えるのだ」[22]．

　写真は，精緻な細部の自発的な再現＝複製という点でダゲレオタイプの特性をそのまま受け継ぎつつ，しかも，その再現＝複製される対象に「感情や相貌の表現を付け加える」ことができる．これによって「古いジャンルはやがて消滅するであろう」とウェイは予言する．それは「革命」，「ゆっくりと，深く進行する，有益な革命」となるであろう[23]．

　ダゲレオタイプは，たしかに正確かつ精密に自然を再現＝複製するが，その機械性，無差別性，顕微鏡的細部はあまりに自然と一体化しており，それだけでは逆に不自由な拘束でもある．それに対して，写真は「きわめて柔軟であり，とりわけ自然の再現＝複製において柔軟である」[24]．それは同一のテクストに対して複数の正確な「翻訳」があり得るという意味で，自然を「翻訳」する可能性を大きく開いてくれる．ここに，写真家が選択という形で介入し，個性的な「解釈」をそこに持ち込む可能性さえも出てくるであろう．しかも「ときにそれは，器用な巨匠さながら細部を無視して量塊（マッス）をもとに事を進め，犠牲の理論を正当化し，こ

ちらでは形態に優位を与え，あちらでは色調の対立に優位を与える．こうした知性的な想像力（intelligente fantaisie）が働く余地は，金属板のダゲレオタイプではずっと狭くなる」（傍点は引用者）。

ここでウェイ持ち出す「犠牲の理論」の内容は，たとえば美術批評家シャルル・ボードレール（Charles Beaudelaire, 1821-1867）が1846年「色彩について」論じたときの口跡に通ずるものがある．「そもそも芸術とは一個の捨象にほかならず，全体(アンサンブル)のために細部を犠牲にすることにほかならないのだから，なによりも量塊(マッス)に注意を注ぐことが重要である」．ウェイはこの「犠牲の理論」を写真に適用し，それによって写真を単なる「好奇の対象」から「芸術」の高みへと昇らせようとする．その実現がすなわち，彼のいうところの「ゆっくりと，深く進行する，有益な革命」であろう。

3. 1859年──「芸術を滅ぼしかねない最も恐ろしい敵」

1859年，アラゴーが写真の到来を告知した1839年からちょうど20年後，フランス写真協会（Société française de la Photographie）は行政当局との粘り強い交渉の果てにようやく，その第3回展覧会を「サロン」と同一会場で開催する許可をえる．だがその写真展の開催は，同じ建物内とはいえ，あくまで別の部屋，入口も入場料も別というかたちに留めおかれ，「美術」の会場とは物理的にはっきり一線を画された．ル・グレが9枚の写真を送りつけてから10年近い歳月が流れたのちも，写真がサロンの内部に正式に招かれることはなかったのである．しかし写真は，ポール＝ルイ・ルベールが詳細に跡づけたように，「写真そのもの」としてではなくむしろ「写真モデル（modèle photographique）」という形で，絵画の中に，美術批評の中に深く侵入していた．

たとえば，前節で取り上げたフランシス・ウェイ──ギュスターヴ・クールベとも親交のあった美術批評家──は，写実主義(レアリスム)を定義すべく，こう述べていた．「事物を偶然が作り出すがままのすがたで──選んだり，きれいに配置したりすることなく──再現＝複製すること．そして『真実のみが美しい（Rien n'est beau que le vrai）』というかの箴言(マクシム)の正しさを絶対的な仕方で示すこと」．

こうした言葉ほどシャルル・ボードレールを苛立たせるものはないだろう．この『悪の華』（初版1857年）の詩人が，1859年，『フランス評論』誌に寄せたサロン評の序論において「現代の公衆と写真」を呪詛にも近い言葉で非難しことはあ

まりにも有名である[31].

「芸術を滅ぼしかねない最も恐ろしい敵」

　ボードレールにいわせれば,「〈真〉への専らな趣味」こそ「〈美〉への趣味を抑圧し, 窒息させる」. 芸術家たちも, この公衆の趣味におもねるように,「芸術とは無縁」の「卑しい手管で, 公衆に衝撃を与え, 不意打ちし, 仰天させようとする」. こうした情勢において「写真」が到来する. それこそ「群衆(マルチチュード)」が待ちわびていたものにほかならない.「芸術とは自然の正確な再現＝複製であり, そうでしかありえない」, そう信じる「愚かな群衆たち」にとって「芸術とは写真のことである」[33].

　ボードレールにとって「芸術の中に侵入してくる産業は, 芸術を滅ぼしかねない最も恐ろしい敵 (la plus mortelle ennemie)」である. それゆえ安易な妥協はまさに致命的となる.「詩と進歩とは, 本能的な憎悪で憎しみあう２人の野心家なので, 同じ路上で鉢あわせしたときには, どちらかがどちらかに仕え (servir) ねばならない」. ボードレールはこう語気を強める.「もし写真が, 芸術の諸機能のいくつかにおいて芸術を代行することが許されてしまうなら, 写真はまもなく, 群衆の愚かさと自然な同盟を結んで, 芸術に取って代わるか, さもなくば, すっかり芸術を堕落させてしまうかするだろう」. したがって, 写真はその「本来の義務」に戻らねばならない.「すなわち, 科学と芸術の召使となること, それも〔……〕きわめて慎ましい召使 (la très humble servante) となることである」[34]. 写真の「本来の義務」とはすなわち「旅行者の画帖(アルバム)を速やかに豊かにし, 彼が記憶しきれない精密(プレシジョン)な細部をその眼に取り戻すこと」であり,「職業上絶対的な物質的正確さを必要とする人の秘書となり備忘録となること」であり,「崩れかけの廃墟や, 時の経過につれて傷んでしまう書物, 版画, 手稿」を「記憶のアーカイヴに留め置」き,「忘却の淵から救いだす」ことである. だが「手で触れられぬもの, 想像されるものの領域, 人間の魂がそこに付け加わるがゆえにこそ価値をもつものの領域に足を踏み入れること」, これだけは絶対に写真に許してはならないのである[35].

「なんという速さをもって私たちは進歩の道を突き進みつつあるのか」

　写真とは「自然の正確な再現＝複製」であり, その限りにおいて, 科学や芸術にとってさまざまな有益な役割を果たしうる手段であり道具である. そこだけ読

めば，ボードレールの主張する内容そのものは，実は意外なまでに20年前のアラゴー／ドラロッシュのそれと変わるところがない．だが，かつて「芸術に対してなされた大いなる貢献」と讃えられた写真にボードレールが激しい苛立ちを隠さないのは，写真の到来から20年後，写真と「群衆の愚かさ」とのあいだの「自然な連盟」が実際にきわめて現実的なものとなりつつあったからにほかなるまい．1859年，フランス写真協会の展覧会はサロン展と同時開催された．ボードレールはサロン評を書くにあたってその写真展をおそらくは見学さえせず，ただ「大いなる産業的狂気」が「芸術」の世界に乱暴なかたちで「侵入」しようとしていると——いささか大仰な口振りで——批判した．群衆の力に対して個人はいかんとも抵抗しがたい．「それゆえ，感嘆しようではないか．なんという速さをもって私たちが進歩の道を突き進みつつあるのかを（私は進歩という言葉を魂の漸進的な減少と物質の漸進的な支配という意味で使っている）．そして，陳腐な器用さ，つまり，忍耐力があれば誰でも得られるような器用さが，どれほど毎日驚異的な広まりを見せているのかを」．

結びにかえて

　写真の到来からおよそ170年がすでに経過した現在，「写真」という概念の輪郭はすっかりぼやけたものになってしまった．それはもしかしたら，「カメラを使って撮影される静止画像（スティル）」として動画（ムービー）と区別するために使われる程度のものにすら成り下がっているのかもしれない．

　驚かす．衝撃を与える．不意をつく．仰天させる．ボードレールはこれらの言葉で「写真的なるもの」を形容していた——たとえそれが否定的な意味においてであれ．そうしたごつごつとした手触りの強度はいまやまったく失われ，「写真」という言葉の周辺には起伏を欠いた，なにやら退屈な風景だけが広がっているかにも見える．その風景は，逆説的にも，まさにボードレールが嘆いた世界，すなわち「陳腐な器用さ，忍耐力があれば誰でも得られるような器用さばかりが毎日驚異的な広まりを見せている」世界に連なるものなのかもしれない．

　とはいえ，私たちがいま生きている社会を隅々まで埋め尽くす多種多様な明滅する機械的イメージの底には，いまなお「写真の到来」に対する人々の「驚き」の感覚が途絶えることなく息づいているはずである．そのような写真の古層をさまざまな歴史的言説を頼りにあらためて掘り起こしてみること，それがこの章で目指されたことであった．

アラゴーにとって，写真とは，「自然のイメージの自発的な再現＝複製」を本質とする技術，それゆえ誰もが利用可能な技術，本質的な意味で「最も器用な画家」をも凌ぐイメージの技術であり，それは科学や芸術の「進歩」のために有益な貢献を果たすものであった．だが，それは「芸術」を脅かすことはない．写真こそが芸術に「仕える」のである．

　こうした理念が写真を世に送り出したそのわずか20年後，写真は現実に産業として大きく発展を遂げようとし，またすでに芸術の世界にも足を踏み入れつつあった．フランシス・ウェイはそれを「革命」という言葉で力強く語った．「絵画」を脅かしかねない存在へと成長した写真に対してボードレールは，激しく苛立ち，写真は「きわめて慎ましい召使」の地位に立ち返り，その「本来の義務」を果たすべし，と声を荒らげた．

　アラゴーからボードレールへ．両者の写真に対する評価は一見正反対に見える．両者のあいだには，20年の時の経過があり，写真をとりまく現実的な情勢の変化があり，立場の違いがある．だから，そうした違いが生じること自体はなんら不思議なことではない．むしろ驚くべきは，そうした違いにもかかわらず，写真という思想に関して両者のあいだに深い連続性を認めることができるという点である．写真は，両者にとって，画家のような特殊な技術を必要としない技術，自然が自ら自身を自発的に再現＝複製するための技術である．アラゴーの眼に「デッサンの知識も，手先の器用さも全く求めない」「どんな人の手にも届く」ものとして積極的に評価される写真は，ボードレールにいわせれば逆に，「群衆の愚かさと自然な同盟を結ぶ」技術にすぎない．より正確に・より早く・より容易に・より経済的に，という写真がもたらした「進歩」は1839年には社会の「一般利益」にかなうものとして謳われたが，ボードレールにいわせれば「進歩」とは所詮「魂の漸進的な減少と物質の漸進的な支配」を意味するにすぎない．このよう

図11-5　ギュスターヴ・ル・グレ《大波　セット》1857年，2枚のガラス・ネガからのアルビュメン・プリント，H34.3×W40.9cm，フランス国立図書館．

第十一章　写真の到来を人々はどのように受けとめたのだろうか　　199

に「写真の到来」を人々はさまざまな評価をもって受けとめた．どちらの評価が正しいのか，それを私たちが彼らに代わって判定することが重要なのではない．むしろ問われるべきは，私たち自身の側だ．

　たとえば——もし私たちがサロンの審査委員であったなら，9枚の写真をサロンに送りつけた若きル・グレの挑戦に対してどのような回答を与えるべきなのであろうか，と考えてみることにしよう．現在の私たちにとって，ル・グレの撮影したさまざまな写真（図11-5）を「芸術」のカテゴリーに組み込むことはいとも容易なことであり，そこにためらいや葛藤は全く必要ない．実際私たちはいまそれらを「美術館」で鑑賞している．他方，私たちをそれでも戸惑わせるのは，ル・グレの9枚の写真——風景や肖像——には「直接自然を撮影したもの」だけでなく，「絵画を撮影したもの」も含まれていたという事実のほうかもしれない．当時，絵画を複製＝再現する版画は「芸術」として認められていた．では絵画を撮影した写真は，いったい芸術といえるのか．それを決するのはやはり「たいへん難しい」．

　こうした思考実験を通じて否応なく焙り出されてくるのは，私たち自身の「芸術」観であり，「写真」観である．ル・グレのサロンに対する挑戦は，いまなお，私たち自身の「思考」に対する挑発でもある．

注

(1) François Brunet, *Photography and Literature*, London, Reaktion Books, 2009, pp. 14-16. また以下も参照のこと．François Brunet, *La naissance de l'idée de photographie*, Paris, Presses Universitaires de France, 2000. 青山勝「発明か発見か——写真黎明期における言説編成の力学」『写真，その語りにくさを超えて』（新記号論叢書［セミオトポス］5），慶應義塾大学出版会，2008年，127-150ページ．

(2) 1839年1月7日の科学アカデミーでの告知に見られる表現．*Comptes rendus des séances de l'Académie des sciences*, 1839, t. 8, pp. 4-7.

(3) Daguerre, *Historique et description des procédés du dagerréotype et du diorama*, Paris, Alphonse Giroux, 1839, repr., La Rochelle, Rumeur des âges, 1982（L. J. M. ダゲール（中崎昌雄解説・訳）『完訳　ダゲレオタイプ教本』朝日ソノラマ，1998年）．以下，引用の場合は，原著とともに括弧内に訳書の該当ページも指示するが，日本語訳はすべて拙訳による．

(4) *Ibid.*, p. 1（67-68ページ）．

(5) *Ibid.*, p. 55（121ページ）．

(6) Henri Zerner, Gustave Le Gray, artiste héliographe, in Sylvie Aubenas (sous la direction de), *Gustave Le Gray 1820-1884*, Paris, Bibliothèque nationale de France / Gallimard, 2002, p. 210.
(7) 1838年に印刷されたダゲールによるダゲレオタイプのパンフレットに見られる表現．以下に全文が掲載されている．Paul-Louis Roubert, *Image sans qualité: Les beaux-arts et la critique à l'épreuve de la photographie 1839-1859*, Paris, MONUM, Édition du patrimoine, 2006, p. 21.
(8) Daguerre, *op. cit.*, pp. 19-20（82-83ページ）．
(9) *Ibid*, p. 20（83-84ページ）．
(10) 画家ポール・ドラロッシュがダゲレオタイプを眼にして「今日を限りに絵画は死んだ」と叫んだというのはあまりに有名な逸話があるが，その信憑性には疑問がある．マーティン・ガッサーの調査によれば，この逸話が文献に現れるのは1874年以降のことにすぎない．Martin Gasser, Between "From today, painting is dead", and "How the sun became a painter": A close look at reactions to photography in Paris 1839-1853, *Image*, vol. 33, 1991, Nos. 3-4, pp. 9-29.
(11) Francis Wey, De l'influence de l'héliographie sur les beaux arts, *La Lumière*, n°. 1, 9 Fev. 1851, p. 2. 雑誌『ラ・リュミエール』については以下も参照．Emmanuel Hermange, "La Lumière" et l'invention de la critique photographique（1851-1860），*Études photographiques*, 1, Novembre 1996. フランシス・ウェイについては以下も参照．Anne de Mondenard, Entre romantisme et réalisme: Francis Wey (1812-1882), critique d'art, dans Études photographiques, 8, Novembre 2000; Margaret Denton, Francis Wey and the Discourse of Photography as Art in France in the Early 1850s: 'Rien n'est beau que le vrai; mais il faut le choisir,' *Art History*, vol. 25, No. 5, November 2002.
(12) ル・グレ自身による表現．なお，ドラロッシュの門下からはル・グレ以外にも，アンリ・ル・セック，シャルル・ネーグルなど，多くの写真家が輩出している．
(13) Denton, *op. cit.*, p. 644.
(14) *Comptes rendus des séances de l'Académie des sciences*, t. 8, 27 mai 1839, p.838.
(15) *L'Artiste*, 26 mai 1839.
(16) 「もし紙を利用できたなら，旅行者にとっての便利さという点で，また経済的な観点からもその方が良かっただろう」．Daguerre, *op. cit.*, p. 21（84ページ）．
(17) ルイ＝デジレ・ブランカール＝エヴラールは，1847年に科学アカデミーに提出した報告書の中で，紙プロセスの利点として「制作の容易さ」「操作の確実さ」「焼付の枚数の豊富さ」といった要素を挙げ，「これらの要素のおかげで，この方向をむいた写真が，近い将来，産業において重要な地位を占めるに違いない」と述べている（Comptes rendus hebdomadaires des séances de l'Académie des Sciences, t. XXIV, pp. 117-123）．こうし

た技術革新が進む中，フランス国内の文化財を写真によって記録するという，アラゴーがすでに1839年に語っていた国家的写真プロジェクトのアイデアが，1851年になってようやく現実化してくる．いわゆる「1851年のミシオン・エリオグラフィーク」がそれである．ル・グレもこの写真プロジェクトの写真家の一員として招集された．これについては以下の拙論も参照のこと．青山勝「1851年のミシオン・エリオグラフィークと『写真の理念』」『イタリアにおける美術作品の保存・修復の思想と歴史――欧米各国との比較から』(平成15-18年度科学研究費補助金研究成果報告書・研究代表者岡田温司)，2007年，262-282ページ．

(18) Gustave Le Gray, *Traité pratique de photographie sur papier et sur verre*, Paris, Plon frères, juin 1850, p. 1.

(19) Gustave Le Gray, *Nouveau traité théorique et pratique de photographie sur papier et sur verre*, Paris, Plon, juillet 1851, p. 9.

(20) Gustave Le Gray, *Photographie: nouveau traité théorique et pratique des procédés et manipulations sur papier sec, humide et sur verre au collodion, à l'albumine*, Paris, Plon, [1852], p. 71.

(21) *Ibid*, pp. 1-3.「たしかに，そう言ったからといって私は決して，良い絵画はダゲレオタイプのように細密に，顕微鏡的に描かれねばならない，などと言いたいわけではない．／私に言わせれば，写真作品のもつ芸術的な美とは逆に，たいていの場合，ある種の細部を犠牲にすることで成り立つのである．そのようなやり方でこそ，写真作品はときに，芸術のもつ崇高さに到達するような効果を生み出すことになるのである」．

(22) Wey, *op. cit.*, p. 2.

(23) *Ibid*.

(24) *Ibid.*, p.3.

(25) *Ibid*. 注(21)のル・グレの「犠牲の理論」も参照のこと．

(26) Charles Beaudelaire, *Œuvres complètes*, éd. Claude Pichois, t. II, Paris, Gallimard, coll. 《Bibliothèque de la Pléiade》, 1975, p. 424 (シャルル・ボードレール『ボードレール批評1』阿部良雄訳，筑摩書房(ちくま学芸文庫)，1999年，91ページ)．

(27) ウェイの写真論を「模倣(imitation)」の概念についての当時の美学やより広い文化的言説との関連で検討したマーガレット・デントンは，ジェンダーの観点から興味深い指摘をしている(Denton, *op. cit.*)．デントンによれば，当時，ダゲレオタイプ的な「純然たる模倣」は「唯物主義」をデノテ示しつつ，「原始性」や「女性性」をコノテ暗に意味していた．つまり，奴隷的で卑屈な自然模倣は，受動性，男性性の欠如の記号であり，つまりは女性性の記号だというわけである．実際，女性芸術家と模倣とを同一視するような見方は，18世紀から19世紀初頭にかけてのフランスの美術批評では馴染みのトポスであったという．つまり，肖像画や静物画のような絵画ジャンルは，「想像力」というより「模

倣」を事とするようなジャンルであり，女性芸術家にふさわしいと考えられていたのである．そこでは男性的な創意の能力に対して女性的な複写(コピー)の能力が，ヒエラルキー的に捉えられていた．そしてまさしく写真が到来した直後の 40 年代から 50 年代にかけて，伝統的な歴史画の衰退と並行して，風景画のようなジャンルが台頭してくる．そのなかで単なる自然の模倣からそれを区別する芸術家の個性的な「解釈」という問題が浮上してきたのである．このことはまさに写真の問題に結びついていた．ダゲレオタイプのように精緻に自然を再現＝複製するだけの絵画は，「好奇心」を掻き立てはするが，真の芸術ではない．ある種の細部を犠牲にするところにこそ，芸術家の「解釈」の余地が生じる，というわけである．

(28) この間の事情については以下を参照のこと．Paul-Louis Roubert, 1859, exposer la photographie, dans *Études photographiques*, 8, Novembre 2000, pp. 5-21. Andrée Rouillé, L'essor de la photographie (1851-1870), dans *Histoire de la photographie*, Paris, Bordas, 1986, p. 45.

(29) ルベールのいう「写真モデル」とは，「写真と芸術との対立を媒介する観念」であり，さまざまな写真の製法や作品を超えて存在する「写真の思想」であって，ときにそれは「公衆の眼に触れる芸術へと向けられる批評の眼差し」のうちに現れてくる．Roubert, *op.cit.*, p.11.

(30) Francis Wey, Du naturalisme dans l'art, de son principe et de ses conséquences (à propos d'un article de M. Delécluze), in *La Lumière*, 6 avril 1851, n° 9, p. 34. この論考のなかで写実主義は，自然主義(ナチュラリスム)，すなわち，「生きた自然を〈剥製〉にし，あるがままに，解釈を加えず描写し，その風景（vues）をダゲレオタイプとだけ競わせるに留めるような流派」と区別されている．また，「〈真〉のみが美しい」という箴言は 17 世紀の詩人ボワローのものであるが，その後に「だがそれを選ばねばならない」という言葉を追加したものが『ラ・リュミエール』誌のモットーでもあった．

(31) Charles Beaudelaire, Le Public moderne et la photographie, publié dans la livraison du 20 juin 1859 de la *Revue française*, vol. XVII, pp. 262-266, sous le titre: Lettre à M. le Directeur de la Revue française sur le Salon de 1859（シャルル・ボードレール「現代の公衆と写真」『ボードレール批評 2』阿部良雄訳，筑摩書房（ちくま学芸文庫），1999 年）．以下，引用の場合は次の P.=L. ルベールの校訂版により原典のページ数を指示するとともに括弧内に訳書の該当ページも指示するが，日本語訳はすべて拙訳による．*Études photographiques*, 6, Mai 1999, pp. 22-32.

(32) *Ibid.*, p. 263（25 ページ）．

(33) *Ibid.*, p. 264（26-27 ページ）．

(34) *Ibid.*, p. 265（29-30 ページ）．写真を「召使（女性形の servante）」と表現したのは，ボードレールが最初ではない．たとえばテオフィール・ゴーティエも 1857 年に次のよう

な言い方をしている.「写真, この慎ましい召使は, 〔芸術家のために〕ノートを取ってくれる. 太陽がその旅行帖のうえに, 人間や動物, 植物, 岩山, 記念建造物, 彫像, 景勝地を, 無謬の確実さと数学的正しさをもって描き出してくれるのだ. 膨大な素材がほとんど労もなく手に入る. ダゲレオタイプは, 自然を封じ込め, それを定着することで, 眼だけではなかなか見出しがたいであろう形, 遠近法, 肉付きの秘密を多く露呈させてくれる. その影響は, 数多くのタブロー, とりわけ風俗画のタブローに見て取れる. それは口には出されないが, 数多くの弟子をもつ教師＝主人 (maître) なのである」(Théophile Gautier, Salon de 1857, *L' Artiste*, 14 juin 1857). また, 当時の写真論とジェンダーとの関連については注 28 も参照のこと.

(35) Beaudelaire, *op. cit.*, p. 265 (30-31 ページ).
(36) *Ibid.*, p. 265 (31 ページ).
(37) *Ibid.*, p. 263 (25 ページ).
(38) Daguerre, *op. cit.*, p. 21 (84-85 ページ).
(39) *Ibid.*, p. 2 (69 ページ).
(40) Beaudelaire, *op. cit.*, p. 263 (25 ページ).

第十二章
無意識としての映像空間
――映画《欲望》の中の写真の「眼差し」――

伊集院 敬行

はじめに――「悪魔の涎」と《欲望》にみられる「無気味なもの」

　《欲望》(Blow-Up, 1966) は，映画監督のミケランジェロ・アントニオーニ (Michelangelo Antonioni, 1912-2007) がフリオ・コルタサル (Julio Cortázar, 1914-84) の短編小説「悪魔の涎」(1959年) に着想を得て，脚本執筆・監督した映画である．映画化にあたりアントニオーニは原作の舞台や登場人物に大幅な変更を加えた．しかし，写真の引き伸ばし (blow up) により写真に写っているものが撮影時に主人公が想像もしなかった恐ろしいものであることが明らかになるのは，小説と映画の共通点である．

　さて，この「悪魔の涎」の翻訳者の木村榮一は，コルタサルの短編作品には共通してフロイト (Sigmund Freud, 1856-1939) の「無気味なもの」があると指摘している．[1] 木村の指摘どおり，「悪魔の涎」には無気味な雰囲気がある．あらすじでそれを確認しよう．

　パリに住む翻訳家でアマチュアカメラマンの主人公ミシェルは，ある日，少年と女の風変わりなカップルの写真を撮影する．盗み撮りされたことに気付いた女はそのフィルムを要求するが，ミシェルはそれを断わる．その隙に少年はそこから逃げ去る．するとそこに女の知り合いらしい無気味な男が現れる．状況が悪く

なったと感じたミシェルもまた，逃げるようにしてその場を立ち去る．数日後，ミシェルはそのフィルムを現像し，ポスター大に引き伸ばして壁に貼り付ける．画面の一部にしみがあるのは気になったが，写真はミシェルにとって満足のいく出来であった．そして，仕事の合間にそれを眺めては，そのカップルの間に交わされた会話や駆け引きを空想していた．ところが，あるとき突然その写真が映画のように動き始め，彼が写真を撮ったことで中断された出来事の続きがそこに映し出される．それは，写真を撮った時には思いもよらなかった恐ろしいものであった．女は少年をおびき寄せるために，男が仕掛けた囮だったのである．ミシェルは叫び声を上げる．そのとき写真からしみが消え，ミシェルはカメラになってしまう．

　「悪魔の涎」でミシェルが撮影した写真に無気味なものが現れるように，《欲望》でも拳銃や死体という死を連想させる無気味なものが写真に現われ，主人公トーマスを死体へと導く．では，これらの死のイメージも木村がコルタサルの作品に認めるフロイトの無気味なものなのだろうか．

　「無気味なもの」(1919年)でフロイトは，「無気味なものとは，一度抑圧を経て，再び戻ってきた「慣れ親しんだもの」である」[2]と述べ，無気味なものを去勢コンプレックスと結びつけている．この去勢コンプレックスとは，フロイトがギリシャ神話の『オイディプス王』に認めた男の子の欲望，すなわち「父を殺して母と結ばれる」という欲望（エディプス・コンプレックス）を抱いた罪で，父にペニスを切られるという罰を受けるのではないかという恐怖＝去勢不安を抱くことである．しかし子は，その欲望を諦めることにより去勢の恐怖を克服する．これを「原抑圧」という[3]．したがって，無気味なものとは，抑圧されて遠ざけられたはずのエディプス的欲望に近づいてしまったことによって再び生じた去勢不安ということになる．

　フロイトが『オイディプス王』に見たエディプス的欲望と去勢不安は，《欲望》にも見出すことができる．その部分のあらすじは以下のようなものである．

　トーマスは，公園で見かけた若い女と中年の男に興味を持ち，その戯れる姿を盗み撮りする．それに気付いた女はトーマスにフィルムを要求するが，彼はそれを断わり，公園を去る．しかし，女はトーマスのスタジオまでやって来て，体を差し出してまでフィルムを得ようとする．そこでトーマスは別のフィルムを彼女に渡す．女は礼を言い，スタジオを去ろうとするが思い直し，トーマスにキスをする．そして2人はベッドルームに向かう．しかし，そのとき公園の近くの骨董

屋でトーマスが購入したプロペラが配達されるという邪魔が入ったことで，その情事は未遂となる．女が去ったあと，トーマスはフィルムを現像し，引き伸ばしてみると，そこに何が写っているのか分からないしみが見つかる[4]．そのしみの部分をさらに引き伸ばすと，それらは拳銃や死体のように見える．事実を確かめるためにトーマスは真夜中の公園に戻る．すると，そこには死体が転がっていた．

《欲望》では，子のエディプス的欲望は，トーマスが女と情事に及ぼうとしたことと，その後，公園で男の死体を発見することに見られる．また，フロイトが，原光景（両親の性交の現場）を見た子が事後的にそれを去勢と結びつけて理解したとき，それが心的外傷となり去勢不安が引き起こされると考えたように[5]，撮影時にトーマスが「平和で幸せな光景」だと思っていたものは，写真の引き伸ばしによって殺人現場であることが判明し，トーマスを死体と遭遇させる．

以上のように《欲望》にエディプス的欲望や去勢不安が見出されることから，写真のしみに現れる拳銃と死体のイメージや公園の死体も，フロイトのいう無気味なものと言えるだろう．では，なぜ「悪魔の涎」と《欲望》の写真は，主人公を無気味なものへと導いたのだろうか．本章は《欲望》を精神分析理論，とりわけラカン（Jacques Lacan, 1901-81）のものを用いて解釈することで，この謎を解く鍵が映像と無意識の構造的な共通点にあることを明らかにしたい．

1.「母の欲望」としての「女の欲望」

写真のしみと《大使たち》のアナモルフォーズ

トーマスはファッション写真家であるが，ファッション写真の撮影に嫌気が差しており，ドキュメント写真の写真集の出版を目論んでいた[6]．《欲望》の冒頭でトーマスが失業者用の安宿から出て来たのはそのための撮影をしていたからであったことが，公園で女と揉めたあとにトーマスが向かったレストランでの編集者ロンとの打ち合わせから明らかになる．失業者たちの写真を見終わったロンが「これだけか」と尋ねると，たった今カップルを撮影してきたところで，その写真は悲惨な人々と対をなす「平和な光景」になるはずだとトーマスは答える．

しかし，女がトーマスを尾行し，体を差し出してまでフィルムを要求したことが，トーマスにそこに何かの秘密が写っていることをほのめかす．女は一体何を欲していたのだろうか．トーマスはフィルムを現像し，その引き伸ばしを壁に並べて貼り付け，虫眼鏡で写真の細部を調べ，気になる個所を拡大し，写真の順番

を入れ替えながら過去を再構築しようとする．

　そして，トーマスはある写真の中の女の視線の先にある茂みに，何が写っているのか分からないしみを発見する．その部分を拡大すると，それは拳銃のようである．トーマスは，女は誰かと殺人を企んでいたが，トーマスの盗み撮りのせいで未遂に終わり，彼らはそれが写真に写っていることを恐れてフィルムを取り上げようとしたと理解する．

　また，別の写真からもしみが見つかる．その写真は，トーマスとの口論の後，公園から立ち去る女を写したもので，しみは女が立ち止まったその足元に広がっていた．トーマスがそれを拡大すると，そこには死体らしきものが写っている．トーマスは女との口論の間に殺人が実行されたと理解する．こうして「平和な風景」になるはずだった写真は，「殺人現場」の写真という恐ろしいものに変わってしまう．

　さて，1964年のセミネールの講義録である『精神分析の四基本概念』（1973年）においてラカンは，原抑圧の際，抑圧されたものとして生じるものを「対象a」と名づけ，ホルバインの《大使たち》（1533年）のしみ，すなわち髑髏のアナモルフォーズを喩えにしてこの概念を説明する．

　映画の場合は写真を「引き伸ばす」とそのしみに拳銃や死体が浮かんだように，《大使たち》の場合は「斜から見る」とそのしみに髑髏が浮かび上がる．両者ともそれぞれのしみから死を連想させる無気味なものが浮かび上がる．また，《欲望》の写真のしみに浮かびあがる「無気味なもの」も，《大使たち》のしみが喩える「対象a」も，共に原抑圧に関わるものである．これらの一致から，トーマスの写真に現れる無気味なものは，ラカンの対象aとしても理解できると思われる．では，ラカンの理論では，《欲望》に見られるエディプス的欲望や去勢不安をどのように解釈できるだろうか．

「鏡像段階」の子としてのトーマスと「母の欲望」としての「女の欲望」

　ラカンの精神分析理論において，子を自らの鏡像へと同一化させ（この段階を「鏡像段階」という），さらに去勢へと進めるのが「母の欲望」である．

　他の動物と異なり，人間は未熟なままで生まれてくる．そのため，生まれたばかりの子は自分と母とを区別することができない．そして子は，自分を世話する母のお陰で何不自由なく生きているため，実際の未熟さとは反対の万能感に浸って生きている．しかし，生まれてしまえば母子といえども別々の個体である．成

長とともに子は母と自分の間にある隙間を，そして自らの未熟さを意識せざるを得なくなる．

　そのとき，鏡に映った自らの像に微笑む母の視線に気付いた子は，その鏡像を母の欲望の対象であるとし，これに同一化して母の欠けた部分（「母のファルス」）になることで，かつての融合状態に戻ろうとする．こうして母は「ファルスを持つ母」となる．そのとき子は歓喜の声を上げるという．なぜならその鏡像は，神経系が未発達なために身体を自由に動かすことができず，それゆえ境界が曖昧でバラバラなものとして感じていた身体＝「寸断された身体」に，取りあえずのまとまりを与えるからである．[7]

　もちろん，子が還ろうとする母子の融合状態など始めからありはしない．現在の不満はかつての満足の証拠というわけだが，それは未熟なまま生まれてきたことによる子の思い込みである．なにより，子が母の視線の先にある「目に見えるもの」に同一化する限り，母の欲望を満たすことはない．なぜなら後で詳しく述べるように，すでに言葉を話す母の欲望の対象は，「目に見えないもの」であるからだ．

　こうして母の欲望という謎は子を鏡像に同一化させるに留まらず，それが謎のままであることで，子がようやく得た自分のイメージ（鏡像）を脅かし，子が母のファルスであることを否定するようになる．その結果，鏡像に閉じ込められたはずの寸断された身体は再び露わになり，それが子に不安を引き起こしてしまう．つまり子は，母のファルスのままでいつづけても，母のファルスでなくなっても，不安（去勢不安）に陥ってしまう．

　先に見たように《欲望》の物語の前半でトーマスは，「女の欲望」がきっかけとなって死体に遭遇した．これを上述のラカンの理論と照らし合わせれば，女の欲望は母の欲望に対応し，その謎に導かれてトーマスが写真に見た拳銃や死体，そして公園で遭遇する死体は寸断された身体に対応する．したがって，このときトーマスが見せる不安の表情を去勢不安として理解できるだろう．また，撮影中はエゴイスティックなトーマスが無気味なものに出会い，不安に陥るのはきまって撮影以外のとき，つまりファリックなレンズが付いたカメラを持っていないときであることも，その不安が去勢不安であることを示している．

第十二章　無意識としての映像空間

2. 原抑圧としてのパントマイムのテニス

消えた死体と見えないテニスボール

　子を無に帰する際限のない母の欲望という謎を克服するのが，去勢の受け入れとしての原抑圧である．《欲望》では，ラストシーンで原抑圧がパントマイムのテニスとして描かれている．《欲望》の後半のあらすじを見よう．

　死体を発見し，あわててそこから立ち去ったトーマスは，彼の隣人の画家の家に飛び込む．そして，画家とその恋人が愛し合っているところに遭遇してしまう．[8] トーマスは立ち去ろうとするが，トーマスに気付いた画家の恋人はトーマスに留まるように眼で懇願する．トーマスに見られることで彼女は興奮している．このとき，トーマスは彼女の視線に支配されて身動きが取れなくなってしまう．そして，トーマスの視線としてのカメラは愛しあう彼等の背後の抽象表現主義風の絵画の上をさ迷う．

　トーマスがスタジオに戻ると，何者かによって部屋が荒らされており，ネガやプリントは盗まれていた．ただ一枚盗難を逃れた写真はしみを拡大したものであった．そこに情事を終えた画家の恋人がやって来る．トーマスは彼女にしみの拡大写真を見せる．しかし，彼女はそこに何も見出すことができない．なぜなら，写真の引き伸ばしと共に露わになるのはそのイメージの細部ではなく，イメージを作り出している銀粒子だからである．その写真を見た画家の恋人は「彼の絵みたい」と言い，その場から立ち去る．

　次にトーマスはパーティ中のロンを訪ね，「お前に死体を見せたい．俺達は写真を撮らなければならない」と訴える．しかし，ロンは「俺は写真家ではない」と冷たく答える．夜が明けるとトーマスは死体の写真を撮るために公園に戻る．しかし，死体は跡形もなく消え去っていた．

　トーマスが呆然として公園を歩いていると，道化のように顔を白く塗った学生達が奇声を上げながらテニスコートに乱入してくる．そして，そのうちのひと組の男女がボールもラケットもないパントマイムのテニスを始める．やがて空想のボールがフェンスを飛び越え，彼等の戯れを眺めているトーマスの背後に転がっていく．女はトーマスにそのボールを拾うことを促す．トーマスは一瞬躊躇するが，空想のボールが落ちた場所に駆け寄り，ボールを掴んで投げかえす仕種をする．トーマスは再開されたパントマイムのテニスのラリーを眼で追う．すると存

在しないはずのテニスボールの音が次第に聞こえてくる．次にトーマスを中心に俯瞰するショットに切り替わると，彼は芝生の上の黒いしみになる．そして，次第にトーマスは画面から消え，あとには芝生だけが残される．

パントマイムのテニスのボールと「快感原則の彼岸」の糸巻き遊び

　死体の不在，テニスボールの不在．《欲望》のラストシーンは常に不在を巡っている．不在とは鏡に映すことができないもの，つまり「目に見えないもの」である．トーマスがこれらの「目に見えないもの」を受け入れるのが，ラストに登場するひと組の男女が行うテニスのパントマイムのシーンで空想のボールを拾うときである．これをラカンが原抑圧のモデルとして何度も取り上げる「快感原則の彼岸」(1920年)の糸巻き遊びとして解釈してみよう[9]．

　「快感原則の彼岸」によると，フロイトの孫は糸巻きをベッドの向こうに放り投げるときに「オー」という声を発し，次にそれを引き寄せるときに「ダー」という幼児語を発するという遊びを飽きることなく繰り返した．フロイトはこの遊びを，子が自分の思い通りにならない母を糸巻きに託すことで，その現前と消失を自由に演出しているものと考えた．

　さて，われわれからこの遊びを見れば，子は「糸巻きの在」を「ダー」と命名し，「糸巻きの不在」を「オー」と命名しているように思える．しかし，このように考えるのは以下の理由で誤りである[10]．

　この遊びの中で子が「ダー」と声を発したとき，子の目には「手と糸巻き」が映っており，「オー」と声を発したとき，子の目には「手」が映っている．したがって，子が「手」を「オー」と命名したと言うことはできても，「糸巻きの不在」を「オー」と命名したと考えることはできない．

　しかし，「ダー」と「オー」が「糸巻きと手」と「手」に対応すると考えるなら，「ダー」と「オー」のそれぞれが指し示すものの間に生じた差異によって，それだけで見れば何も欠けていない場所に「目に見えない糸巻き」が想起される（図12-1）．そして「オー」は「目に見えない糸巻き」と結び付き，その結果，「オー」は単独で「ない」を意味するようになる．

　このとき「ダー」と「オー」という言語は，糸巻きが表していた母を，「目に見えない糸巻き」によって間接的に表わしている．また，この糸巻きが表す「母」はかつて母子が一体化していた頃の母なのだから，そこには子自身も書き込まれている．これを「生の主体」（Sと記号化し，sujet brutと読む）という[11]．したがって，

「言語は糸巻きに代わって主体を表象する」ということになる．

そして，この文の「言語」と「糸巻き」をそれぞれ「シニフィアン」とすると，ラカンが何度も繰り返すシニフィアンの定義，「あるシニフィアンはそれとは別のシニフィアンの代わりに主体を表象する（Un signifiant représente le sujet pour un autre signifiant.）」ができる．なお，ラカンがシニフィアンという語を用いるのは，動物が用いる記号と人間の用いる記号（言語）とを区別するためである．ラカンにとって記号とは「目に見えるもの」を命名もしくは分節するものある．それゆえ，記号には「目に見えないもの」を表すものはない．それに対しシニフィアンは「目に見えないもの」を中心に構造化され，同時にその「目に見えないもの」を作り出している（おそらく，それゆえ人間の言語には「死」や「無」や「穴」のような「目に見えないもの」を表す語があるのだろう）．

さて，もし子が探しているものが「見当たらない」のなら，それはどこかに「目に見えるもの」として存在しているはずである．しかし，それが「目に見えないもの」なら，どこを探してもそれを見つけることはできない．「ダー」と「オー」が縁取る空白に目に見えない糸巻きが想起されるようになり，それが「オー」と結び付いたことで，子が糸巻きに託した原初の母子（S）の母の部分は「見当たらないもの」から「目に見えないもの」に変わる．これが対象 a である．

こうして母子融合の楽園が「目に見えないもの」になることで，子は母のファルスであることを諦め（「ない」を理解した子は，母にペニスが「ない」ことを知り，自

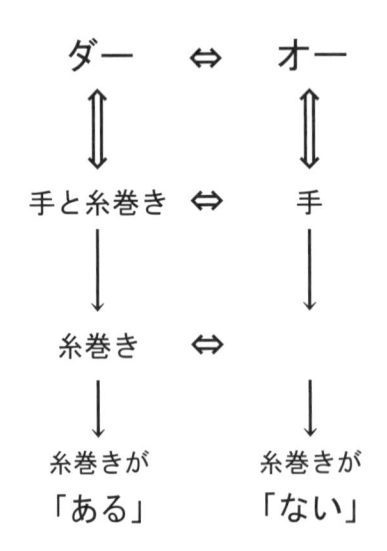

```
   ダー     ⇔     オー
    ⇕             ⇕
 手と糸巻き  ⇔     手
    ↓             ↓
  糸巻き    ⇔
    ↓             ↓
 糸巻きが         糸巻きが
  「ある」         「ない」
```

図12-1　糸巻き遊びによる「ない」の成立

　糸巻きの投擲とそれを引き寄せる運動が「ダー」と「オー」に結びついたとき，両者の間に生じた差異によって，それだけで見れば何も欠けていない空間に「目に見えない糸巻き」が生じ，それが「オー」と名付けられる．こうして「オー」は「ない」を意味するようになる．

　もし，記号が「目に見えるもの」を分節するものなら，そこに「目に見えないもの」は生じず，記号とその意味の関係は1対1で，それぞれの記号の意味は一義的なままに留まる．

　しかし人間の用いる記号（シニフィアン）は，この図のように「目に見えないもの」を作り出し，その意味は多義的である．それゆえ主体の語りもまた多義的となり，我々は自分が語っていると思っていることとは別のことを，気付かないうちに語ってしまうのである．

分が母のファルスでないこと,すなわち去勢を受け入れ),そのエディプス的欲望に終止符が打たれる.そこで原初の母子を表すSに去勢を表す／を入れて,母を失った子を$\displaystyle{S\!\!\!/}$と記号化しよう (S barré). これが, ラカンの精神分析理論における主体である「無意識の主体」である.

　以上のことを踏まえて,テニスのパントマイムのシーンをフロイトの孫の糸巻き遊びと重ねてみよう.このテニスのパントマイムにより縁取られた空虚は実体を持たない記号,すなわち「ゼロ記号」として,そこに欲望の対象を浮かび上がらせる.だが,このテニスのパントマイムを止めてしまえばボールは消えてしまう.ボールはパントマイムをし続けることでしか浮かび上がってこない.そして,それは決して捕まえることのできない不可能な対象である.この不可能がそれを追い求めるという欲望を持続させる.

　このパントマイムのテニスのラリーがわれわれの言語活動を喩えているとすると,女に促されてトーマスが目に見えないボールを追いかけ,それをテニスコートに投げ返したのは,子が去勢を受け入れ,言語活動を開始したことに相当する.この場合,パントマイムのテニスをしていたカップルは父母,それを見つめる他の道化たちは社会に相当する.つまり,ボール不在のテニスのパントマイムに参加することは,母と子のたった2人だけの世界 (想像界) から,言語という第三者が支配する世界 (象徴界) に生まれ変わることを表している.

　そして,見えないボールを投げ返した後,トーマスは画面からフェイド・アウトする.これは『オイディプス王』でオイディプスが自らの眼を潰し (去勢),宮殿を去り (楽園追放),コロノスで忽然と姿を消したこと (想像界から象徴界へ) に一致する.以上のことからトーマスが画面から消えたことは,子が原抑圧を経たことを表している.そしてこの原抑圧により,無気味なものとしての死体も抑圧され,「見当たらないもの」から「目に見えないもの」になったのだろう.

3. 映像装置と無意識

　『精神分析の四基本概念』でラカンは,去勢以前の「目に見えるもの」だけの世界 (想像界,記号の世界) と,去勢後に成立した「目に見えないもの」もある世界 (象徴界,シニフィアンの世界) を説明するために,いくつかの芸術に関わる喩えを用いている.その1つにプリニウスの『博物誌』にあるパラシオスとゼウクシスの絵画の腕比べの話がある.それは次のような話である.

ゼウクシスとパラシオスはどちらの絵が上手いかを勝負することになった．ゼウクシスの描いた葡萄はあまりにも本物のように描かれていたので鳥がそれを啄ばみに来た．勝利を確信したゼウクシスはパラシオスに言った．「さあ，そのヴェールをあけて，キミの絵を見せてくれ」と．しかし，そのヴェールは絵であった．
　ゼウクシスの葡萄の絵は，鳥がそれを絵と気が付かずに啄ばみに来たことから，立体感や奥行きの表現に優れたものだったと思われる．もう一方のパラシオスのヴェールの絵は，ゼウクシスがそれを本物と見間違えたことから，平面的で布地の質感の再現に優れたものだったと思われる．
　ゼウクシスの葡萄の絵では，その立体感や奥行きの表現に目が騙され，見る者の視線は画面の向こう側へと進んでいくが，パラシオスのヴェールの絵では，見る者の視線は画面で止まってしまう．それゆえ，ヴェールの絵の画面の向こう側を見たものは器官としての目ではない．もし，それを見たものが心というなら，言語は心の目だと言えるだろう．なぜなら，フロイトの孫の糸巻き遊びの考察でみたように「目に見えないもの」を見るには言語がなければならないからだ．
　したがって，パラシオスのヴェールの絵の喩えにおいてその向こうに隠された絵は対象aに相当する．また，対象aとしての隠された絵をつくり出したものが，描かれたヴェールであることから，ヴェールを言語と見なすこともできるだろう．この場合，ゼウクシスがヴェールに騙されたことは，主体が対象aの魅力に囚われていることを表している．
　では，この対象aが放つ魅力という光線を二等辺三角形として表し，主体と対象aの関係を図解してみよう．すると，対象aを頂点とし，その三角形の底辺にヴェールを見る者，その両者の中間にヴェールが位置づけられる．これはアナモルフォーズの作図装置を単純化した図としてラカンが描いた右広がりの三角形と一致する（図12-2と図12-3の右広がりの三角形）．
　ラカンは2つの視覚装置，遠近法の作図装置（図12-4）とアナモルフォーズの作図装置（図12-5）を取り上げ，前者を意識とその主体としての「自我」のモデルとするのに対し，後者を無意識とその主体のモデルとし，互いに逆を向く三角形として図解している．なお，《大使たち》のアナモルフォーズとアナモルフォーズの作図装置では，それぞれのアナモルフォーズが喩えているものが違う（前者は対象a，後者は無意識の主体）ことに注意しなければならない．つまりこれらの喩えの間には整合性はない．
　では，アナモルフォーズの作図装置を単純化した右広がりの三角形を，ラカン

がその手本としたエマニュエル・メニャンの図と見比べてみよう．ラカンは，アナモルフォーズに隠された像が明らかになる位置からそれを見る者の目を「眼差し」，「光点」，「対象 a」とし，作図装置中央の変形する元の図像を「スクリーン」とし，その像をスクリーンに対し斜めになった壁に光点から光ならぬ糸で投映す

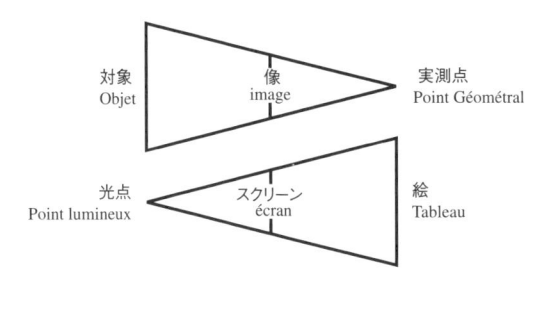

対象　　像　　実測点
Objet　image　Point Géométral

光点　スクリーン　絵
Point lumineux　écran　Tableau

図 12-2　Jacques Lacan, *Le Séminaire*, *Livre* XI, Seuil, Paris, 1973, p. 85. の図
　ラカンは意識の主体としての「自我」を遠近法の作図装置における「画家」に喩え，「無意識の主体」をアナモルフォーズの作図装置で作図される「絵」に喩えた．

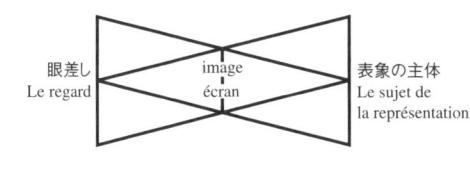

眼差し　image écran　表象の主体
Le regard　　　　Le sujet de la représentation

図 12-3　Jacques Lacan, *Le Séminaire*, *Livre* XI, Seuil, Paris, 1973, p. 97. の図
　上記の三角形を重ね合わせた図．したがってこの図は主体の心的構造を表している．

図 12-4　Albrecht Düer,《横たわる女を描く素描家》，『測量教本』第二版，1538 年．
　ラカンが遠近法のモデルはアルベルティ (1404-1472) のものではなく，デューラー (1471-1528) のものである．

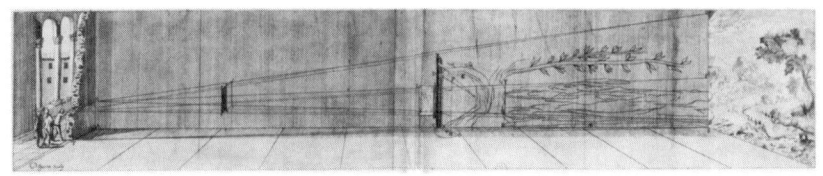

図 12-5　エマニュエル・メニャン，ローマのサンタ・トリニタ・ディ・モンティの大型アナモルフォーズ，「パオラの聖フランチェスコ」，その装置と製作法，1648 年（ユルギス・バルトルシャイティス著作集 2『アナモルフォーズ――光学魔術――』高山宏訳，国書刊行会，1992 年，75-76 頁の掲載図版より転載）．
　《大使達》の場合，そのアナモルフォーズが「対象 a」を喩えているのに対し，アナモルフォーズの作図装置の場合，この装置で描かれるアナモルフォーズは「無意識の主体」を喩えている．

第十二章　無意識としての映像空間

ることで得られる「絵」(アナモルフォーズ)を「表象の主体」(無意識の主体)としている．したがって，この三角形は，無意識の主体が絵のように対象 a に見られていることを表している(「対象 a としての眼差し」).

一方，遠近法の作図装置の場合，画家は点に還元されて透明になり，素通しの格子という網目越しに「目に見えるもの」を捉え，それを分節し，秩序立てる．つまりここでは画家は，その視線で「目に見えるもの」を支配する特権的な立場にいる．ラカンはこの画家をデカルト的コギトとし，そのような主体を自我とした．もちろん，これはゼウクシスの葡萄の絵に騙される鳥に対応する．

おわりに——ヴェールとしてのスクリーン

ところで，パラシオスのヴェールの絵やアナモルフォーズの作図装置を単純化した三角形は，写真の引き伸ばしにおける引き伸ばし機の光源と印画紙とその鑑賞者の関係や，映画の上映装置における映写機とスクリーンと観客の関係にも当てはまる．映画の場合を説明してみよう．通常の上映方式では観客と映写機はスクリーンに対して同じ側にあり，観客はスクリーンで反射した映写機の光を見ているが，この反射を真っ直ぐに伸ばせば，映写機と観客はスクリーンを挟んで向かい合う関係となる．これはちょうどリア・スクリーン式の上映方法に相当し，映写機の光源を頂点とする光を二等辺三角形として図解すれば，その底辺に観客は位置づけられる．

このことから，写真や映画を見ることは，ラカンが挙げたヴェールやアナモルフォーズの作図装置と同様，無意識とその主体の喩えとして用いることができる[15]．つまり，言語と主体の関係は，印画紙やスクリーンとそれを見る者の関係と相似である．これをラカンの言葉をもじって言えば，「映像は無意識のように構造化されている[16]」ということになる．

レンズ越しで見ることは見たいように対象を見ること，対象に感情移入したり同一化したりして主観的に見ることであり，遠近法的に見ることの延長である．フロイトが「無気味なもの」で取り上げるホフマン (Ernst Theodor Amadeus Hoffmann, 1776-1822) の『砂男』(1815 年) の主人公ナタナエルが，望遠鏡越しに見ることで機械仕掛けの人形を人間と見間違えて恋に落ちたように，ファインダー越しに見ることで「悪魔の誕」のミシェルは少年と女のカップルの姿を見てエロティックな想像を膨らまし，《欲望》のトーマスはカップルの戯れる姿を幸せで平和な光景と理解した．

しかし，人間だと思っていたものが無気味な機械仕掛けの人形であることが暴露されたとき，ナタナエルは発狂してしまったように，「慣れ親しんだもの」を写したはずの映像はしばしば「無気味なもの」へと変質し，われわれはそこに恐怖を覚えることがある．ともすると遠近法的絵画の代用品として用いられてしまう写真が，自我のコントロールをすり抜け，その他者性を見せることがある．

　「悪魔の涎」や《欲望》では，写真が映画のようになることで，それが表現されている．「悪魔の涎」では，写真が映画のように動き出したとき，ミッシェルはカメラになってしまう．《欲望》では，現像，プリント，その並べ変え，その部分拡大によって過去の出来事を再構築するという映画の編集にも似た作業がトーマスを死体へと導く．そのとき，「意識に浸透された空間のかわりに無意識に浸透された空間が現れる」（ベンヤミン）．

　先にみたようにヴェールの向こうからこちらを見る眼差しとは，母であり自分でもある懐かしいものである対象 a のことである．それゆえ主体はそれに惹きつけられる．しかし，それは隠すという身振りで作り出されたものに過ぎず，ヴェールの向こうには何もない．したがって，ヴェールの向こうからこちらを見る眼差しは無の眼差し，すなわち死をもたらす無気味なメデューサの眼差しでもある．

　そのような眼差しが印画紙やスクリーンに開いた穴としてのしみからこちらを見ていることに気付くとき，「悪魔の涎」のミシェルのように，映像を見る主体は石ならぬ硬いレンズ，機械仕掛けのカメラとなってしまうだろう．しかし，そのとき主体はカメラになる（去勢される）ことで，生身（遠近法的で鏡像的な自我）のままでは見ることができなかった懐かしくも無気味な眼差し（「目に見えないもの」）と，スクリーンをはさんで向かい合う主体（映像的視覚を持つ主体，語る主体，無意識の主体）になるのである．

　注
(1)　フリオ・コルタサル（木村榮一訳）『悪魔の涎・追い求める男，他八篇』，岩波書店（岩波文庫），1992年，292ページ．
(2)　「無気味なもの」『フロイト著作集第三巻』所収，高橋義孝訳，人文書院，1969年，350ページ．
(3)　女の子の場合は逆に，「自分はすでに去勢された」という認識（去勢コンプレックス）から，女の子版エディプス・コンプレックスが形成される．ペニスが無い劣った者に自

第十二章　無意識としての映像空間　　217

分を産んだ母を恨み，また自分のようにペニスを持たない母を軽蔑し，ペニスを羨望するようになる．そして，その代理物として子を得ようとし，母になり代わり父に愛されようとする．「解剖学的な性の差別の心的帰結の二，三について」（1925 年）および「女性の性愛について」（1925 年），『フロイト著作集第 5 巻』所収，人文書院，1969 年を参照せよ．

(4) 原作にも写真のしみが登場する．『悪魔の涎』72, 76 ページ．

(5) たとえば，フロイトの「ある幼児期神経症の病歴より」（1918 年）（『フロイト著作集第九巻』弘文堂，1983 年）に登場する狼男の場合，1 歳半の頃，原光景を見た狼男が（なお，フロイトは原光景が子の空想である可能性も述べている），数年後，事後的にそれを理解し，父に愛されるためには母のように去勢されねばならないと考えたとき，去勢不安が形成され，彼は幾匹の狼に見つめられるという幻覚を見た．この狼男のエディプス・コンプレックスは，自分を父の位置に置いて母を愛するのではなく，自分を母の位置に置いて父に愛されるという陰性のものである．このことを踏まえれば，「悪魔の涎」に見られるホモセクシュアルなものは，陰性のエディプス・コンプレックスだと考えられる．なお陰性のエディプス・コンプレックスに関しては，「エディプス・コンプレックスの消滅」（『フロイト著作集 6』人文書院，1970 年）を参照せよ．

(6) 映画『欲望』の中でトーマスのスナップが何枚かでてくる．これらの写真は当時の新しい写真動向を代表する．クライン（William Klein, 1926-）の写真集『ニュー・ヨーク』（1956 年）やフランク（Robert Frank, 1924-）の写真集『アメリカ人』（1958 年）の写真を思い起こさせる．クラインもフランクもファッション写真家であった．

(7) フロイトが「無気味なもの」で取り上げる『砂男』では，主人公のナタナエルが望遠鏡で見た自動人形のオリンピアに激しい恋心を抱く．フロイトはこれをナタナエルの分身と言う．このことから，オリンピアは，ラカンのいう「鏡像」的自我に相当すると考えるなら，オリンピアが機械仕掛けの人形であることは，「寸断された身体」を表象していると言える．

(8) 冒頭のカップルのように，画家とその恋人も両親を表しているなら，この場面は，子が父母の性交を去勢の場面として理解したことに相当する．

(9) 「快感原則の彼岸」『フロイト著作集 6』所収，井村恒郎・小此木啓吾訳，人文書院，1970 年．

(10) 本章の「快感原則の彼岸」のフロイトの孫の糸巻き遊びの解釈は，石田浩之『負のラカン』誠信書房，1992 年を参考にしている．

(11) ラカン「カントとサド」（1963 年）『エクリ』所収，佐々木孝次訳，弘文堂，1981 年，270 ページ．

(12) Jacques Lacan, "Subversion du Sujet et Dialectique du Désir" (1960), *Écrit*, Seuil, Paris, 1963, p.819. の記述から，「Tous les signifiants autres que S(A̸) représentent le

sujet pour S(A̸).」であることが分かる。この文のS(A̸)は，言語というシニフィアンの集合に先立つ最初のシニフィアンのことで，S_1と記号化される。したがって，Tous les signifiants autres que S(A̸)，「S(A̸)以外のすべてのシニフィアン」は言語ということになる。これはまとめて1つのシニフィアンと見なされ，S_1に続くシニフィアンであることからS_2と記号化される。また言語は，子にとって最初の他者である母や自分の鏡像よりもはるかに大きな他者であるから，頭文字を大文字した「他者」である Autre の頭文字をとってAと記号化される。なお，S(A̸)のAに斜線が引かれていることは，S(A̸)=S_1 がA=S_2に含まれないシニフィアンであること意味している。

⒀　バルトは，「能記が姿を持っては存在しないこと自体が1つの記号として機能している場合に，「ゼロ記号」があるという」と述べる。ロラン・バルト「記号学の原理」『零度のエクリチュール』所収，渡辺淳・沢村昂一訳，みすず書房，1971年，181ページ。

⒁　原抑圧に対し，去勢の拒否を「排除」という。去勢が拒否されれば，エディプス的欲望と共に抑圧されたはずの「寸断された身体」が「幻覚」として回帰する（参考：ラプランシュとポンタリス『精神分析用語辞典』みすず書房，1977年の「排除」の項）。糸巻き遊びの場合では，「排除」されるのは「目に見えない糸巻き」に相当するだろう。糸巻き遊びで「オー」と声を上げるとき，幼児の手元に穿たれた穴に「目に見えない糸巻き」が浮かびあがるのなら，その穴は「目に見えない糸巻き」で塞がっていることになる。しかし「目に見えない糸巻き」が排除されれば，その穴はむき出しになる。そして，そこから抑圧されたものが「無気味なもの」として回帰して来る。したがってトーマスが見た公園の死体は，父を亡き者にするという欲望の表現だけでなく，去勢の拒否によって生じた「幻覚」としても理解できるだろう。

⒂　遠近法が意識の空間であり，写真や映画が無意識的な空間であると考えるとき，ヴァルター・ベンヤミンの「複製技術時代の芸術作品」（1936年）（佐々木基一訳『複製技術時代の芸術作品』晶文社，1970年，38ページ）にある以下の部分を思い出さずにはいられない。「こうしてカメラに向かって語りかける自然は，肉眼に向かって語りかける自然とは，別のものだ，ということが明らかになる。意識に浸透された空間のかわりに無意識に浸透された空間が現れることによって，自然の相が異なってくるのである」。なお，同様の表現は「写真少史」（1931年）（『複製技術時代の芸術作品』74ページ）にもある。

⒃　ジャック・ラカン『セミネール XI，精神分析の四基本概念』ジャック＝アラン・ミレール編，小出浩之・新宮一成・鈴木國文・小川豊昭訳，岩波書店，2000年，24ページ。

⒄　ホフマン「砂男」（1815年）『ホフマン短編集』池内紀編訳，岩波書店（岩波文庫）1984年，204ページ。

⒅　『明るい部屋』（1980年）でバルト（Roland Barthes, 1915-1980）はラカンを参照しながら，「要するに写真は，「偶然」（tuché）の，「機会」の，「出遭い」の，「現実界」の，

あくことを知らぬ表現である」と写真を定義し,「写真の場面から矢のように発し,私を貫きにやってくる刺し傷,小さな穴,小さなしみ（tache),小さな裂け目」(プンクトゥム）が,文化的教養に従った写真の読み（ストゥディウム）を破壊しにやって来ると述べる.『明るい部屋』の第1部では,バルトはプンクトゥムを写真の「細部」としたが,第1部の終わりでそれを撤回し,第2部で「時間」とした.そして,自身の母の子供の頃の写真にプンクトゥム認め,それを引き伸ばすことで映像の背後にある母の実体に辿り着こうと考える.しかし,そのような試みは《欲望》の写真のように印画紙の肌理を拡大するにすぎず,バルトは母と「出会い損ね」るだろう.なお,『精神分析の四基本概念』でラカンは,tuché を「現実界との出会い」,「出会えないかも知れない出会い,本質的に出会いそこなったものとしての出会い」としている.

第十三章
ポスト・モダン・デザインの現実
――ソットサスから水戸岡鋭治まで――

橋本 優子

1. ポスト・モダンの矛盾とリアリティ

　ものづくりのあり方が完全に工業化時代を脱した21世紀のいま，「ポスト・モダン」というフレーズは，すでに近過去の現象を説明する定番キーワードのひとつになっている．その語源的なルーツは，イギリスの建築(史)家，チャールズ・ジェンクス（Charles Jencks, 1939-）の『ポストモダンの建築言語』によるものだが，背景としては，先行するアンチ・デザイン運動（1960年代末-1970年代初め）という布石があった．平たくいえば，工業化，それによって導かれ，真理とされてきた合理的・機能的・審美的によいデザイン，すなわちモダン・デザインに対する本質的な疑問符の投げかけが，ポスト・モダン（モダニズムその次は……）の根幹に横たわる．
　よって，デザインの歴史におけるポスト・モダンは，単に建築領域の概念ではないし，ある時代の建築を特徴づける様式でもない．むしろ，すべての領域のものづくりに関わる新しい発想――次なるモノ・コトを生み出すために，考えること，手で考えること，創って考えること，使って考えることの大きな変換と捉えるのが理に適っている．ただし，それが大きな目標として掲げた「モダン・デザ

インの完全な超越」を達成できなかったがために，ポスト・モダンは1970年代後半-1980年代の「現象」，ひいては高度な工業化社会に成立する近過去の「スタイル」として，わたしたちの記憶に残されることになった．つまり，「モダニズムその次は……」に係る指針と現実は矛盾するわけだが，これこそ「ポスト・モダンのデザイン」の特質であり，まずはそのことを理解する必要があろう．

　こうしてポスト・モダンは，建築を含む環境・空間系はもちろんのこと，プロダクト，ファッション，コミュニケーションの領域を席巻し，しばしば「あだ花」として言及される「特異」な姿かたちのモノ・コトを多々もたらした．あわせて，それらの受容・消費のあり方についても，同時代の経済・市場動向（わが国ではバブル経済）と相まって，同様の「異様」な盛り上がりを生んでいる．以上の前提を踏まえて，ここでは20世紀後半の思想という意味でのポスト・モダニズムを論じるのではなく，いわゆるモダン・デザインを代替するはずだった「ポスト・モダン・デザイン」の実例――主として，その「現実」をもっともリアルに表すプロダクト領域を眺めわたすことにする．

2. コマーシャルな商品たちのあり様は

　なぜプロダクトなのか？　という点については，ポスト・モダンが究極的には「商業主義的なモノ志向」を顕著に示したこと，ゆえに（特に日本の場合）典型的なスタイルのモノ（商品），すなわち家具や工業製品が（理念的なポスト・モダンの）空間，当初は「モダニズムその次は……」を拓くはずだったモノ（デザイン・プロダクト）を呑み込む勢いで増殖していったことが挙げられる．

　興味深いのは，ポスト・モダンでは，

1. モダン・デザインの「よさ」(グッド・デザイン)，「洗練」(グッド・テイスト)，「普遍的な生活観」(グッド・ライフ) に対する反発を，目に見えるかたちで表現する．
2. それをコアなクリエイターの発信で，社会全体の「異議申し立て」(思想) に昇華するというよりは，ディヴェロッパーや流通業界の主導で，「ビジネス戦略」として展開する．

という手法が積極的に採られた点だ．
　だからこそ，しばしば指摘される以下のような現象・スタイルの特異性（相反

する要素の両立）が生じた，としてよいだろう．

- A. リッチ，ラグジュアリー ⇔ チープ，プア
- B. 過剰さ，装飾性 ⇔ ストイック，ミニマリズム
- C. 素材とディテールへの工芸的なこだわり，洗練 ⇔ 即物的なインダストリアル性，パンク
- D. クリエイティヴであること，アート志向 ⇔ パロディ化，ギミック感覚
- E. ものづくりのシステム解体（合理性・機能性・量産性を主眼としない）⇔ 計算された生産・流通

デザイン史の世界では，これらが「High & Low」「Good or Bad」「ユニヴァーサリティとヴァナキュラリズムの混淆」といった言い回しで説明される．

3. イタリアのインテリア・シーンから

プロダクト領域のなかで突出しているのは，何といってもインテリアの動向である．ポストモダンの三大拠点となったヨーロッパ，アメリカ，日本では，先に記した2つの手法，5つの特異性を体現する家具，照明器具，それ以外のインテリア・オブジェ，これらを組み合わせたスペース・デザインが続々と誕生した．いうまでもなく，「これまで誰も見たことがないような」しかし「どこかで見たことがある非日常的な」テイストのモノの集積だった．

ヨーロッパ，いや世界におけるポスト・モダンの実質的な中心はイタリアで，アレッサンドロ・メンディーニ（Alessandro Mendini, 1931-）とエットーレ・ソットサス・ジュニア（Ettore Sottsass Junior, 1917-2007）という2人のクリエイティヴな才能が同時代のシーンをリードした．そもそもイタリアは，ミラノを台風の眼とするアンチ・デザイン運動でも刺激的な動きがあり，これに素材感と緻密なディテールを追求するものづくり，20世紀初頭の未来派，もっといえばルネサンスが先鞭をつけた「アート」と「デザイン」の出会いがもたらすマジックを尊重する伝統が，ポスト・モダンを育む糧になった，と考えることができる．

アカデミックなジェンクスとは違う観点から，モダン・デザインを理論的に，またジャーナリスティックに批判したメンディーニは，スタジオ・アルキミア（設立1976年）の過激で奇妙なデザイン・プロダクトを通じて，いったい何を言いたかったのか．——その答えは，1978・79年のコレクション展「バウ・ハウスⅠ」「バ

ウ・ハウスⅡ」のタイトルから推測されるように，ドイツ工作連盟～バウハウス（～インターナショナル・スタイル）～ウルム造形大学（～ハイテク・デザイン）の流れで築かれてきたグッド・デザインの打倒にあった．

　要するに，その「よさ」「洗練」「普遍的な生活観」がもはや過去のものであり，「モダニズムその次は……」の同時代性からすると，むしろ人々の日常生活から乖離していることを，それに対する痛烈な揶揄によって示した．なおかつ，自身が仕掛けた一連の「陳腐なオブジェ」（マルセル・ブロイヤーのアームチェア「B 3」の背・座・肘掛に雲のような飾りをつけた椅子など）もまた，見るからに「安っぽさ」「わざとらしさ」「個人的な悪趣味」を狙ったデザインであり，わたしたちを非日常的な世界に引き込む．もちろん，戦略的に，巧妙に考えられたモノたちの魔力だ．

　これをいっそうコマーシャリズムに則って，「商品」として展開したのがソットサスだった．メンディーニ同様，モダニストとして出発したが，だからこそヨーロッパの，そしてイタリアの古典的な家具が持つフォーマルな様式美を徹底的に解体しようとしたのである．その際にソットサスは，メンディーニ，スタジオ・アルキミアよりも分かりやすい手法を採り，たとえば派手な色彩，遊園地のようなポップな楽しさを盛り込むことで，インテリアの「ディスプレイ化」を試みている．そのリアル・ブランドこそがメンフィス（設立1981年）で，典型的なポスト・モダンの家具，照明器具，インテリア・オブジェ，食器，家庭用品などで一世を風靡した．

4. グローバルで超領域的な流行

　メンディーニとソットサスの活動は，各国の若手デザイナーを大いに刺激し，1980年代のミラノには多くの共鳴・協働者が集ったが，これとは別に，アメリカ，日本，フランス，スペイン，イギリス，ドイツその他の国や地域の建築，商業環境，プロダクト（インテリアとインダストリアル），ファッション領域でも，何らかのかたちで2つの手法と5つの特異性を標榜するクリエイター，並びにインハウス・デザインの製品が一気呵成に登場している．両雄以外の巨頭を擁するイタリア自体が同様だったことは言うまでもない．

　建築の場合，インテリア以上に「西洋の歴史・伝統」——近世以前とモダニズムについて，これらを乗り越えんがために，その造形言語，逆に土着的なスタイルを引き合いにするという，メタフォリカルでハイブリッドな表現が主流だっ

た．イタリアのアルド・ロッシ（Aldo Rossi, 1931-97），アメリカのロバート・ヴェンチューリ（Robert Venturi, 1925-），チャールズ・ムーア（Charles Moore, 1925-），マイケル・グレイヴス（Michael Graves, 1934-），スペインのオスカー・テュスケ（Oscar Tusquets, 1941-），オーストリアのハンス・ホライン（Hans Hollein, 1934-），オランダのレム・コールハース（Rem Koolhaas, 1944-）らがその代表格である．

図13-1　フィリップ・スタルク《サイドチェア「ルイ20」》1992年，アルミニウム，ポリプロピレン，H84.0×W47.0×D58.0cm，宇都宮美術館蔵．

図13-2　インゴ・マウラーのライティング・オブジェ群．筆者撮影，於・茨城県つくば美術館．

図13-3　インゴ・マウラーのライティング・インスタレーション《ヤ・ヤ・ホー》1985年，金属ワイヤー，各種ハロゲン・ランプほか．筆者撮影，於・茨城県つくば美術館．

第十三章　ポスト・モダン・デザインの現実

商業環境やプロダクトは，クリエイターの個性に加えて，それぞれの出自と関わる国・地域のデザイン的な特質が濃厚に表れている点が興味深い．たとえば，日用品からオブジェ性の高いモノまで手がけるフレンチ・ポスト・モダンの旗手，フィリップ・スタルク (Philippe Starck, 1949-) は，「デザイン」ではなく「装飾美術」らしさが溢れるエレガントな家具，ファッショナブルなディスコ，カフェ，レストラン，ショップなどのトータル・インテリアを得意とする．

　一方，「光の魔術師」と呼ばれるドイツのライティング・デザイナー，インゴ・マウラー (Ingo Maurer, 1932-) は，新しい工業素材，ハイ・テクノロジーを駆使しながら，同時代の「ハイテク・デザイン」とはまるで異なるインスタレーショナルな光の造形を生み出した．イギリスを活動拠点とするロン・アラッド (Ron Arad, 1951-，イスラエル生まれ) の場合，明らかにブリティッシュ・パンクを意識したコンクリートのオーディオやエッジの立った金属板による椅子が衝撃的だ．

　このほか，メーカー主導のインダストリアル領域では，日本各社がこぞって取り組んだ「ラジカセ」のキュートなフォルムとプラスチックの質感などが，まさにポストモダンの影響下にあるが，およそ正反対に位置するダイソン（イギリス）のサイクロン掃除機でさえも，純粋にエンジニアリングから導かれた「発明品」でありながら，結果的に「モダニズムその次は……」の相貌を見せることに留意されたい．

5. ケース・スタディ——日本の車両デザイン

　では，コマーシャリズムの世界では「拠点」だったわが国の情況は．……そもそも，1970年代後半-1980年代に，欧米と同じ次元で語ることができるポストモダンが成立していたのかどうか．この点については，建築，商業環境，プロダクトを切り分けて考え，なおかつジェンクス，メンディーニ，ソットサスが暴いてみせた行き詰まりの「モダン・デザイン」が日本では，その当時であっても未だに模索中だったことを考慮せねばならないだろう．

　異論があるかも知れないが，磯崎新 (1931-)，安藤忠雄 (1941-)，伊東豊雄 (1941-)，高松伸 (1948-) といった建築家，1960年代から際立った活動を行っていた倉俣史朗 (1934-91)，大本山のミラノが（当時の）主な舞台だった梅田正徳 (1941-) のようなインテリア・デザイナーの仕事を見過ごすわけにはいかないが，彼らをひと括りに「ジャパニーズ・ポスト・モダン」で論じるのは危険きわまりない．

むしろ，高度成長のインダストリアル・プロダクトを，日本のモダン・デザインの「ひとまずの解」と考え，それに対する反発や，1950年代に提唱された「ジャパニーズ・モダン」とは異質な「新しい日本人のルーツ探し」を，まさにバブル

図13-4　磯崎新《つくばセンタービル》竣工1983年．筆者撮影．

図13-5　水戸岡鋭治　鉄道車両883系電車《ソニック》客室，運行開始1995年．筆者撮影．

図13-6　水戸岡鋭治　鉄道車両883系電車《ソニック》通路，運行開始1995年．筆者撮影．

第十三章　ポスト・モダン・デザインの現実　227

期のビジネス戦略として見事に結実させたケース——水戸岡鋭治（1947-）の初期車両デザインに，わが国に独自のポストモダン趣味をもっと濃厚に感じることができる．彼のデザイン的な原風景は，日本のコンテンポラリーな木製家具，時代を映す（悲しいかな）「普通の＝陳腐な」個人住宅のグラフィック，魔法のようなオブジェが席巻したイタリアでの経験にあり，定石通りの「スタイル」で設計したホテル建築が出発点だった．

そこから，まさに「リッチ，ラグジュアリー」「過剰さ，装飾性」「素材とディテールへの工芸的なこだわり，洗練」「クリエイティヴであること，アート志向」「ものづくりのシステム解体（合理性・機能性・量産性を主眼としない）」という特質をすべて満たす鉄道車両の数々を，JR九州のプロデュースで実現している．キハ58系（1988年「アクアエクスプレス」）内装，783系（同「ハイパーサルーン」）などがその嚆矢だが，1990年代に入ってからの787系（1992年「つばめ」），883系（1995年「ソニック」）は，決して「遅れてきた流行」ではなく，正真正銘の「ポストモダン・デザイン」としての評価をすべきといえる．

機能的かつ普遍的であること，すべての人々にとって，あらゆる観点で「よりよい」日常性（モダン・デザインの究極的なあり方）が達成されねばならない公共のヘヴィ・インダストリアル，つまりポストモダンとはおよそ無縁な領域で，これほど徹底して非日常感をもたらしたモノは他に類例が少ない（イタリアの自動車デザインでも見ない）．その良し悪し，好き嫌いはさて置き，今なお現役で活躍する「青いソニック」（883系）——本来の愛称は「ワンダーランドエクスプレス」（いかにもポスト・モダン的といえる）の特異なインテリアには，多くの矛盾を抱えながら花開いた「ポストモダン・デザイン」の本質が凝縮されている．

主要参考文献（刊行年順）

Emilio Ambasz, *The New Domestic Landscape, Achievements and Problems of Italian Design*, The Museum of Modern Art, New York, 1972.

Charles Jencks, *The Language of Post-Modern Architecture*, Rizzoli, New York, 1977.

Albrecht Bangert and Karl Armer, *80s Style: Designs of the Decade*, Abbeville Press, New York, 1990.

Nally Bellati, *New Italian Design*, Rizzoli, New York, 1990.

Carlo Pirovano et al. *History of Industrial Design*, Electa, Milan, 1990.

Bernd Polster, *World Design: 1 Century, 400 Designers, 1000 Objects*, Pavillion Books,

London, 1999.
Mel Byars and Terrence Riley, *The Design Encyclopedia*, Museum of Modern Art, New York, 2004.
展覧会図録『現代デザインの展望 ポストモダンの地平から』京都国立近代美術館他, 1985 年.
『鉄道デザイン EX Vol. 1』イカロス出版, 2010 年.

あとがき

　本書は，13名の研究者に全国から結集して頂き，各自の専門分野から，「デザインの力」という共通の問題を巡って，それぞれ，御研究の一端を披露して頂いた書物である．

　第一章から第十三章まで，相互連関は一切ない．しかし，アンサンブル・フィルムの様に，各章が各議論を展開しながら，たとえば，今井論文と谷本論文，永井の序論と櫛論文，天野論文と永井，橋本論文など，内容的に，いわば偶発的に出会って別れ，それぞれの展開をみせている．

　編者が，このような構成を選んだのは，分厚い書物を最初から最後まで読み通さなければ理解できない，1つの〈物語〉，一個の〈主張〉は，大量の断片情報を日々選別し行動に移し替えている現代人にとっては，もはや，窮屈で退屈だと思われるからである．恐らく，ロマン主義の断片の美学を起源とし，マネやゴーガンのモンタージュ，セザンヌ・スーラ・ゴッホなどのデジタル的筆致，セザンヌの多視点，立体主義のコラージュ，シュルレアリスムのフロッタージュやアサンブラージュ，ロシア構成主義のフォトモンタージュ，機械美学を根拠とする，デ・スティル／ピュリスム／バウハウスから始まり戦後から今日まで多様な展開をみせた抽象造形などを経験した後で，映画やアニメ，テレビ，コンピュータ映像，携帯電話等で今日お馴染みとなった，時空を跳躍する，多次元，多層映像／情報を日常の風景とする我々にとって，書物においても，古典的構成はもはや肌に合わない．

　「芸術の力 (Power of Art)」，「工芸の力」，「装飾の力」など，「……の力」という書物，展覧会，キャッチコピーは巷に溢れ，本書のタイトルは，決して真新しいとは言えない．本来，「思想」という言葉を使うべき所かもしれないが，それも現代にはそぐわない．結局，「力」という言葉を使ったが，その意味は，「はじめに」，13本の論文で実に多様に語られている．もし，多様性に一致点を見いだすとすれば，「デザインの〈力〉」とは，「デザインの〈存在意義〉」だと言ってよい．本書の意図が，可能な限り多くの方々に伝われば，これに勝る喜びはない．

　最後になったが，本企画の意義をご理解頂き，出版を英断頂いた晃洋書房，上田芳樹社長，企画の実現に向けて様々な問題を的確かつ迅速に解決し，特に，13

名の足並みを揃えるために粘り強く交渉を続けて下さった編集部の西村喜夫氏，校正実務をご担当下さった，藤原伊堂氏に心より感謝申し上げます．

装丁は，いつも聡明なデザインで定評のある，グラフィック・デザイナー，中野仁人氏（第九章執筆）に御願いしたが，コンセプトに相応しいデザインに仕上げて頂き，執筆者一同を代表し御礼申し上げたい．

2010年8月10日

編　者

図版出典一覧

- 図 1 - 1　展覧会図録『ウィリアム・モリス—ステンドグラス・テキスタイル・壁紙　デザイン』ブレーントラスト，シナジー編，梧桐書院，2005 年，6 ページ.
- 図 1 - 2　同上，20 ページ.
- 図 1 - 3　同上，62 ページ.
- 図 1 - 4　同上，50 ページ.
- 図 1 - 5　展覧会図録『モダンデザインの父　ウィリアム・モリス』内山武夫監修，NHK 大阪放送局，NHK きんきメディアプラン，1997 年，136 ページ.

- 図 2 - 1　千足伸行監修『アール・ヌーヴォーとアール・デコ　甦る黄金時代』小学館，2001 年，358 ページ.
- 図 2 - 2　展覧会図録『アール・ヌーヴォー展』東京都美術館他，2001 年，151 ページ.
- 図 2 - 5　展覧会図録『ヴァン・デ・ヴェルデ展』，三重県立美術館他，1990 年，99 ページ.
- 図 2 - 6　高階秀爾・千足伸行責任編集『世界美術大全集　西洋編　第 24 巻　世紀末と象徴主義』小学館，1996 年，340 ページ.

- 図 3 - 2　生田ゆき編『鈴鹿市所蔵　古代型紙目録』三重県立美術館，2008 年，77 ページ，H5.

- 図 4 - 1　Toos van Kooten ed., *Bart van der Leck*, Kröller-Müller Museum, Otterlo, 1994, p. 48.
- 図 4 - 2　Evert van Straaten, *Theo van Doesburg, painter and architect*, SDU Publishers, Den Haag, 1988, p.50.
- 図 4 - 3　*Ibid.*, p.74.
- 図 4 - 4　*Ibid.*, p.130.
- 図 4 - 5　*Ibid.*, p.121.
- 図 4 - 6　Th. van Doesburg ed., *De Stijl*, Leiden, vol.8（1928），nr.87/89, p. 21.

- 図 5 - 1　Catalog, ALEXANDER RODCHENKO, SPATIAL CONSTRUCTIONS, HATJE CANTZ, galerie gmurzynska, 2002, p.23.
- 図 5 - 2　Selim O. Khan-Magomedov, "Rodchenko, The Complete Work", The MIT Press Cambridge, Massachusetts, 1987, p.27.
- 図 5 - 3　Margarita Tupitsyn ed., "Rodchenko and Popova: Defining Constructivism", Tate publishing, 2009, p.34.
- 図 5 - 4　Khan-Magomedov, op.cit., p.35.
- 図 5 - 5　Catalog, ALEXANDER RODCHENKO, SPATIAL CONSTRUCTIONS, p.67.
- 図 5 - 6　Khan-Magomedov, op.cit., p.101.

図5‐7　Tupitsyn ed., op.cit., p.62.

図6‐1　Owen Jones, *Grammar of Ornament*, London, Messers Day and Son, 1856, republished by London, Studio Edition, 1986, p.21.
図6‐2　Charlotte Benton, Tim Benton and Ghislaine Wood eds., *Art Deco 1910−1939*, Exh.Cat., London, Victoria and Albert Museum, 2003, p.129.
図6‐3　*Matisse et la couleur des tissus*, Exh.Cat., Paris, Gallimard, 2004, p.115.
図6‐4　*Yinka Shonibare MBE*, Exh.Cat., Munich, Berlin, London, New York, Prestel, 2008, p.111.
図6‐5　展覧会図録『ブラジル：ボディ・ノスタルジア』東京国立近代美術館，2004年，41ページ．
図6‐6　Fereshteh Daftari et al., *Without Boundary, Seventeen Ways of Looking*, Exh. Cat., New York, The Museum of Modern Art, 2006, p.62.

図7‐1　Staatliche Kunstsammlungen Dresden Kunstgewerbemuseum（hrsg.）, *Jugendstil in Dresden, Aufbruch in die Moderne*, Edition Minerva, Wolfratshausen, 1999, S. 78.
図7‐2　Wulf Herzogenrath, Dirk Teuber, Angelika Thiekötter（hrsg.）, *Der westdeutsche Impulse 1900−1914, Kunst und Umweltgestaltung im Industriegebiet, Die Deutsche Werkbund-Ausstellung Cöln 1914*, Kölnischer Kunstverein, Köln, 1984, S. 168.
図7‐3　Ebd.,S 144.
図7‐4　Bauhaus-Archiv Berlin／Museum für Gestaltung, Stiftung Bauhaus Dessau und Klassik Stiftung Weimar（hrsg.）, *modellbauhaus*, Hatje Cantz, Ostfildern, 2009, S.155.
図7‐5　Walter Rietzler（hrsg.）, *Die Form ohne Ornament*, Deutsche Verlags-Anstalt, Stuttgart／Berlin／Leipzig, 1924, S. 77.
図7‐6　Ebd., S. 88.

図8‐1　展覧会図録『Less but better-Weniger aber besser ディーター・ラムスの世界』下川美喜編，2005年，167ページ．
図8‐2　ヘンリー・フォード・ミュージアム・ウェブサイト〈http://www.thehenryford.org/imagesource.aspx〉（アクセス日：2010年7月18日）．
図8‐3　Del Cotes, *Watches Tell More than Time*, McGraw Hills, U.S.A., 2003, p75.
図8‐4　グレン・ポーター（海野弘訳）『レイモンド・ローウィ　消費文化のためのデザイン』美術出版社，2002年，41ページ．
図8‐5　West Coast Choppersのウェブサイト〈http://westcoastchoppers.com/ourbikes/el-diablo-swingarm/〉（アクセス日：2010年7月18日）．
図8‐6　Hugh Aldersey et al., *Cranbrook design : the new design discourse*, Rizzoli：

図 8 - 7　John and Neuhart, Marilyn Neuhart, Ray Eames, *Eames design : the work of the office of Charles and Ray Eames*, Harry N. Abrams, U.S.A., 1989, p.34.

図 8 - 8　Arthur J. Pulos, *The American Design Adventure 1940-1970*, Massachusetts Institute of Technology, 1988（A.J. プーロス（永田喬訳）『現代アメリカ・デザイン史』岩崎美術社, 1991 年, 78 ページ.

図 8 - 9　*Ibid.*（同上, 39 ページ）.

図 9 - 1　高田功・永野一晃『明治の引札――田村コレクション――』紫紅社, 1988 年, 7 ページ.

図 10 - 4　「パリ・マッチ」誌, 1971 年 1 月 23 日号.

図 11 - 1　Quentin Bajac et Dominique Planchon-de Font-Réaulx（sous la responsabilité scientifique de）, *Le daguerreotype francais. Un objet photographique*, Éditions de la Réunion des musées nationaux, Paris, 2003, p. 151.

図 11 - 2　*Ibid.*, p. 162.

図 11 - 3　ナオミ・ローゼンブラム『写真の歴史』（飯沢耕太郎　日本語版監修, 大日方欣一・森山朋絵・増田玲・井口壽乃・浅沼敬子訳）美術出版社, 1998 年, 19 ページ.

図 11 - 4　Larry J. Schaaf, *The Photographic Art of William Henry Fox Talbot*, Princeton University Press, Princeton and Oxford, 2000, p. 197.

図 11 - 5　Sylvie Aubenas（sous la direction de）, *Gustave Le Gray 1820-1884*, Bibliothèque nationale de France/Gallimard, Paris, 2002, p. 125.

図 12 - 2　Jacques Lacan, *Le Séminaire, Livre* XI, Seuil, Paris, 1973, p. 85.

図 12 - 3　*Ibid.*, p. 97.

図 12 - 4　Albrecht Düer《横たわる女を描く素描家》『測量教本』第二版, 1538 年.

図 12 - 5　ユルギス・バルトルシャイティス著作集 2『アナモルフォーズ――光学魔術――』高山宏訳, 国書刊行会, 1992 年, 75-76 ページ.

人名索引

〈ア 行〉

アイリッシュ, C.　46, 52
アウト, J. J. P.　55, 57, 60-63, 66, 67, 69, 71
浅井忠　152
アポリネール, G.　57, 98
アラゴー, F.　188, 190-192, 198, 199
アラッド, R.　226
アルバート公　2
アルプ, H.　63
アルプ夫妻　68
アルマ, P.　59
粟津潔　160
安藤忠雄　226
池田祐子　52
磯崎新　226
伊東豊雄　226
イームズ, C.　144
イームズ, R.　144
イリブ, P.　154
イルツ, L.　18
ヴァレジョン, A.　105, 106
ヴァン・デ・ヴェルデ, H.　22, 25-28, 31, 34, 49, 116, 119-121, 123
ヴィオネ, M.　177, 181
ヴィーニンガー, J.　39, 51
ヴィーネル, R.　41, 50
ヴィヒマン, H.　39
ウィルス, J.　55, 62, 70
ウェイ, F.　192, 195, 196, 199
ヴェヴェール　49
ウェッブ, P.　7, 9, 11
ヴェスニン, A.　76
ヴェンチューリ, R.　225
ヴィクトリア女王　2, 3
ヴォリンガー, W.　28, 96
梅田正徳　226
ヴルーベル, M.　75
エーレンブルク, I.　74
エンデル, A.　18
奥村靫正　163
オザンファン, A.　91
オストハウス, K. E.　120, 129
オブリスト, H.　18
オラーツィ, M.　24
オーリエ, A.　95, 98

〈カ 行〉

ガイヤール, E.　18
ガウディ, A.　18
葛西薫　162
勝井三雄　163
カッサンドル, A. M.　156
神坂雪佳　153
カミーニ, A.　70
亀倉雄策　157
カメンスキー, V.　75
カーライル　8
唐十郎　159
ガレ, E.　18, 19, 29, 32-35
川久保玲　175, 176, 182
河野鷹思　155
カンディンスキー, W.　57, 77, 90, 91, 96
キーツ　6
ギマール, H.　18, 21, 32
グラッセ, U.　49
倉俣史朗　221, 226
クリムト, G.　23
グリーンバーグ, C.　89, 90, 91
グレイヴス, M.　225
グレイズ, A.　98
クレラー=ミュラー夫人　58, 59
グロピウス, W.　116, 121-125, 129, 131, 141
ゲッデス, N. B.　138, 143
ゲーテ, J. W. von　28
ケリー, D.　147
ゴーガン, P.　26, 95, 96, 102
コステロー, A.　141
コーツ, D.　140
コック, A.　57, 70
ゴッホ, V. van　26
ゴドウィン, E. W.　41
コールハース, R.　225
コールマン, S.　46
コンフォート, L.　44

〈サ 行〉

佐藤晃一　161
サンダー, J.　181
シェイクスピア　6
シェレ, J.　24
ジェンクス, C.　221, 226

237

シャネル, C.　　177, 179, 180, 181
シャピロ, M.　　104
小津安二郎　　155
ショニバレ, Y.　　104
ジョーンズ, O.　　43, 52, 93, 94, 96, 97
水藤龍彦　　52
スウィンバーン　　42
スーラ, G. P.　　26
周防珠美　　53
杉浦非水　　151
スコット, W.　　5
スタルク, P.　　225, 226
ステパノーヴァ, V.　　76
ストリート, G. E.　　7
セザンヌ, P.　　26
ゼンパー, G.　　121
ソットサス, E.　　221, 223, 224, 226
ソロモン, S.　　42

〈タ 行〉

タウト, B.　　63
高島北海　　19
高松伸　　226
高村光太郎　　33, 34
竹久夢二　　153
ダゲール, L. J. M.　　187-192
タトリン, V.　　74, 76, 77, 79, 80, 84
田中一光　　158
ダリ, S.　　100
俵屋宗達　　158
チョーサー　　6, 14
ディズレーリ　　2
ティファニー, L. C.　　18, 40, 44-49, 52
ティファニー父子　　44
デーネケン, F.　　41
デショ　　52
テニスン　　6
デマン, L. -E.　　18
テューアー, A.　　40, 50-52
テュスケ, O.　　225
テュフォン　　23
寺山修司　　159
デランク, C.　　52
ドニ, M.　　95
ドーム兄弟　　18
ドラロッシュ, P.　　191-193, 198, 201
トルボット, W. H. F.　　189, 194
ドレッサー, C.　　40, 43-46, 51, 52
ドレフュス, H.　　137

〈ナ 行〉

中村誠　　161
中山文孝　　156
ニーチェ, F. W.　　25, 28, 31, 34, 35
ネスフィールド, W. E.　　41-43
ノーマン, R. & A.　　42

〈ハ 行〉

バー, A.　　82
ハインドマン, H. M.　　13
バージェス, W.　　41
ハーター兄弟　　41
バーデン, J.　　8
ハトゥム, M.　　106
バーブランク, B.　　146
原震吉　　41
原弘　　164
バルト, R.　　219
バルビエ, G.　　154
ハーレン, ヴィダー　　43, 44, 52
バレンシアガ, C.　　177, 181
バーン＝ジョーンズ, E.　　6-9, 14
ビアズリー, A. V.　　75, 154
ビング, S.　　27, 40
ファラー, L.　　23, 24
ファン・エーステレン, C.　　62-66, 68, 69, 71
ファン・デル・レック, B.　　55, 57-61, 67, 69-71
ファン・ドゥースブルフ, T.　　55-72
ファント・ホフ, R.　　55, 62, 70
ファントンヘルロー, J.　　70
フィーラー, C.　　46, 52
フォークナー, C.　　9
フォーサイス, J.　　42
フォード, H.　　137
フォレスト, L. de　　46
フォルテュニー, M.　　50, 51
ブフライデラー, W.　　125-127
フラー, B.　　145
ブラウン, F. M.　　9, 11
ブラックモン, F.　　18
ブリンクマン, J.　　41
ブルーヴェ, V.　　41, 50
ブルリューク, D.　　75
ブレマー, H. P.　　58, 59
フロイト, S.　　205-207, 211, 213, 214, 218
ブロイヤー, M.　　224
ペック, A.　　46, 52
ベーネ, A.　　72

ペヒェ, D. 39
ベル, G. 137
ベルクソン, H. 25, 29-32, 35
ベルラーヘ, H. P. 56, 59-62
ベーレンス, P. 22, 123, 128
ベンヤミン, W. 219
ボードレール, C. 196-199
ホフマン, J. 39
ポポーヴァ, L. 76
ホライン, H. 225
ボンセット, I. K. 70

〈マ 行〉

マウラー, I. 225, 226
マーシャル, P. P. 9
マジョレル, L. 18, 20, 41
マッキントッシュ, C. R. 22
マティス, H. 25, 33, 34, 90, 91, 99, 102
馬渕明子 52
マヤコフスキー, V. 75
マルジュラ, M. 177
マレーヴィッチ, K. 76, 77, 80
マロリー, T. 8
マンソン, J. 48, 49
ミース・ファン・デル・ローエ 141
水戸岡鋭治 228
三宅一生 177, 179, 182
ミュシャ, A. 18, 22
ムーア, C. 225
ムーア, E. C. 45
ムテジウス, H. 116-122, 124, 126, 129
メッツァンジェ, J. 98, 99
メンディーニ, A. 223, 224, 226
モグリッジ, B. 147
モーザー, K. 24, 39
モホリ=ナギ 141, 142
モリス, W. 1, 2, 4, 7-9, 12, 14, 15, 19
モンドリアン, P. 55, 57-59, 62, 65, 66, 69-71

〈ヤ 行〉

ヤコーロフ, G. 79

山口小夜子 161
山名文夫 154
山本耀司 175, 176, 182
ユーオン, K. 76
ユッソン, H. 18
横尾忠則 159

〈ラ・ワ行〉

ラヴィロット, J. 18, 21
ラガーフェルト, C. 180
ラカン, J. 208, 212-216, 219
ラ・グリュ 23
ラスキン, J. 6, 7
ラムス, D. 135
ラリック, R. 18, 20, 35
ラルシュ, R. 24
ランベール, T. 40, 52
ランボーン, L. 43, 52
リーグル, A. 92, 93, 96
リシツキー, E. 63, 64
リップス, T. 28
リーツラー, W. 125, 127
リード, H. 82
リートフェルト, G. T. 67, 71
リンセマ, E. 57
ルイス, C. 44
ル・グレ, G. 192-194, 199-201
ル・コルビュジエ 91
ルナチャルスキイ 77
レイナル, M. 98
レーニン 74, 85
ローウィ, L. 138, 140, 143
ロザノーヴァ, O. 76
ロザンベール, L. 63
ロース, A. 99, 100
ロセッティ, D. G. 1, 6, 9, 12
ロダン, A. 24, 27, 33, 34
ロッシ, A. 225
ロトチェンコ, A. M. 73-86
ロートレック, H. M. R. de T. 23
ワグナー, R. 40

人名索引 239

事項索引

〈アルファベット〉

A-POC　179
AT＆T　137
DTP　164
GAP　172
Gazette du Bon Ton　153
gestaltung　135, 136
Gewerbe（ゲヴェルベ／産業）　115, 117-124, 127
H&M　172
IDEO　147
Interaction Design　147
Kunst（クンスト／技術・芸術）　115, 117-122, 124, 127
Kunstgewerbe（クンストゲヴェルベ／工芸）　115-118, 120, 125, 127
Kunstgewerbebewegung（工芸運動）　115
Kunsthandwerk（クンストハントヴェルク／手工芸）　127, 128
LVMH（Moët Hennessy Louis Vuitton S.A.）　171
Modes et Manières d'Aujord'Hui　154
『NIPPON』　156
P＆G　146
Sachlichkeit（ザッハリヒカイト）　131
SPA　172

〈ア　行〉

『アアンハイト（Eenheid）』　57
アヴァンギャルド芸術　74
青いソニック　228
アクアエクスプレス　228
「悪魔の誕」　205-207, 216-218
『アーサー王の死』　8
アソシエイティッド・アーティスツ　45, 46, 49
アーチスト・コンストラクター　74
アーツ・アンド・クラフツ運動　2, 4, 17
アップル・コンピュータ　142
アート　223
アートセンター・オブ・カレッジ　146
アナーキスト　13
アナモルフォーズ　207, 208, 214-216
《アパート，カステル・ベランジェ》　21
アポロ的（apollinisch）　28

アメリカン・タイポグラフィ　159, 164
アルザス地方　52
アール・デコ　32, 100, 101, 154
アール・ヌーヴォー（L'Art Nouveau）　17-19, 23-27, 29-33, 35, 40, 75, 77, 151, 152
———風　51, 152
アングラポスター　159
アングロ＝ジャパニーズ家具　41
アングロ＝ジャパニーズ様式　41
アンチ・スクレイプ（削り取り反対）　14
『イアソンの生と死』　11
イギリス労働党　4
意志　26-29
一枚の布　177, 178
一般性　135
イームズ・チェア　144
イメージ　140, 141, 143
イリノイ工科大学　142
インキュナブラ　14
印刷特性　161
インスティテュート・オブ・デザイン　141, 142
インダストリアル　224, 226
インダストリアル・デザイナー　140, 146
———第1世代　140, 143
———第2世代　144
インターナショナル　134
———・スタイル　32, 224
インテリア　25, 26, 223, 224, 226
ヴァイマール共和国　122, 123
ヴァナキュラリズム　223
ヴァン・デ・ヴェルデの反10箇条　119, 120, 129
ヴィクトリア朝　2-5
ヴィクトリア＆アルバート美術館　4, 42
ウィーン　40, 52
ウィーン工芸美術館　39
ウィーン工房　17, 32, 39
ウィーン万国博覧会　52
ウィーン分離派　17, 32, 152
ヴェネツィア　50
『ヴェネツィアの石』　6
浮世絵　23, 152, 155, 157, 159
浮世絵錦絵　150
ヴフテマス（Vkhutemas）　75, 82
ウルム造形大学　32, 224

エアブラシ　156, 161
映画写真　84
エディプス・コンプレックス　206, 218
エディプス的欲望　206-208, 213
エレメンタリズム（Elementarisme）　65, 66, 68, 71
　──芸術　71
遠近法　214-217, 219
エンジニアリング　139, 226
『オイディプス王』　206, 213
応用芸術部門　80
『オックスフォード・アンド・ケンブリッジ・マガジン』　8
オックスフォード運動　5
オックスフォード・ユニオン　8
《オーベット》　68, 72

〈カ 行〉

絵画・彫刻と建築の統合　80, 84
快感原則の彼岸　211
諧調　156, 159
　──表現　161
《カウンター・コンストラクション》　63, 64, 66-68
カウンター・レリーフ　76, 84
《花器「フランスの薔薇」》　19
家具　9
飾り（Verzierung）　126
『型紙とジャポニスム』　39
カフェ・ピトレスク　79, 81
壁紙　9, 11, 12
カーペット　9, 10
家紋　158, 165
kawaii　174
かわいい　174, 182
観察　143
感情移入美学　28
感性（感情）　28
機械　3, 6, 23, 24, 30, 31
機械織り　10, 11
機械化　10
機械刺繍　10
機械美　32
機械美学　32
規格　121
技術革新　145
技術的フォルム（technische Form）　126, 127
犠牲の理論　196, 201
機能（fonction）　28
　──主義　32

　──性　223, 228
キノ・プラウダ　82
キハ58系　228
キュビスト　99
キュビスム　57, 90, 98
鏡像　208, 209, 217, 218
　──段階　208
兄弟団　8
京都高等工芸学校　152
京都国立博物館　37
京都市立美術工芸学校　153
京琳派　153
曲線　20, 22, 23, 26
去勢　206, 207, 210, 213, 217, 219
　──不安　206-209
金属活字　164
近代化　17
『近代絵画論』　6
キンバリー・クラーク　146
『グウィネヴィアの抗弁』　8
《空間構成 No. 12》　73, 74
空間構成物　80, 83, 84
空想　28
具象性　26
グラスゴー派　17, 32
《グラスゴー，ブキャナン通りの喫茶店》　22
グラフィカル・ユーザー・インターフェース　146
グラフィックデザイン　149
クランブルック・アカデミー・オブ・アート　142
グリッド　165
グリッドシステム　159
グリーン・ダイニング・ルーム　11
クール　174
クレフェルトのカイザー・ヴィルヘルム美術館　41
クロスハッチング　151
黒の上の黒　80
グローバリゼーション　137
グロピウス《事務棟》　121
芸術　31-33
「芸術と技術−新たな統一」　124
『芸術の日本』　40
芸術文化研究所（Inkhuk）　75
ゲシュタルト　135
ゲシュタルト心理学　135
ケルムスコット・プレス　14, 15
原始的フォルム（primitive Form）　126, 127
源氏物語絵巻　161

建築　21, 26
『建築・絵画講演集』　7
原抑圧　206, 207, 210, 211, 213, 219
高級ブランド　172
　　──・ファッション　171
工業（Industrie）　115, 116, 123
工業化社会　222
工業デザイナー　145
工芸　21, 25, 32, 35, 115
工芸家　1, 17
工芸学校　115, 122, 130
工芸図案　152
工芸博物館　115
工芸品　19
工作芸術（Werkkunst）　127
構成主義　156
構造　27
高度成長　227
合理主義　33, 63
合理性　17, 27, 28, 33, 223, 228
ゴエルロ（GOELRO）計画　85
国際装飾芸術及び近代産業博覧会（通称アール・デコ展）　75
古建築物保護協会　12, 14
ゴシック　14, 164
　　──建築　7
　　──美術　6
　　──・リヴァイヴァル　5
　　中世──　7
コスプレ　174, 182
ゴスロリ・スタイル　174
誇張　27
国家理念　136
コーニング社　145, 146
『コモンウィール』　13
コラージュ　159
コンピュータ　163

〈サ 行〉

サイクロン掃除機　226
再現性　26, 29
再現＝複製　190, 191, 195, 197, 199
サウス・ケンジントン博物館　4, 11
雑誌『フォルム（Die Form）』　125, 131
雑誌『ラール・モデルヌ』（『現代美術』L'Art moderne）　26, 27
サービス　134
ザラ（Zara）　172
サロン　193, 194, 196, 198, 200
産業革命　2, 17, 32

産業芸術振興運動　96
サンセリフ　164
ジェフリー・アンド・カンパニー　9
ジェンダー　96, 106
自我　26, 27, 215-217
ジガ・ヴェルトフ　82
刺繍　9, 10
システム　134
資生堂　154, 161
自然　18-20, 22, 26, 27, 29, 30
《自然》　18
自然主義　19, 25, 29, 30, 32
自然物　25
持続（時間）　31
時代様式（Zeitgeist）　118, 127
質　116, 117
実証科学　31
室内装飾　75
シニフィアン　212, 219
シノワズリ　154
資本主義経済　4
資本主義国　4
『資本論』　13
社会主義　15
　　──革命　74
　　──同盟　4, 13
　　──のイデオロギー　74
　　──ユートピア　74
社会民主連盟　4, 13
写植　164
写真製版　151
『ジャスティス』　13
シャネルスタイル　180
シャネル・スーツ　179, 180
ジャポニスム　33, 38, 39, 41, 96, 152, 154
『ジャポニスム展』　39
『ジャーム』　8
集合的構築に向けて　65
集合的な構築に向けて（Vers une construction collective）　63
自由主義　2
　　──国家　2
重商主義　2
「自由美学（La Libre Esthetique)」展　26
手工業（Handwerk）　6, 115, 116, 122-124, 129
シュプレマティズム　78, 79
シュルレアリスト　100
シュルレアリスム　100
《シュレーダー邸》　67

242

状況劇場　159	セーラームーン　174
商業美術協会展　156	0,10展　76
商業ポスター　156	ゼロ記号　213, 219
少女マンガ　174, 175	ゼロックス・パロアルト研究所　146
松竹宣伝部　155	線　23, 26, 27, 34
象徴界　213	染織テキスタイル　12
象徴主義　95	セント・ジェームズ宮殿　11
消費　134	線のシリーズ　79, 82
消費者　138	造型　21, 26, 27
障壁画　159, 163	造形的建築に向けて　66, 67
照明器具　79-81	造形美（l'élégance plastique）　30
「将来の工作連盟の活動」　119, 120	造形部門（IZO）　77, 80
植民地（主義）　93-95, 97, 102, 104-106	装飾　21, 26-28, 32, 34
『ジョン・ボールの夢』　15	装飾芸術　12, 30, 33
自律性　19, 29	──振興運動　97, 98
白い彫刻　80, 81, 84	装飾性　223
白の上の白　80	『装飾のないフォルム（Die Form ohne Ornament)』　125, 127
新印象主義　27	『装飾の文法』　43
新建築工芸学院　157	装飾品（法）（Ornamentik, ornementation）　27
新造形主義(Nieuwe Beelding)　65, 66, 68, 71	装飾（模様）（Ornament, ornament）　27
進歩　187, 197-199	想像界　213
シンボルマーク　157	創造思考　146
人民教育評議会（Narkompros）　77	『創造的進化』　30
図案（家）　35	想像力（imagination）　28
水晶宮　3	ソニック　228
水墨画　162	ソ連館　75
《睡蓮紋ダブルベッド》　20	
スタイル　139	〈タ　行〉
スタンフォード大学　141, 146, 147	第10回国営展「非対象の芸術とシュプレマティズム」展　80
ステンドグラス　1, 9, 14, 47, 48	第1回ロンドン万国博覧会　3, 4, 5
ストリーム・ライン　138	第2回オブモフ展　82
ストロガノフ大学　75, 82	第3回ドイツ工芸展　118
3M　146	第一次世界大戦　115, 116, 122, 124, 125
寸断された身体　209, 218, 219	第二次世界大戦　116
政治的イデオロギー　84	第三インターナショナルのための記念塔のモデル　74, 80
精神病理学　33	《大使たち》　207, 208, 215
精神分析学　33	対象a　207, 212, 214, 215, 217
青年同盟部門　77	ダイソン　226
生の哲学　30	タイプ（Typ）　119, 120, 122, 124, 128, 129
製品意味論　→プロダクト・セマンティクス	タイプ化（Typisierung）　119, 120, 124
製品美術館　4	タイプ的なもの（Typisches）　118, 120, 121
生命　21-31	タイプ論争（Typenstreit）　116, 119, 120, 123, 124, 128, 129
生命感　19	
生命主義　17, 32	ダイマキシオン・ハウス　145
生命力　20	『タイムズ』　14
生命論（théories vitalistes）　31	代用素材　145
世界恐慌　138	
石版印刷　150	
《接吻》　22	
ゼネラル・モータース（GM）　139, 146	

事項索引　243

大量消費　145
　　──社会　140
大量生産　137, 145
タイル　9
《卓上ランプ／ロイ・ファラー像》　24
ダゲレオタイプ　187-190, 195
他者性　100-103, 105
ダダイスト　70
脱構築ファッション　177
『楽しく奇妙なデザイン』　40
タペストリーの間　11
《地下鉄，シャトー・ドー駅》　21
『地上楽園』　11
知性（intelligence）　28, 31
抽象（化），抽象的　89, 91, 96, 101-103
調和的文化　120
散らし　155
『ツァラトゥストラはかく語りき』　25
つばめ　228
積重ねと組立式　81
吊り下げられた空間構成　74, 80, 82
ディオニュソス的（dionysisch）　28
T型フォード　137, 139, 146
帝国主義　4, 101
　　──国家　2
ディスプレイタイプ　164
テキスタイル　1
テクノロジー　74
デザイナー　11, 31, 35
デザイン（Design）　1, 8, 11, 14, 15, 17-19, 21, 22, 25, 28, 32, 33, 35, 115, 116, 127, 128, 223
　　──教育　141
　　──的思考　143
　　──・プロダクト　223
　　──理論　142
　　アメリカン・──　133, 135, 143
　　アンチ・──運動　221, 223
　　インダストリアル・──　135-140, 143, 145, 146
　　インタラクション・──（Interaction Design）　147
　　近代──　2
　　グッド・──　222, 224
　　スタイリング・──　32, 146
　　ハイテク・──　224, 226
　　北欧の──　32
　　ポスト・モダン・──　32, 142
　　モダン・──　28, 32, 221, 222, 226
　　デジタル　142
　　──処理　163

　　──テクスチャー　163
　　──・テクノロジー　142
　　──フォント　164
デ・ステイル　32, 55-60, 62-71
『デ・ステイル』　55, 56, 59, 60, 62, 64, 65, 67, 70, 71
デ・ステイル・メンバー　69
デ・スフィンクス　60
デュッセルドルフ工芸学校　123, 130
テール・フィン　143
天井桟敷　160
ドイツ工作連盟（Der Deutsche Werkbund）　32, 115-117, 119, 120, 122-125, 127, 224
　　──ケルン展　119-121
　　──シュトゥットガルト支部　125
　　──設立建白書　115-117, 124
　　──第7回年次総会　116, 119, 120
　　──年刊誌　117, 119, 125, 129
　　工作連盟スペシャリティ（Werkbund-Spezialität）　120
ドイツ表現主義　57
ドイツの表現主義者　95, 96
投影　77, 78, 80
東京オリンピック　157
東京芸術大学美術館　38
東京国立博物館　37
東京のストリート・スタイル　173, 182
同形の原理に基づく　81
同形のシリーズ　82, 83
投資　138
動勢　24, 27
東方問題協会　12, 13
独立労働党　4
都市改造　17
ドルカス・ヘーリン工房　126
ドレスデン　41, 51
ドレスデン工芸博物館　40

〈ナ　行〉

ナショナリズム　150, 160
783系　228
787系　228
ナビ派　26, 27, 95
ナンシー　40, 50
　　──派　19, 40, 52
肉付け　27
ニーズ　137, 144
日本工房　156
『日本，その建築，美術と美術工芸』　40
日本的自然主義　19

244

『日本の型紙から取った装飾モティーフ』　40
日本美術　33
日本ブーム　165
ニュー・タイポグラフィ　164
ニュー・バウハウス　142
ニューヨーク近代美術館　82
ノイエ・タイポグラフィ　159

〈ハ　行〉

ハイパーサルーン　228
パイレックス（PYREX）　145, 146
バウハウス　32, 63, 71, 116, 122-125, 127, 130, 131, 134, 135, 140-142, 146, 157, 164, 223, 224
　――週間　125
　――展　124
パターン＆デコレーション　104
883系　228
パックス・ブリタニカ（イギリスの平和）　3, 4
バブル期　228
ハマースミス社会主義協会　13
パリコレ　172, 174
パリ万国博覧会　19, 23
バロック　19, 27
パンク　173
反合理性　24
万国博覧会　156
反射する光の表面　81
販売網　137
ハンブルク　41
ハンブルクの工芸美術館　41
反論理　24
引札　150, 159
『悲劇の誕生』　28, 35
非合理主義　33
非合理性　17, 28
ビジアクス（Biziaks）　84
ビジネスモデル　137
美術教育改革　123
美人画ポスター　151
非対象絵画　75
ヒップ・ホップ　173
一文字ぼかし　157
ピノー（Pinault Printemps Redoute-PPR）　171
ピュリスム　32
表現主義　26, 32, 63
貧乏ルック　177
Final Fantasy　174

ファッション　222, 224
　――プレート　154
　ジャパニーズ・――　176, 177
　ファスト・――　170, 172, 182
ファーマー・アンド・ロジャーズ東洋商店　43
ファルス　209
フィラデルフィア万国博覧会　40, 46
風土　143, 147
　――的特質　134
　――特性　134, 135
フェビアン協会　4, 13
フェミニズム　103, 106
フォルム（Form）　116-118, 120, 125-127
フォルム叢書　125
フォルム展　125, 127, 131
無気味なもの　205-209, 216, 218, 219
「複製技術時代の芸術作品」　219
武具の間　11
『婦人グラフ』　153
物質性　26
不特定多数　135
ブラウン社　135
＋J　181
プラット・インスティテュート　141
グラフィック　228
プリーツ・プリーズ　178, 179, 182
ブリティッシュ・パンク　226
プリミティヴ（プリミティフ，プリミティヴィズム）　93-96
プロダクト　222, 224, 226
プロダクト・セマンティクス（製品意味論）　141, 142
プロパガンダ　156
『平面装飾のための日本モティーフ集』　41
平面の投影シリーズ　79, 80
ベジェ曲線　165
《ベートーベン・フリーズ》　23
『ベルグソン全集3　笑い』　35
『ベルグソン全集4　創造的進化』　35
ぼかし　150, 157, 159
ポストイット　146
ポストコロニアリズム　103, 106
ポスト・モダニズム　222
ポスト・モダン　142, 177, 221-224
　――趣味　228
　――・デザイン　221, 222, 228
　『――の建築言語』　221
　ジャパニーズ・――　226
　フレンチ・――　226

事項索引　245

ポゼナー　122
ボディタイプ　164
翻訳　195

〈マ　行〉

マーケティング　138, 139
マッコール誌　164
眼差し　215-217
マルクス主義　13
マンガ・アニメ　173
マンガ・アニメ・ゲーム　173
店（Magazin）展　76
三越呉服店　151
ミニマリズム　223
ミュルーズ　40, 41, 52
ミュルーズの染織美術館　40
未来派　57, 99, 156
　　──の夕べ　75
民主連盟　4, 13
明朝　164
ミントン社　43
無意識　207, 212, 214, 216, 219
　　──の主体　213-217
無対象芸術　84, 85
無対象絵画　76
ムテジウス《色彩展示館》　121, 122
ムテジウスの10箇条　120, 129
《胸元飾り「トンボの精」》　20
《ムーラン・ルージュ》　23
メゾン・ド・ラール・ヌーヴォー（Maison de l'Art Nouveau）　27
面　27
メンフィス　224
木版技法　150
モダニズム　89-91, 95, 102-104, 157, 160
モダン（Modern）　127
　　──・アート　34
　　──デザイン　155, 158, 159
　　ジャパニーズ・──　227
モデル・チェンジ　139, 146
モノ　134
モリス商会　12
モーリス・マーシャル・フォークナー商会　9
問題解決　143
問題発見　146

〈ヤ　行〉

野獣派　26

ユーゲントシュティール　17, 32, 117
ユートピア　16
『ユートピア便り』　15
ユニヴァーサリティ　223
ユニクロ　170, 172, 181, 182
ユニバーサル・デザイン　179
《欲望》　205-211, 216, 217

〈ラ　行〉

《ラップ通り29番地のアパルトマン》　21
ラファエル前派　6, 7
理性（raison）　28
立体主義　26
立体派　156
立体=未来派　76
リトル・ブラック・ドレス　180
リフレーミング　147
流線型　138
量　27
量産性　228
料紙　161
琳派　152, 158
ルネサンス　223
「レ・ヴァン（Les vings）」展　26
レタリング　164
《レッド・ハウス》　7, 8, 11
連綿　155, 165
《ロイ・ファラー》　24
《──の習作》　23
《──の為の劇場ポスター》　24
労働者クラブ　75
《六枝の燭台》　22
ロココ　27
　　──美術　19
ロシア・アヴァンギャルド　32, 74, 76
ロシア構成主義　75, 76, 79
　　──者　63
ロシア青年共産同盟第3回全ロシア大会　85
ローマン　164
ロリータ・スタイル　174

〈ワ　行〉

ワビサビ　164
『笑い（Le Rire）』　30
「我々はどこにいるのか？」　116, 117
ワンダーランドエクスプレス　228

執筆者紹介（執筆順，＊は編著者）

今井美樹（いまい みき）

　1965年生まれ．京都工芸繊維大学大学院工芸学研究科修士課程修了．工学修士．大阪工業大学工学部空間デザイン学科准教授．「フランスの近代装飾・工芸運動──アール・ヌーヴォーを中心に──」『近代工芸運動とデザイン』（デザイン史フォーラム編，思文閣出版，2008年），「グラフィックデザイン」『近代デザイン史』（柏木博監修，武蔵野美術大学出版局，2006年）．展覧会企画および図録デザイン「美術館に行こう！──ディック・ブルーナに学ぶモダン・アートの楽しみ方──」（企画運営キュレイターズ，2005年～）．
　意匠学会，絵本学会．

＊永井隆則（ながい たかのり）

　1956年生まれ．文学士（京都大学文学部哲学科美学美術史学科），文学修士，文学博士（京都大学大学院文学研究科），Diplôme d'études approfondies（プロヴァンス大学博士課程［歴史と文明；美術史］，エクス・アン・プロヴァンス，フランス共和国）．京都国立近代美術館主任研究官を経て，京都工芸繊維大学大学院造形科学系デザイン学部門准教授．専攻はフランス近代美術史．『越境する造形──近代の美術とデザインの十字路』（編著，晃洋書房，2003年），『モダン・アート論再考──制作の論理から』（思文閣出版，2004年），『セザンヌ受容の研究』（中央公論美術出版，2007年），『フランス近代美術史の現在──ニュー・アート・ヒストリー以後の視座から──』（共著，三元社，2007年）．
　美学会，美術史学会，日仏美術学会，意匠学会，ジャポニスム学会，Internatinal Association for Aesthetics, La Société Paul Cézanne, Association International des Critiques d'Art 会員．

馬渕明子（まぶち あきこ）

　1947年生まれ．東京大学大学院人文科学研究科美術史専修博士課程中退．文学修士．日本女子大学人間社会学部教授．『美のヤヌス──テオフィール・トレと19世紀美術批評』（スカイドア，1992年），『ジャポニスム──幻想の日本』（ブリュッケ，1997年），『ジャポニスム入門』（共編著，思文閣出版，2000年）．
　美術史学会，ジャポニスム学会，イメージ＆ジェンダー研究会．
　サントリー学芸賞（1993年），ジャポニスム学会賞（1998年）．

奥佳弥（おく かや）

　1962年生まれ．京都工芸繊維大学大学院工芸科学研究科博士後期課程修了．博士（学術）．大阪芸術大学建築学科准教授．『G. Th. リートフェルトの建築』（TOTO出版，2009年），「デ・ステイルと日本」「シュレーダー邸，1924」『デ・ステイル1917-1932』（セゾン美術館編，河出書房新社，1997年），「オランダの新興建築と日本」「オランダのグラフィック・デザインと日本」『国際デザイン史』（デザイン史フォーラム編，思文閣出版，2001年），「リチ・上野＝リックス」『近代日本の作家たち：建築をめぐる空間表現』（黒田智子編，学芸出版社，2006年）ほか．
　日本建築学会・建築史学会・意匠学会・日蘭学会．

谷本尚子（たにもと なおこ）

　1962年生まれ．京都工芸繊維大学大学院工芸科学研究科博士後期課程単位取得退学．博士（学術）．大阪人間科学大学人間科学部准教授．『国際構成主義　中欧モダニズム再考』（世界思想社，2007年），「シュプレマティズムとデザイン」『越境する造形──近代の美術とデザインの十字路』（永井

隆則編，晃洋書房，2003 年），「ブランディング戦略とアイデンティティ——グローバリゼーションが日本にもたらしたもの——」『「いま」を読む 消費至上主義の帰趨』（川田都樹子編，人文書院，2007 年）．
意匠学会，美学会，民族芸術学会．

天野知香（あまのちか）

1959 年生まれ．東京大学大学院人文科学研究科博士課程修了．博士（文学）．お茶の水女子大学大学院人間文化創成科学研究科准教授．『装飾／芸術——19・20 世紀フランスにおける「芸術」の位相』（ブリュッケ，2001 年），『マティス Processus/Variation』（共編著，国立西洋美術館 2004 年），『アール・デコ 1910-1939』（編者，読売新聞社・東京都美術館，2005 年），「視覚『芸術』における身体——フェミニズムによる美術史の再検討」『シリーズ ジェンダー研究のフロンティア第五巻 欲望・暴力のレジーム——揺らぐ表象／格闘する理論』（竹村和子編，作品社，2008 年）．
美術史学会，日仏美術学会，イメージ＆ジェンダー研究会．
第 5 回鹿島美術財団賞（1998 年），第 14 回倫雅美術奨励賞（2002 年），第 1 回西洋美術振興財団学術賞（2006 年）．

池田祐子（いけだゆうこ）

1965 年生まれ．大阪大学大学院文学研究科芸術学専攻博士課程後期修了．京都国立近代美術館主任研究員．「ドイツの工芸博物館について：その設立と展開——ベルリンを中心に——」『近代工芸運動とデザイン史』（デザイン史フォーラム編，思文閣出版，2008 年），『ドイツ・ポスター 1890-1933』展（企画・図録編集，京都国立近代美術館・読売新聞社，2008 年），『クッションから都市計画まで——ヘルマン・ムテジウスとドイツ工作連盟：ドイツ近代デザインの諸相 1900-1927』展（企画・図録編集，京都国立近代美術館，2002 年）ほか．
美学会，美術史学会，ジャポニスム学会．
第 2 回西洋美術振興財団学術賞（2007 年）．

櫛 勝彦（くしかつひこ）

1959 年生まれ．スタンフォード大学大学院プロダクトデザインプログラム修了（MFA）．博士（学術）．京都工芸繊維大学大学院工芸科学研究科デザイン学部門教授．「ノートブックコンピュータ NEC UltraLite Versa のデザイン」，「NEC プロダクトアイデンティティ構築 Greenhouse Project」．「プロダクトデザインにおける創造性と方法論」（学位論文）．
意匠学会，日本デザイン学会，ヒューマンインタフェース学会，感性工学会．
第 1 回国際デザインコンペティション協会会長賞（1983 年），独 Red Dot / Design Innovation Desing-Innovationen'94（1994 年）

中野仁人（なかのよしと）

1964 生まれ．京都工芸繊維大学大学院工芸学研究科修士課程修了．博士（学術）．京都工芸繊維大学大学院工芸科学研究科デザイン学部門准教授．韓国・日本大使館 ポスター作品収蔵．スイス・チューリッヒポスターミュージアム，ポスター作品収蔵．
意匠学会，日本デザイン学会，美術史学会，日本グラフィックデザイナー協会．
京都コンサートホールシンボルマークコンペ最優秀賞（1995 年），京都国立博物館シンボルマークコンペ最優秀賞（1997 年），Asia Graphic Award（Hong Kong）ポスター部門大賞（2001 年），第一回竹尾デザイン史研究論文賞最優秀賞（2002 年）．

深井晃子
お茶の水女子大学大学院家政学研究科修士課程修了．家政学修士．京都服飾文化研究財団理事・チーフキュレーター．元静岡文化芸術大学教授．『ジャポニスム イン ファッション』（平凡社，1994年），『ファッションの世紀』（平凡社，2005年），『ファッションから名画を読む』（PHP出版，2009年），「ラグジュアリー：ファッションの欲望」展（企画，京都国立近代美術館・東京現代美術館，2009年），「Future Beauty：30 years of Japanese Fashion」（バービカン・アート・ギャラリー／ロンドン，2010年）．

ジャポニスム学会，日仏美術学会，表象文化学会．

ジャポニスム学会特別賞（1999年），文化庁長官表彰（2008年）．

青山 勝
1967年生まれ．京都大学大学院文学研究科博士後期課程（美学美術史学専攻）単位取得退学．修士（文学）．大阪成蹊大学芸術学部准教授．「発明か発見か――写真の黎明期における言説編成の力学」『写真，その語りにくさを超えて』（新記号論叢書［セミオトポス⑤］）（日本記号学会編，慶應義塾大学出版会，2008年），セルジュ・ティスロン『明るい部屋の謎』（翻訳，人文書院，2001年），ジル・モラ『写真のキーワード』（共訳，晃洋書房，2001年）．

美学会，日本映像学会．

伊集院敬行
1969年生まれ．京都工芸繊維大学大学院工芸科学研究科博士後期課程単位取得退学．島根大学法文学部准教授．「ル・コルビュジエ――機械としての芸術」『越境する造形』（永井隆則編，晃洋書房，2003年），「ル・コルビュジエのオブジェとブルータリスム」『デザイン理論』50号（意匠学会編，2007年），「機械時代の映画性――中井正一の機械美学におけるル・コルビュジエと精神分析理論――」『デザイン理論』52号（意匠学会編，2008年）．

意匠学会，日本映像学会，美学会．

橋本優子
1963年生まれ．京都工芸繊維大学大学院修士課程修了．工学修士．宇都宮美術館主任学芸員．『ヴェルナー・パントン作品集』（共著，河出書房新社，2010年），『鉄道完全解明』（共著，東洋経済新報社，2010年），『DESIGNふたつの時代［60s vs 00s］』（展覧会監修・共著，DNPアートコミュニケーションズ，2010年［刊行予定］）．

日本インダストリアルデザイナー協会，鉄道建築協会．

ナガイトンボ

2010年11月20日　初版第1刷発行

＊定価はカバーに表示してあります

著者	永井 薫則
発行者	上田 秀樹
印刷者	河野 俊郎

落丁本・乱丁本はお取り替えいたします

発行所　株式会社　昇　洋　書　房

〒615-0026　京都市右京区西院北矢掛町7番地
電話　075(312)0788番(代)
振替口座　01040-6-32280

©Takanori NAGAI, 2010　印刷　西濃印刷㈱
製本　㈱藤沢製本

ISBN 978-4-7710-2179-2